新媒体视域下高校思想政治教育的解读与重构

亓慧坤　韩洁　方铮炀　著

中国纺织出版社

图书在版编目（CIP）数据

新媒体视域下高校思想政治教育的解读与重构 / 亓慧坤，韩洁，方铮炀著．—北京：中国纺织出版社，2019.4 （2025.5 重印）

ISBN 978-7-5180-4529-7

Ⅰ.①新… Ⅱ.①亓… ②韩… ③方… Ⅲ.①高等学校—思想政治教育—研究—中国 Ⅳ.① G641

中国版本图书馆 CIP 数据核字（2017）第 331377 号

责任编辑：武洋洋　　　　责任印制：储志伟

中国纺织出版社出版发行
地址：北京市朝阳区百子湾东里 A407 号楼　邮政编码：100124
销售电话：010-67004422　传真：010-87155801
http：//www.c-textilep.com
E-mail：faxing@c-textilep.com
中国纺织出版社天猫旗舰店
官方微博 http：//www.weibo.com/2119887771
河北晔盛亚印刷有限公司印刷　各地新华书店经销
2019 年 4 月第 1 版　2025 年 5 月第 8 次印刷
开本：787×1092　1/16　印张：12
字数：202 千字　定价：98.00 元

前 言

这个时代是科技高速发展的时代，尤其是中华人民共和国成立以后，世界上各国均掀起了科技革命浪潮，把人类社会引领至建设新媒体的道路。新媒体具有强大的传播功能，正在不间断地影响着社会发展，其“双刃剑”效应亦日益凸显。新媒体发展给高校思想政治教育所带来的新情况、新问题需要我们作出新的概括和解释，这不仅是时代赋予高校思想政治教育工作者的新使命，也是创新和发展思想政治教育理论的新机遇。本书从教育学、社会学、心理学、伦理学和新闻学等多学科交叉的角度，运用文献资料法、社会调查法、质的研究法、比较研究法等方法，从全新的视角全面论述和阐释了新媒体概述、新媒体时代高校思想政治教育的内涵，以及新媒体形势下学生接受思想政治教育的新特点、高校思政教育手段、大学生思想政治教育的方法、大学生隐性思想政治教育的深化、大学生思想政治教育的接受效果、思想政治教育话语的创新、高校思想政治教育载体的建设、高校思想政治教育实践路径等内容。

在信息时代，高校思政教育面临着双重的现实背景：首先，正是由于新媒体的存在，才使思想政治教育的文化环境复杂化，不仅给工作对象、模式、队伍带来了巨大的冲击，也给大学生的学习、生活、心理乃至价值观都带来了不可忽视的影响和巨大的挑战；其次，由于新媒体技术在信息收集、信息内容与形式、信息传播渠道等方面的重大变革，作为新媒体时代高校思想政治教育的一种新形式，对大学生的思想政治素质、价值取向和道德观念的形成有着积极的影响作用，给高校思想政治教育带来了难得的发展机遇。高校只有积极利用新媒体的传播作用，明确产生消极影响的原因，才能为其路径选择提供依据。

本书的分析建立在客观事实的基础上，首先阐释了思想政治教育接受的定义和影响因素，然后解释了新媒体作为环境与思想政治教育接受主体之间的特殊矛盾和研究意义。在前人研究的五点基本共识和三点基本对策的基础上，总结了新媒体形势下青年学生进行思想政治教育接受活动的功利性、从众性、自主性和短效性等新特点，分析了青年学生在进行思想政治教育接受活动中存在的价值取向问题、思维方式问题，以及思想政治教育者在新媒体环境当中与青年学生的共同话语问题和舆论引导问题。在此基础上，针对高校思想政治教育工作者和全国思想政治教育环境的建设提出了以下四方面对策：第一，加强主体间交流，引导青年学生价值取向，同时加强线下互动，尽早将辅导员从繁杂的行政事务中解放出来，实现辅导员与思政课教师的统一；第二，更新教学方法，转变青年学生的思维方式，继续推动网络共享课程与实践活动相结合的混合式教育模式的普及，针对性地开展实践活动，以达到转变青年学生的价值取向和思维方式的目的；第三，打造信息源品牌，实现话语的有效对接，借鉴产品竞争模式，创立青年学生喜闻乐见的内容生产品牌，把思想政治教育信息与青年学生的流行语言充分结合起来，提升思想政治教育内容的活力与吸引力；第四，生产并上传正面内容至常用新媒体平台，与不良社会思潮形成对抗，将所有的学科优势拧成一股绳，建立新媒体平台专家小组，以便专家及时分析时事热点，组织话题讨论，引导舆论导向。

在这个新媒体的时代，当代大学生都具有较强的个人主义意识、想要独立发展的想法，也一天比一天务实。因此仅仅依靠灌输式的教育方式已经不可能获得良好的成效。要达到思想政治教育的目标，除了显性灌输外，还应通过大学生们喜闻乐见的形式将思想政治教育的信息渗透到大学生课堂之外的生活中，让其在不知不觉中接受教育。新媒体的产生为思想政治教育提供了新的平台和机遇。另一方面，任何事物都具有两面性，新媒体种类繁多，其在给高校隐性思想政治教育带来新的机遇的同时也带来了新的挑战。所以，高校应该充分思考如何利用新媒体自身的特点开展大学生隐性思想政治教育，从而提升高校思政教育的实效性。

在新媒体发展的时代，如何充分利用新媒体的优势来提升大学生思政教育的接受效果，是我们应该考虑的问题，我们需要从四个方面入手：一要提高教育者的职业技能素质，满足接受需要。通过对高校思政教师“特殊队伍”的建设和扶植，严格筛选出高校思想政治教育的“意见领袖”和“把关人”，并带动高校思政教师转变教学理念，学会正确使用新媒体。二要增强对大学生媒介素养的教育力度，提高接受效果。具体做法是要提高大学生网络道德修养、加强大学生新媒体法律法规教育及引导大学生合理正确的使用新媒体。三要加强新媒体校园文化建设，营造接受氛围。通过加强高校红色主题特色网站建设，提高接受效果；综合运用好微信微博进行宣传，不断增强大学生“新媒体意识”；同时创新校园文化的内容，增强吸引力和凝聚力。四要完善大学生使用新媒体的监管机制，拓宽接受渠道。全社会需要团结起来，为了一个目标努力，从而净化大学生网络接收环境；有关高校方面也要充分利用舆论的力量，培养大学生积极向上的文化气息；大学生的父母也要积极主动的配合老师进行引导工作，对于新媒体进行合理的运用，从而帮助大学生健康快乐地成长。

新媒体时代，为了提升高校思政教育的有效性，“话语创新”这种符合当下时代发展的教学方法应运而生。新媒体时代高校思想政治教育的话语创新是一项系统工程，需要从多方面进行：一要尊重大学生的话语权，加强高校思想政治教育者的平等对话意识；二要关注生活维度，实现高校思想政治教育话语向大学生现实生活的回归；三要借鉴网络话语，积极拓展高校思想政治教育话语资源；四要注重人文关怀和心理疏导，通过主动服务增强高校思想政治教育话语的感召力；五要倡导立体化引导，提高高校思想政治教育话语的管理水平；六要提升思想政治教育工作者素质，增强话语创新能力；七要健全新媒体信息监管机制，增强高校思想政治教育话语传播的实效性；八要坚持话语创新发展，努力构建高校思想政治教育新话语体系。

如何在新媒体背景下建设高校思政教育的载体是本书的重中之重。我们首先就如何加强传统思想政治教育载体建设和探索新媒体思想政治教育载体的建设进行了详细的探讨。并且，还提出了新媒体背景下思想政治教育载体建设必须遵循的五大原则。

总而言之，为了应对新媒体时代的到来，高校要加强教育内容建设，完善教育制度保障，提升教育载体建设。引导教育工作者转变教育理念，积极探究新媒体环境下思想政治教育工作的新规律、新方法和新内容，牢牢掌握思想政治教育话语权、主动权，全方位熟悉新媒体，提升运用新媒体的能力，发挥新媒体的优势为高校思想政治教育所用，减少其劣势带来的影响，提升解决问题的能力，切实提升依托新媒体开展思想政治教育的实效性，最终目的是帮助高校学生建立坚定的理想信念，提高高校学生解决自身困难的力量，进而帮助高校学生身心全面发展。

本书在撰写过程中，参考和借鉴了大量资料和文献，在此向各位学者表示深深的感谢。由于作者水平有限，书中难免存在疏漏，恳请广大读者批评指正。

作 者

2018 年 1 月

目　录

第一章　新媒体概述

新媒体其本身具备的特殊属性——传播，是在旧媒体的基础上发展而来，因此其同样可以表现出媒体的社会功能。新媒体，顾名思义，其肯定是在某些方面和旧媒体有所区别，与传统媒体比起来它有着新的特点。当然，当代的新媒体不会一直“新”下去，可以预见，在不久的未来，各类型更新的传播介质将纷纷登陆人们的生活舞台，给人类的整体文明进程带来更大的机遇和挑战，这一点千真万确。高校思想政治教育一直是学术界目光的焦点，同时也是国家政策层面时常探讨的话题。因此我们要了解和明确新媒体的定义以及高校思政教育的概念，进而辨清两者之间的区别，这是一切讨论开展的基础。

虽然人们在常识上对新媒体并不陌生，但新媒体的外延以及内涵却知之甚少，而要想了解新媒体的概念，就必须从这两个方面出发。所以，我们有必要端本正源，探究新媒体概念的历史流变和现代存在形态，分析新媒体的特质特征，明晰新媒体的传播学特色，以因势利导，取其精华，去其糟粕，放大新媒体的正向功能，取得良好的社会效益。

第一节　新媒体的内涵外延

一、新媒体的内涵

对于新媒体的界定，可以说是众说纷纭，一千个人有一千个哈姆雷特，至今还没有一个明确的定义。“新媒体”之所以很难确定其概念，主要是因为媒体的“新”引起了不同人的见解。那么什么是“新”呢？清华大学的学者熊澄宇教授于《整合传媒：新媒体进行时》一文中认为：新媒体中的“新”是和“旧”这一概念比较而来的。这个“旧”，主要涵盖报纸期刊、户外广告、广播电视等。因此，新媒体就存在着一个可对比的参照物。中国人民大学学者匡文波也认为，新媒体是具有相对性定义空间的概念，处于流变之中，目前说来，新媒体是在报纸、广播、电视等媒体之后逐渐成长和成型的媒体形态，数字化和数字技术时期的基本支撑，主要呈现形态为移动设备、网络媒体、基于数字技术的一类媒体等。其次，新媒体是一个单向放射概念。这个不可逆的单向放射指的是在一定的时间范围里，新媒体的内涵是特定不变的，具有单向稳定性。数字化是一个很明显的表现，数字技术的革新发展把我们之前没有的事物做了提升和更新，例如：相对出现较晚的网络技术和较早出现的电视，新技术把二者结合就成为现在我们所知的数字电视，这种形式将现存媒体形式进行了延伸。第三，新媒体是一个发展概念。吴磊曾经在自己的著作中明确表示，新媒体就是指传播形式多样化的，传播内容和形态随着时间的推移不断变化的，有别于传统媒体的新型媒体。

总而言之，根据本研究现实的需要，将当代新媒体定义为：以网络技术和数字技术为基础，以 Internet 为传播途径 ，以手机、电脑、数字电视机等为终端设备，与此同时可以满足用户信息收纳要求及信息传播要求的新兴媒体形态。

从外延角度来说，学界普遍认为新媒体包含基于网络和数字技术的通讯软件、视频播放平台等以流媒体、全媒体形式进行展现，以即时通信、信息互动、强调时效性为基本追求的媒体形式。其主要代表是微博、微信、人人网、QQ、Skype、YY 以及各种网络平台和软件。因此，无论是主要依赖的技术手段、运作模式、追求目标和呈现形态，新媒体都有自己的特色。当前，社会新媒体主要依托两类平台，三种媒体存在。

（一）新媒体的两类平台

1. 电脑互联网平台

互联网也被叫作第四媒体，是最主要的新媒体类型。目前，Web 3.0 就相当于新一代的互联网，这是建立在 Web 1.0 和 Web 2.0 概念的基础上提出的，是里程碑式的一个阶段。Web 1.0 阶段是属于门户网站的时代，用户处于被动地位，他们只能接收信息，而没有办法根据自己的意念进行有关的评论。Web 2.0 的一个特点就是具有互动性，用户仍然可以完成信息浏览，最具革命性的是可以确立网络信息提供者的地位。网民在网络中实现了深度参与、互动渗透，从而开启了互联网新境界。Web 3.0 是对 Web 2.0 的全方位提升，在集成了 Web 2.0 基本优点和技术框架的基础上，完成了对网络信息的大数据集成，Web 3.0 将信息、用户和服务器智能对接，以平台方式集成信息并向用户提供，通过这个平台，用户可以实现对信息的靶向寻找，精确地找到有用信息，信息发布者也能将自己信息发布给潜在受众。如果说 Web 1.0 的特点是浏览和下载；Web 2.0 的特点是参与、展示和互动；那么 web 3.0 的核心理念就是“个性、精准和智能”。

2. 移动终端平台

广义上的移动互联网是指用户使用各种不同的移动终端，而狭义上的移动互联网是指用户使用手机终端，通过移动网络浏览互联网站和手机网站。本研究采用狭义定义，即研究以手机终端获取和传播马克思主义信息的移动互联网平台。

截至 2016 年 6 月底，“我国手机网民规模达 6.56 亿，较 2015 年底增加 3656 万人。网民中使用手机上网的比例由 2015 年底的 90.1% 提升至 92.6%，手机在上网设备中占据主导地位。同时，仅通过手机上网的网民就达到 1.73 亿，占整体网民规模的 24.5%。”不仅是规模的增长和市场的扩大，增速也在不断提升，由 PC 向移动设备转化的速度也在加快，“2016 年上半年，我国新增网民中手机网民规模为 1301 万人，占新增网民的 61%。”

（二）新媒体的主要类型

新媒体的基本类型可以分为互联网新媒体、手机新媒体、数字电视新媒体。互联网新媒体是建立在互联网上的各种新媒体形式，包括各种网站，博客、播客、维客，网络电视、网络广播、网络报刊等。手机新媒体是以手机为接收终端的媒体形式，包括手机短信、手机报、手机电视等。电视新媒体是建立在数字电视基础上的新媒体，包括数字电视、IPTV、移动电视与户外新媒体等。

1. 网络媒体

互联网本质上来说就是一个全球性的计算机网络，其自身具有不同的规模和类型，不仅可以独立管理和运行，范围还扩展到全世界。1969 年互联网首次面世，是在美国国防研究计划署制定的协定下将美国西南部的大学史坦福大学研究学院、加利福尼亚大学洛杉矶分校、犹他州大学加利福尼亚大学的四台主要的计算机连接起来的。从一种小范围的、狭义的、局部群体内的媒介，互联网如今已变成了一种广义的、宽泛的、公开的、对大多数人有效的媒介。互联网如今已成为最主要的新媒体。1998 年 5 月，联合国新闻委员会把互联网正式列为继报纸、广播、电视之后出现的“第四媒体”。中国社会科学院新闻与传播研究所的闵大洪将中国互联网的发展分为四个阶段：① 1995 年至 1998 年，网络媒体步入中国传播领域。这一时期的主要特征是：报纸、杂志、广播电台、电视台以电子版、网络版的形式上网，这是中国网络媒体的初级阶段。② 1998 年底至 1999 年，商业门户网站涉足网络新闻领域，对国内以往的新闻和信息传播格局给予巨大的冲击，奠定了门户网站在新闻传播领域中的领先地位。③（3）2000 年至 2001 年，党所领导的网络媒体体系形成，从中央到地方各级重点新闻网站陆续建立，网络新闻传播法规建设及相应的管理机构的设立亦同时起步。④ 2002 年以后，网络媒体成为中国重要的传媒形态。新闻网站队伍壮大、宽带网络和无线移动网络开始普及、网上民意表达活跃。网络媒体在中国传媒界占据着举足轻重的地位，正在向着成熟媒体的道路一步一步迈进。网络媒体类型多样，主要包括博客、播客、维客、微博、网络电视、网络广播、网络报刊与网络杂志等。

首先是博客。

“博客”这个词汇是人们根据西方语言中 Blog 而翻译过来的，本质上来说就是一种流水记录，只是这种流水记录是以网络为载体对的而已。人们一般称呼博客为“网络日志”，简称“网志”。Blog 就是以网络为载体，简易、迅速、便捷地发布自己的心得，即时、有效、轻松地与他人进行交流，集丰富多彩的个性化展示于一体的综合性平台。1994 年，美国人贾斯廷·霍尔用 HTML 语言手动编码网页“Justin Hall' s Link”（www.link.net），世界上最早的博客日志诞生。2000 年博客开始进入中国，直到 2004 年“木子美事件”，才让中国民众了解到博客并开始运用博客。“中国博客的数量在 2005 年呈井喷之势，达到 1600 万。”博客实现了多重的传播效果，横跨人际传播、人内传播、大众传播三种类型，因而并不完全等同于“网络日记”。网络日记相对于博客来说带有明显的私密性，但是博客除了私密性，在此基础上还带有一点公共性，博客不仅仅是纯粹个人思想的表达和日程琐事的一一记录，其内容不仅可以为人们提供一个交流的平台，而且还可以在博客上为他人提供自己的帮助，具有极高的价值，表现出了明显的共享精神。

播客最初是将苹果电脑与广播进行有机融合而诞生的，所以其本质上就是一种以互联网为平台，以音频文件为内容，通过用户订阅的方式来接受新文件的一个方法。维基百科对播客作出了定义：播客（Podcast）是一种向互联网发布文件的方法，允许用户使用 RSS 订阅并且自动接收文件。播客 2004 年 10 月在美国开始流行，作为一种新型的传播媒介，播客为个人提供了表达渠道，也为公司和媒体提供了新的传播途径，传统传媒巨头 ABC、NBC、迪士尼加入了播客的行列。2004 年底 2005 年初迄今，国内出现了一批播客站点，土豆网、播客中国、播客天下等网站先后推出播客服务。播客的出现不是偶然的，它是多项技术在特定的时空下发生的一次共振。经过一年的发展，视频技术也被列入播客之中，改变了广大人民群众对播客旧有的看法，原本人们的刻板印象是播客只能和音频联系在一起。现如今，当 4G 时代已经到来，视频节目已经成为了播客吸引潜在用户的一大亮点。在未来的某一天，播客的范围会越来越广，而不仅仅在视频、音频这几个单一的领域，播客终将会和网络电视、网络电台完美结合。

维客是科技高速发展的产物，是一种新兴的技术，本质上来说就是一个超文本系统。这种超文本系统是多人协作的写作工具，而参与创作的人，也被称为维客。在维客页面上，每个人都有权利对共同的主体进行写作、修改、扩展或者探讨。同一维客网站的写作者自然构成了一个社群，维客系统为这个社群提供简单的交流工具。维客技术在新闻领域的运用产生维客新闻，具有国际性、快速编辑、公开、中立、志愿和自由的特点，是一种群体协作创作，具有理想主义色彩的参与式新闻。维客新闻的出现，使公众有了更多的选择权和知情权，是对传统新闻观念的一种突破，虽然维客新闻和新闻记者以及传统媒体在功能上有了一定的重合，但是根据目前的情况来看还没有能力去取代新闻记者和传统媒体，传统媒体仍然具有极其巨大的社会影响和把关功能。

博客、播客和维客的即时性、自主性、开放性和互动性为人们提供了一定程度的话语自由，这种自由颠覆了“把关人”的概念，以其全新的传播方式和传播理念，颠覆着前网络时代的社会形构以及群体景观，满足了人们自我表达、张扬个性的需求，也加强了媒介汇流与互动。但博客、播客和维客世界里自由的同时也带来了很多负面的东西，需要网民有自律意识。

其次是微博。

微博也是根据西方语言中一个英文单词 microblog 演变而来，可以说是另外一种形式的博客，用户可以通过手机、IM(如 QQ, MSN, G talk 等)、Email、web 等方式在个人微博上发布短消息，发布的消息内容字数要控制在 70 个汉字以内。

微博的基本类型。按照微博的存在方式分为托管微博、独立的专业微博网站、附属微博；按照国内提供博客托管服务的服务供应商市场可以分为两种，一种微博服务供应商是依靠传统门户网站而建立起来的，还有一种是依靠自身能力独立运营起来的。新浪微博、腾讯微博等就是第二种；按照微博的传播形态来看，国内微博网站又可以分为两种，一种是以大明星、精英为主导的媒体传播模式，这种模式尤其以新浪微博为代表；还有一种则以广大的人民群众为用户主体，人们可以通过这种模式来分享和记录生活中的点点滴滴，属于一种扁平的消费模式。

微博的功能。微博的功能主要体现为以下几点：首先，用户们不仅可以用互联网的方式来发布信息，还可以用手机短信的方式，从某种程度上来说简化了发布信息的方式，不用再像以往一样繁琐复杂；其次，跨媒体。微博可以寄居于手机短信、彩信、即时通信工具（即 IM，如 QQ, MSN, G talk 等）、Web 网站等；最后便是传播的放大效应，因为微博具有搜索和分享同步化的功能，所以其转发与传播的速度超出人们的想象。

微博的传播形态。微博的传播形态基本包括信息社群化传播和“弱连带”两种，其中以话题聚合节点的信息社群化传播是微博在传播上的主要形态。在微博网络上，不同节点之间通常都会以信息为纽带建立一定的关联，随着信息内容的变化，构成网络的节点及其状态会发生变化，传播网络自然会发生重构现象。只要核心节点制造的话题引发了其他用户的关注同时形成依托微博平台的社群互动，这样的话题就具有聚合性，以话题为核心的圈子即告形成。另外还有节点间的“弱连带”。在微博网络里，由于用户是以传受信息为主要目的，他们之间的互动程度相对较弱，这种节点间由互动产生的连接，属于“弱连带”。

微博的传播特征分析。微博的传播方式既不是传统媒体的线性传播，也不是网络媒体的网络传播，而是一种裂变传播，这种传播形态的传播速度是几何级的，远远高于之前任何媒介。微博的传播特征表现为简洁，信息发布门槛极低，文本碎片化；开放，随时随地传播信息；高效，裂变式传播；交互，信息交互快捷。

微博传播模式的意义。微博传播颠覆了以往传统媒体自上而下信息流动的本质属性，挑战了传统媒体的权力体系和话语优势。一是打破传统的话语垄断，话语权进一步趋向分散。微博的出现，为每一个有意愿表达的个体提供了传播信息和意见的表达渠道，表现出话语权分散化、泛中心化的特征。二是改变了由自上而下的信息流动的本质，形成自下而上的一种趋向。大众传媒一直担负着作为信息的通道将经过挑选的信息和内容传递给受众的使命。尽管大众传媒在了解受众需求、提供满足受众需要的信息内容方面做了些努力，但仍不能改变其信息传播流动自上而下的本质。微博使受众的反馈和参与逐渐加强。三是建立以个人为中心的话语圈，形成现代传媒的公共服务意识。在新媒体的影响下，中国的媒介话语已由原来高度集中和唯一的国家宣传话语逐步向开放、多元、公开的官方和民间的二元结构转型，逐步建构起传统媒体与新媒体话语传播资源相对制衡的媒介生态环境，公众通过微博发表对公共事务的看法，形成初步的公共领域，并影响到政府对事件的认识和处理，增强了开放、公正性。四是交流更为便捷和迅速，符合互动性的趋势。微博主页具有独特的反馈机制，关注、留言、评论和转帖功能不仅是文本的延伸，而且可以带动直接的互动，成为关系的中介。由于微博传播的方便和即时性，使得参与者互动更加快速、频繁。微博的发展并不成熟，传统媒介依然享有话语权优势，微博只能在传统媒体的支持与配合下，扩展自身的生存空间。

第三是网络电视。

网络电视的特点与发展现状。网络电视即是指采用协议，通过互联网、以计算机为终端的视频传播业务，是一种承载在互联网上的新媒体业务。网络电视与传统电视相比，具有跨地域传播和互动性的特点。网络电视对于用户制作并分享内容表现出积极主动的态度，除此之外，用户们对于其他人的作品可以进行投票和评论的操作，这就极大丰富了网络电视的内容来源。各种在线音视频技术快速发展，加上赢利模式的出现，网络电视业务已渐渐趋于成熟，并逐步向产业化迈进。整体上看，开办网络电视的主体有商业公司和传统媒体两大类。在当今这个时代，虽然我国网络电视已经取得了很大的进步，在规模上也处于令人叹为观止的地步，但从整体层面上来说还有很大的不足之处，并没有注重长远的发展。

第四是网络广播。

网络广播的特点与发展现状。网络广播是指采用协议，通过互联网、以计算机为终端的音频传播业务，指在网上提供音频服务的广播业务提供商，向听众提供包括在线收听、下载以及播客上传与聚合等多样服务的一种新型广播形态。与传统广播的网络版不同，网络广播有自己原创的节目及独有的互动方式，RSS及播客技术的应用使得其发展空间空前扩大。目前国内的网络电台主要有三种类型，一为政府网络电台，二为商业网络电台，三为个人网络电台。网络广播的开办主体分为传统媒体和商业公司两大类。网络广播存在的主要问题一是缺乏赢利模式；二是受终端制约，近年收听广播的人数在减少，用户更习惯于在移动时听广播，而网络广播必须通过电脑固定终端接收，很大程度上限制了用户的发展；三是商业网站的节目资源缺乏。从发展趋势看，传统广播媒体开办的音频网站将继续占据主导地位。随着媒体体制、机制改革的不断深入，网络广播传播理念和节目形态的不断创新，传统广播与网络广播通过联动来提升双方的价值将变得越来越普遍，传统广播媒体在运营网络广播方面的优势将更加明显。

第五是网络报刊。

网络报刊的特点与发展现状。网络报刊，即通过互联网发行和传播的报刊，将多媒体技术、网络技术和通信技术应用到报刊出版、发行、利用的全过程。网络报刊有网络报纸和网络杂志。

从1994年到如今，网络报纸走上了飞速发展的道路，短短四年时间就增加了4800多家发行网络报纸，到现在发展势头依然迅猛。根据报纸上网模式的不同可以将网络报纸分为4种：①建立一个独立的网站，将纸质报刊的内容原封不动搬上网络，不提供其他的新闻和信息服务，如美国《纽约时报》的网络版；②建立一个独立的网站，上网报纸在提供原有内容的同时，根据报刊的侧重点提供相应的新闻、信息和其他一些服务，如美国的《华尔街日报》、我国的《中国青年报》等；③建立一个独立的网站，报纸印刷版的内容在该网站中只是一个小小的组成部分，更多的是提供信息服务，如美国的《华盛顿邮报》、我国的《人民日报》等；④多家报纸联合建立大型的新闻网站，如美国的“新世纪网络”，这个网站是在1997年由美国九大传媒集团与其下属报纸200多家出版社成立的，不同报纸的内容都占有独立的板块，互不干扰、互不冲突。

网络杂志又称电子杂志、互动杂志，通常指的是完全以计算机技术、电子通信技术和网络技术为依托而编辑、出版和发行的杂志，以Flash为主要载体独立于网站存在。电子杂志兼具平面与互联网的特点，融入了图像、文字、声音、视频、游戏等相互动态结合来呈现给读者，此外还有超链接、即时互动等网络元素。目前，电子杂志的主体是“杂志的电子版”，也就是已发行印刷版的杂志，因为看好电子版面和电子发行手段的优势，又补充发行的电子版。

2. 手机媒体

手机能够成为第五媒体，能够和报纸、广播、电视、网络并驾齐驱，主要是因为其不仅仅是一种通信工具，手机在当今时代已经极大地改变了人们的沟通交流方式，以及信息传播的方式。手机与报刊、网络、广播电视等媒介都有一定程度上的合作。手机媒体是借助手机进行信息传播的媒体。手机媒体的主要优势在于高度的便捷性、互动性、网络化及用户的海量性。

手机传播本质上是大众传播与人际传播的有机融合，手机媒体也因此在新媒体中占据着举足轻重的地位。根据手机传播的现状，我们将手机传播细分为手机中的人际传播与手机中的大众传播。对于前者，人们可以利用手机来发送短信以及收发电子邮件，对于后者，又可以划分为手机电视、手机报以及手机出版。

首先，手机短信的传播特点分析。人际传播是个人与个人之间的信息传播活动，它大致分为两种方式，一种是面对面的传播，另一种是借助某种有形的物质媒介的传播。手机短信中的人际传播就是指依赖手机短信这一特定媒介而进行的非面对面的交流活动。手机短信传播行为的人际传播特征非常突出。手机短信传播具有无中介、双向性、发送者和接收者平等参与，时间安排由参与者共同决定等特征；短信的文本和图本可看作人际传播口头形式的延伸，其传播形式基本是无组织的；从传播的接收与限制看，手机短信的传播形式是互动，反馈可以是同步而及时的，也可以是异步的，机动性较强；因为手机传播双方是建立在原有的人际关系的基础上的，所以人际传播具有极高的可信度按照用户需求的不同，可以将手机短信中的人际传播行为分为两种，一种是满足性人际传播，一种是手段性人际传播。满足性人际传播的侧重点和着眼点只在交流的本身，及经由这种交流而得到的一种满足感，而不在于交流之外的什么功利性或实用性目的，这种传播行为主要体现在问候、情感交流、闲聊、娱乐等方面；手段性人际交流的根本着眼点在于把交流本身视为手段和工具，以寻求某种功利性的结果或目的。这两种人际传播活动在手机短信交流中一般是齐头并进的，抑或是两者在实施过程中相互转换。

手机短信不仅具有极快的传播速度，而且也没有较高的成本要求，不仅可以保存编辑，进入门槛也不高，比较符合广大人民群众的需求。虽然如此，但是手机短信也有很多的不足之处，比如发送的信息汉字数不能太多，有一定的限制，而且接收的信息也不会像新闻传播一样积极健康，可能会收到很多垃圾信息以及不良信息。

其次，手机报与手机出版的概念与特点分析。手机报是将纸质报纸的新闻内容，通过移动通信技术平台传播，使用户能通过手机阅读到报纸内容的一种信息传播业务。手机报可以分为两大类型，一种是彩信手机报，另一种是 WAP、I-mode 或 3G 网站类型。第一种类型类似于传统纸媒介，就是报纸内容通过电信运营商将新闻以彩信的方式发送到手机终端上，用户可以离线观看；第二种类型手机报订阅用户通过访问手机报的网站，在线浏览信息，类似于上网浏览的方式。目前国内已开通服务的手机报大多采用的是第一种模式；第二种模式因为技术和手机终端的限制，目前还没有得到广泛的推广使用。手机报的真正推广及使用应该得到高新技术的支撑，从而方便用户随时随地浏览网页，进行多媒体信息的获取，使人们足不出户就做到了能听新闻、看新闻。

手机出版是指出版社以移动通信设备为平台，进行图书选题策划、编辑出版、信息发布、宣传营销以及售后服务的新型出版形式。在这里，“出版社是内容提供商或文化事件发起者，而移动通信设备则成为传播渠道，它具有给受众信息和广告发布的双重功能。”在当前中国的状况下，手机出版活动是根据短信而发展起来的。

第三，手机电视的概念与特点。手机电视，顾名思义，就是以智能手机为载体的电视，具有视频播放的功能以及操作系统。手机电视打破了时间和空间的限制，使信息传播更加快速，更加便捷，使观众能够通过手机，以最快的速度观看最新的动态信息。手机电视具备电视媒体的直观性、广播媒体的便携性、报纸媒体的滞留性以及网络媒体的交互性。虽然它从本质上来说也是一种信息传播方式，但是它跟旧有的信息传播方式比起来更加全面，更加具备科技的气息，当然，它的存在本身也是对传统电视媒体的一种挑战。

3. 数字电视媒体

数字电视媒体包括数字电视、互联网协议电视、移动电视与户外新媒体等。

“数字电视（Digital TV）指节目信号的摄取、记录、处理、传播、接收和显示均采用数字技术的电视系统，包括了节目采集、节目制作、节目传播到用户端接收的全过程。”与目前使用的模拟电视相比，数字电视不仅可以让观众接收到更高质量的电视信号，还可以使观众由被动收看转为主动点播，不再受到节目播出时间的限制。随着有线数字电视的推广，中国目前的电视机将成为一个集公共传播、信息服务、文化娱乐、交流互动于一体的多媒体信息终端。“据格兰研究统计，截至 2000 年 12 月底，我国有线数字电视用户总量达到 6497.3 万户，有线网络数字化程度达到 39.76%。”

互联网协议电视 (IPTV), IPTV 全称是 Internet Protocol Television，中文名称是互联网协议电视，也叫交互式网络电视。按照国际电联的协议，IPTV 是指通过可控、可管理、安全传送并具有质量保证的无线或有线 IP 网络，提供包括视频、音频 (包括语音)、文本、图形和数据等业务在内的多媒体业务；其中，接收终端包括电视机、掌上电脑 (PDV)、手机、移动电视及其他类似终端。现阶段我国的 IPTV 特指通过可控制、可管理、具有质量保证的有线IP网，提供基于电视终端的多媒体业务。

IPTV利用宽带网，以家用电视机（或计算机）作为主要终端设备，集互联网、多媒体、通信等多种技术于一体，是通过互联网络协议（IP）向家庭用户提供包括数字电视在内的多种交互式数字媒体服务的崭新技术。该技术虽然只是一种为用户提供海量数字化信息的方式，但是跟其他方式相比起来更加人性化，具有交互式特点。IPTV是现行媒介组织结构中电视产业、计算机互联网产业和电信产业三方优势的集成，这种集成的优势就是IPTV核心竞争力所在。互动性是IPTV的重要特征之一，作为IPTV的用户，他们不需要再当被动的信息接收者，而是变被动为主动，他们可以根据自己的需要，想看什么节目就看什么节目。IPTV颠覆了电视受众的“受众”定位与电视传媒的“传者”定位，使传播者与接收者之间的位置不再是固定的或预先规定的，而是共享的、移动的。

移动电视，顾名思义，是可以在移动的状态下播放的电视，一般安装在交通工具上，当然交通工具的移动速度有所限制，必须在120km/h以下，要不然电视信号会不稳定，无法保持清晰的电视画面。移动电视是以数字技术为支撑，通过无线数字信号发射、地面数字接收的方式播放和接收电视节目，使观众可以在移动状态中轻而易举地收看电视节目。对于公交移动电视来说，人们的无法选择性是其最大的特点，在乘车或者等待电梯到来的时候，人们一般都会感觉很无聊，这时候电视上播放的内容就比较容易俘获观众的内心。

户外新媒体是指安放在人们一般能直观看到的地方的数字电视等新媒体，是有别于传统的户外媒体形式（广告牌、灯箱、车体等）的新型户外媒体，比如公交、航空、地铁、轻轨等场所衍生的渠道媒体——LED彩色显示屏、视频等。其内容主要是广告。因此户外新媒体的发展极大地增加了广告的传播效果，拓展了广告的传播空间。

第二节　新媒体与传统媒体的比较

新媒体和传统媒体虽然有“新”和“旧”的区分，但是他们都没有脱离媒体的范围。在中国古代，“媒”的意思特指为介绍婚姻的地方，也就是为人做媒的地方。现代人引用过来，用于指代信息表示和传播的载体。“媒体”的英文Media一词来自拉丁语“Medium”，主要是一种桥梁或者中间之物的意蕴，在之后逐渐引申出信息介质的现代含义，作为一种两个实体之间过程性的表意词汇。Media也被译作“媒介”。在西方传播视域里，Media的本质含义大致有“信息说”、“环境说”、“社会机构说”、“文本章化说”等几种界定，其中颇具代表性的是“大媒体观”，简单来说，媒体就是能让任何事物产生联系的东西，这个东西同样不受形体的限制，可以没有固定的形态。

“媒体”是一个“宏”，传统媒体和新媒体本身就具有一脉相承的关系，都是存在于“媒体”这一语言域中。但是，两者也有明显不同。传统媒体较之于所谓新媒体，虽然有常识层面的感性区分，但加以学理深究，这种区别也并不能简单一概而论，学界也有争论，之所以如此，源于如何理解“新”字。也就是说，传统媒体在何种意义上缺失了与新媒体区别开来的“新”的概念，“新兴媒体”是否可以等同于“新型媒体”，还是两者再做区分，从而重释新媒体。新兴媒体的基本内涵，在硬件上主要依托于现代网络服务器和数字技术，以参与、交互和创新为基本运营旨归，达到分散化和个性化地生产、传播信息，主要呈现形态为移动终端平台、流媒体和数字媒体等。新型媒体则有不同，新型媒体虽然建立在传媒新技术的基础上，提高了信息的质量，拓展了传播范围，但是其仍然没有脱离传统媒体的基础，它只是在传统媒体的基础上有所改进，跟传统媒体比起来弥补了许多不足，如车载电视等。因此，新型媒体可能在范围方面比较狭义，而传统媒体则更加趋向于广义。

新媒体和传统媒体相比起来，两者的社会功能具有较大的差别。哈罗德拉斯韦尔（Harold Dwight Lasswell），作为一名美国的传播学家，是世界上第一位开始研究媒体的社会功能的人。通过“谁？说些什么？通过什么渠道？对谁说？有什么效果？”这一震撼学术界的界定，拉斯韦尔引申出了“控制分析、内容分析、媒介分析、受众分析和效果分析”五大研究课题，论述了大众传播在社会中的“三大功能”，即监测社会环境、协调社会关系、传衍社会遗产。总而言之，作为现代社会中最重要的信息系统，大众传播的社会功能揭示了先进的传播手段和传播技术，不管是从人类自身的层面来说，还是从社会发展的层面来说，都产生了意义深远的影响。其功能主要表现在以下几个方面：

第一，社会环境监测功能。在自然界或者社会环境中可能会存在很多的变幻莫测的信息，而作为信息中介（或载体），媒体可以将这些信息及时地反馈给人民群众，从而便于群众调整自己的行为方式，最终在面对自然和社会环境的变化时占据一定的主动性，起到“瞭望哨”的基本效果，保证社会平稳和谐有效运行，完善社会功能，缓解社会矛盾和危机，提高经济和社会对危机的抵御能力。

第二，社会协调功能。“协调”是建立在日常生活中的“失衡”状态而言的，或社会运行中某些层面的失衡，或制度的有效供给不足，或人们思想观念的失调，这些现象已然成为整个社会系统中一种常态。新媒体作为社会系统中的一个重要的信息系统与信息传播组织，通过快捷、准确的信息传播，提供全方位的社会扫描，从而疏导社会矛盾、协调社会利益，充当社会危机治理的社会“调节器”、“警示器”，使政府和受众之间和谐共处。

第三，文化传承功能。广泛性、介质性、通俗性、重复性等特征，决定了媒体在文化传承方面必有其不可替代的作用。中国社科院学者殷乐指出：“可将使用者带入特定的文化环境中，其中既有细节与全景并存的直接感官空间，又以游戏的方式建构了传统文化与现实生活的相关性。”作为社会生活的记录者和报道者，电视、期刊等媒介形式不负使命，虽然都有其局限性，但仍然担任着社会政治、经济、文化历史记录者的职责。传统媒体的文化传承功效有目共睹，其先进的储存和创新功能远超人类之前数千年的发展水平。新媒体时代的到来更是为文化的传播和传承打开了一扇门，以其固有的特点和功能将时代信息、社会规范、党政方针等在社会成员中传递下去。诚然，媒体有其主观性、片面性等局限，但仍能使普通大众在欣赏和愉悦的同时不自觉地接收到媒体所带来的文化传承。

第四，舆论引导功能。媒体是技术和人的结合概念，而不仅仅只有技术性的内涵，所以其内容有导向性，可以引导广大的人民群众去考虑社会现状、去了解政治生态。媒体这一独具一格的特征，使其无论在人们生活中，还是在民族和国家的发展层面，都有着意义深远的影响。特别是在当下国际舆论环境中，国际舆论挑战与制衡形势微妙，更加需要强大的舆论之盾维护国家主权和主流意识形态，怎样给予人民群众以帮助，使他们顺利地在变幻莫测的舆论中去伪存真，将人民群众的精神力量汇聚到正确的轨道，共筑民族伟业，则成为能否正确发挥媒体舆论导向作用的重中之重。

第五，媒体的反向功能。新媒体的发展和兴盛，不可避免地要面对超载信息量的问题。信息超载不一定带来受众接受意愿的提升，反而可能会背道而驰，使人民群众对其产生深深的厌恶感。这就是媒体的“反功能”，也叫“负功能”。媒体反功能的表现没有一个固定的样式，可能会截然不同，其破坏性影响程度可能也会有着天壤之别，因此怎样达到过滤的效果，如何取得“自净化”，形势之严峻不容乐观。

第三节　新媒体传播的当代特征

新媒体虽然是在传统媒体的基础上建立起来的，不管是在理念层面，还是在组织形式层面，抑或是职能层面，都与传统媒体有很多相似之处，但是，毋庸置疑的是，从传播学向度的层面上分析，新媒体与传统媒体是有明显的区分界限的，新媒体更具有独特的传播学时代气息。

一、新媒体传播的基本特征

（一）主体的平等性和自由性

发布在传统媒体（报刊、广播、电视等）上的信息收到了很大的限制，其内容不出意外的话是由业内人员所提供，所以在内容方面极大地受到业内人员价值观的影响，除此之外，业内人员所提供的信息还要经过职能部门审核过后才能上传，因此在传播者和受众之间就会产生极大地不对等性。而新媒体在应用的过程中却不会出现这种情况，主要是因为其需要传播的信息大部分都是由广大人民群众根据自己的自由意志上传上去的，只有很少的一部分是由专业的人员提供的，比如，每个人都可以通过网络、微博、QQ、飞信和微信等新媒体工具，随时随地、自由自在地表达自己的看法和观点，具有极其强烈的个人色彩，在新媒体中，每个受众都集信息发布者与信息接受者于一体，换句话说，每个人既是施教者同时又是受教育者。新媒体的虚拟信息传播也指传播关系的虚拟性，在这虚拟人际关系中，大家不必担心会被别人知道自己的身份，也就是说新媒体具有极大地隐秘性，只有运用专业工具或专业技术手段才能破除这种隐匿效果。隐匿性的出现给信息传递的双方带来了极大的安全感，跟传统交流过程相比起来消除了各种可能存在的客观干扰因素，为交流双方自由发布或接收信息提供了条件。

（二）内容的及时性与海量性

在新媒体传播信息的过程中，因为信息的发送不受运输、印刷、发行等客观因素的限制，因此新媒体传播具有海量性和即时性的特点。如手机短信、微博、拍客等，其发送信息几乎可以与事件同步进行，并且呈非线性状态传播。从社会领域的角度来看，依托新媒体传播的信息有政府机关面向公众发布的公共信息，有学校或老师向学生及家长发布的教育信息、也有商家向消费者或其他商家发布的商业信息，还有组织、团体和个体自主发布的有关工作、生活及休闲娱乐方面的个体信息等。

（三）形式的数字化与交互化

新媒体最重要的特征就是科学技术的进步所带来的数字化传播方式。数字化就是将许多复杂多变的信息转变为可以度量的数字、数据，再以这些数字、数据建立起适当的数字化模型，把它们转变为一系列二进制代码（它由两个基本字符 0、1 组成，二进制代码运算规律是逢二进一），引入计算机内部，进行统一处理，经过排列组合来表示和传播信息，这就是数字化的基本过程。人们可以通过调整这种排列来制作和修改信息（文本、图片、影像、声音等），甚至可以制造出逼真的虚拟信息，如数字动画、电脑游戏等。

新媒体与传统媒体最大的区别就是交互性。交互性具有两层含义，第一层含义是指信息接受者和发送者之间的信息交流不是单向的，而是双向的；第二层含义是指信息接受者和发送者在交流信息的过程中都有各自的权利，具备一定的控制权和话语权。传统媒体（报刊、广播、电影、电视等）的信息交流具有单向性，信息反馈比较慢，交互性就比较差。数字技术使得信息采集和制作变得简单易行，个体只要利用文本输入系统（电脑、手机等）、数码相机等，就可以轻易地编辑或发送文字和图片。通过以数字化为重要特征的新媒体，每个人在信息交流的过程中不会发生冲突，可以在同一时刻进行，与此同时也可以同时完成信息的接收与传播。在新媒体时代，信息传播的双方信息交流采用的是双向互动的方式，这样做有利于及时的沟通交流和理解。

（四）语境的碎片化和虚拟化

在当前这个信息化的时代，碎片化形象生动地描绘出了当前社会的传播语境。碎片化本来的意思就是指完整的东西碎成了很多块，而现在有了更深层次的理解。碎片化是说人们通过网络传媒浏览查阅海量的信息，但是对其却没有深刻的记忆和理解，让自己了解的东西成为海中月、水中沙。新媒体传播通路的激增、海量信息的堆积以及表达意见的自由性，使得以往依靠某一个（类）媒体或文化的强势覆盖的时代已成为过去。

这里的虚拟化，有三种情况：首先，信息本身的虚拟化。如前所述，人们可以利用各种软件，对文本、图片、音视频等进行修改和编辑，甚至虚拟人类：2001年英国报业联合会新媒体公司推出的第一位虚拟主持人—— Ananova，为全球网民提供24小时的新闻播报服务，引起全球轰动。其次，传播关系的虚拟化。传统媒体环境中的传播关系，信息发送者和受众之间的角色是特定的，比如课程教材，我们会知道该教材的编写者是谁。但是，新媒体传播中，在信息的交流和沟通中，传播者和受众的角色呈现出一定的虚拟性。比如各大论坛、聊天工具或微博等人们习惯用一个虚拟的ID，身份的不确定性添加了一些神秘色彩。再次，空间的虚拟化。虚拟空间（网上商店、虚拟社区、虚拟社团）中的每一个成员，通过新媒体可以在特殊的空间里进行学习、交友、娱乐、购物等。人们沉浸在其中，并通过一定方式与之实时交互，达到超越现实的目的。虚拟现实技术的发明从某种意义上来说拓宽了人类的生存空间，因此人们不仅可以生活在现实的世界，而且还可以在数字化的虚拟世界中自由自在地遨游。

（五）服务个性化和阅众分享性

人本身就是一种渴望自由、追求个性化的生物，因此当人类面对着一个新闻以及一个现象的时候，不会有人愿意完全摈弃自身的想法而去全盘接受他人的思想，每个人都会有表达自己的渴望。比如在现实生活中，不会有人在发现自己和别人穿着一样的衣服的时候还会面不改色。出现这种情况的具体原因主要是：每个人都是一个独立的个体，对这种情况会产生天然的抵触情绪。基于web2.0的信息技术平台，使得每一个信息参与人都有一个终端（如IP地址、手机号码等），传播者可以轻松地对信息进行分类，并发送到每个地址中去。此外，受众也可以通过新媒体进行信息的定制和检索，如各类搜索引擎。这样，每一个新媒体用户都可以发布和接受完全个性化的信息，大众传播转变为“小众传播”。

当前，媒体生态已经发生了变化，传统媒体传播中，受众只是在价值链的下游，处于“被说教”的地位，随着新媒体技术对信息中心化的打破、成本的降低和小众传播的展开，话语权已经不再掌握在传播者手中，受众逐渐参与到价值链的上游，在分享信息的同时，跟传播者进行着平等的对话，于是，“阅众分享”和“去中心化”便成为新媒体的两大关键点。

二、新媒体传播的技术特征

新媒体的技术特征，最重要表现为数字化。复旦大学学者张海鹰认为：“信息传播技术的发展，改变了人类的传播环境，我们今天面临的是一个数字化的多媒体传播环境。”数字化是将所有信息变成可度量的数字信息，划归为用“0”和“1”表示的二进制数字，进行储存、刻录、传输和读取。传统的模拟信号，传播效率严重依赖电路传输环境，外部环境的杂波也会使传播信息严重失真。但是，数字化将这些问题彻底解决，理论上，二进制基础是数字化信息不会存在失真的可能。而且，数字化让同一时间传播的信息丰富性大大提高，不同信号冲突也从理论上得到彻底解决，在实践中效果上佳。

新媒体数字化特征所带来的优势，突出表现为新媒体可以通过数字技术打破传统媒体固定的表达范式，可以同时使用图像、文字、视频、音频甚至模拟现实技术同时呈现一个信息。

数字化还带来了传播空间和时间的延展。从空间角度讲，传统模拟信号长距离传输会受到地磁、太阳电磁波甚至生物影响（例如电缆被生物咬损），很容易出现信号失真或者信号之间互相混乱。新媒体通过数字化实现无损传输，这超脱了传统信号传播受损的局限，可以保真长距离传输，不受地球磁场、太阳电磁波等干扰。从时间上来说，二进制在储存器中会以凹凸（分别代表 0 和 1）的物理形式存在，形式极为简单，0 与 1 这两个数字不仅简单好记，而且区分度很大，人们产生混淆的可能性几乎没有。而且如果储存的时间过长，也不会出现质感降低的情况和信息失真的情况，这一点帮助信息传播极大地突破了时间的限制。

三、新媒体传播的国际化特征

媒体本身就包含着信息扩散的属性。复旦大学学者朱春阳指出：“国际化就是新媒体经济的规划蓝图和奋斗目标。”传统媒体时代，就形成了覆盖全球的电视直播信号、广播信号网络等，很好地诠释了全球传播的大趋势。而且形成了美联社、法新社、路透社等著名通讯社，通过集成多种媒体的优势，第一时间向全球抢发信息。

新媒体生而具有的地域突破能力催生了其国际化的内在品格，从这个角度来说新媒体大大地超越了传统媒体。例如电视信号，通过网络平台，让受众有了更多的选择，而不局限于本国的电视转播信号。在国内，网络新媒体平台，例如 English Radio，龙卷风收音机等，汇集了世界所有广播信号，进一步打破各国的局域传播，形成全球联网的传播新模态。

新媒体的传播国际化，并非只有直接显性的表现，其对政治、经济和文化的国际化、全球化的推动也是必须得到重视的。新媒体使意识形态话语权的争夺程度越来越激烈，普通民众也可以行使自己的权利，向全世界发出自己的政治呼声，在大部分文明化发达的国家里，基本上已经很难再看到野蛮镇压民主活动的出现，这主要归功于新媒体造成的信息传播国际化的原因。新媒体的国际舆论生态中，民众的民主政治活动很容易就引起国际社会的广泛反响和积极回应，社会舆论的压力大大降低了镇压活动出现的概率，国际民主政治运动也有了更强劲的动力。新媒体国际化也是各国彰显国家软实力的重要途径，而从这个角度来说，我国还有很多不足，仍然有很长的一段路要走，中国社科院学者刘尚超认为：“我国媒体语言传播中规范性不强、渠道较窄、国际化水平低。”这都需要在政治上重视新媒体国际化特征的正确引导。新媒体的传播国际化也有效地打破了诸多信息壁垒，使经济主体更加平等、高效地参与竞争，从而更有利于建设国际经济与贸易新秩序。在文化方面，新媒体让学习语言、了解异域文化不再是难事，外语学习和外国文化的资料唾手可得。

四、新媒体对思想政治教育的价值特征

（一）有一定的消减力

“如果将新媒体和传统媒体进行对比我们会发现，新媒体消除了传统媒体（电视、广播、报纸、通信）之间的界限，消除了国家与国家之间、社群之间、产业之间的界限，消除了信息接受者与发送者之间的界限”。自1994年3月中国被获准成为国际互联网的成员后，在校大学生就如饥似渴地走进了虚拟世界，大学生在虚拟世界的帮助下可以随时随地、自由自在地获取自己想要的信息和知识、创造和传播信息。新媒体大大加快了信息交互传播的速度，甚至实现了信息的“零时间”即时传播，消减了时间和空间疆界的束缚。这对于自我意识强及热衷创新的高校学生来说，网络媒体无疑成了他们汲取信息和知识最理想的途径和渠道。这种消减力也有利于高校思想政治教育工作者与学生之间消除隔阂，拉近距离，有利于思政教育工作的开展，极大地提高了高校思想政治教育的工作效率。

（二）强劲的吸引力

广大人民群众被新媒体的超媒体特性所吸引。这种超媒体是超文本的延伸，是在多种媒体中非线性地组织和呈现信息。比如手机媒体，从开始的短信、彩信（例如图片新闻、天气预报和视频的传递）到手机用户可以QQ聊天、在线看新闻、手机小说、收听手机广播、收看手机电视电影比赛等多媒体信息，并能随时随地将信息快速的发送到其它手机用户或互联网邮箱。手机、数字电视等装有计算机芯片的新媒体成为互联网信息的接收终端。2006年11月，国家通讯社新华社开通了“新华手机报”，用户只需要动动手指，轻轻按触手机屏幕就能收看，并不需要付出任何代价。新闻尽在“掌”握，为手机用户带来全新读报体验，“新华手机报”第一时间播报新华网发布的重要即时新闻，每天5分钟，即可概览天下风云。新媒体像是一本信息极其丰富的百科全书，来自各种不同信息渠道的信息数量按几何级不断加速增长。由于新媒体提供了大量的文字、图像、音频视频等信息，在新媒体上获取知识更方便、快捷、有趣、全面，这给高校学生带来了极大的便利。很多在校高校学生最初接触新媒体的目的只是阅读，或是赋予自身时尚的气息，想要紧跟时代的步伐，但是不管他们最初的目的是什么，最终都无一例外地被新媒体带来的优势所深深吸引，有的大学生可能已经达到了病态的程度，感觉无法自拔。从另一个角度来说，新媒体不仅为高校学生打开了认识世界的一扇窗，更为他们打开了求知的新大门。

（三）强大的号召力

listen.com 这个网站的创始人之一—罗布．里德曾经说过这样一句话，“在这个充满无限可能性的时代，内容不是最重要的，内容并不能帮助你统治一切，寻找内容的方式才是我们应该去追求的。”随着新媒体时代的到来，媒体平台与人的生活越来越近，信息传播

的全时、全域、全民、全速、全渠道、全互动、去中心化（不存在类似于“头版头条”这样的状况，不同受众可以选择出很多主题进行讨论）、去议程设置传播（信息传播不再是比较固定的用词模式，不同的消息发布人可以用自己使用语言的习惯进行传播），迸发出强劲的号召力。新媒体对每个人的思想情感和价值观念的影响是客观存在的，可以这样说，大众接受教育的过程和新媒体的传播过程没有什么区别，两者在某种程度上来说完全等同，后者总会从不同的层面上影响着人们的价值观念、思想道德以及行为模式。

（四）广泛的渗透力

2012 年 7 月 19 日，中国互联网络信息中心（CNNIC）在京发布《第 30 次中国互联网络发展状况统计报告》（以下简称《报告》）。《报告》显示，截至 2012 年 6 月底，中国网民数量达到 5.38 亿，增长速度更加趋于平稳；其中最引人注目的是，手机网民规模达到 3.88 亿，手机首次超越台式电脑成为第一大上网终端。《报告》显示，2012 年上半年，通过互联网收看视频的用户增加了约 2500 万人，根据中国互联网数据平台数据，2012 年第二季度网络视频用户的人均单日访问时长比第一季度增加近 10 分钟，网络视频在用户规模和用户使用深度上均呈现增长趋势。与整体网络视频用户规模的稳步增长相比，手机端视频用户的增长更为强劲，使用手机收看视频的用户已经超过一亿人，在手机网民中的占比由 2011 年底的 22.5% 提升至 27.7%。在视频网站、运营商等多方积极推动下，用户使用手机终端在线看视频的习惯正在逐步养成。与此同时，手机微博延续 2011 年快速增长的势头。截至 2012 年 6 月底，微博在手机网民中的使用率提升 5.3 个百分点至 43.8%，成为使用率增幅最大的手机应用。手机微博用户增长的如此迅速的原因，一方面归功于微博自身附带的自媒体优势，以及微博即时性的特点，当大部分微博新老用户都感觉体验性良好，那么流失率低也就不是一件那么令人惊讶的事了，相反，微博用户反而呈现越来越多的架势；另一方面，随着科技的发展，手机微博功能也在不停地更新换代，随之带来的就是手机用户微博使用体验的不断提升，所以微博用户人数在逐年增长。

CNNIC 给出的数据表示：成千上万的在校大学生能在很短的时间内成为新媒体信息的接收者，在这个新媒体的时代里，在这个信息开放的空间里，影响人们是否决定要获取信息的因素只有爱好以及兴趣。现在人们只需要悠闲地坐在电脑前的椅子上，随意地敲击几下键盘，更夸张的是他们完全可以躺在被窝里，触摸一下手机网络终端上的链接，就可以轻松进入百度、搜狐、Hot mail 等国内外网站，或畅游在全世界各高校的校园网，搜索需要的资料，关注喜爱的新闻，欣赏影视精品，讨论社会热点问题，点击其他学校相关课程的网上教学、远程教学、CAI 课件等学习网站，充分享受诸如“麻省理工公开课”、“剑桥公开课”等知识大餐，也可以建立个人网站，在网站上与他人进行实时沟通和交流，并共享自己的交流心得与学习成果。

（五）深远的辐射力

在传统媒体的时代，“受众”二字是完全可以和阅听大众划上等号的，而在这个多媒体时代，“受众”却有了更深层次的意思，而成为在新媒体中参与到信息产业价值链的上游，媒体生态正在酝酿着深刻的改变。美国新闻集团董事长默克对“美国报纸编辑协会”演讲时表示，新闻媒体既然拥有新闻的提供者这一层身份，就应该比广大的人民群众更加熟悉和了解多媒体和网络知识，停止对阅众“说教”，媒体该成为“对话的场域”和目的地，以使博客们和播客们与记者编辑进一步的延伸讨论互相契合。信息网状的流动方式构建了经济便捷地获取信息和发布信息的平台，信息以数字形式在新媒体环境中传播，实现了互联网、数字网、无线移动网等各个网络的连接和贯通，构成了一张天然的网，穿梭于其间的是神奇的数据信息。由于特殊的链接结构，人们启用新媒体，就能够把信息传递给新媒体上特定的人，甚至可以把信息传递给与 Internet 相连的其他网络上的人们，使那些本来价格昂贵或难以应用的资源被其他人所共享并使用，用新媒体通信交流和共享信息源。例如，在互联网的帮助下，在校大学生可以突破空间的限制，接收来自世界各地的电子邮件，并能及时进行回复与交流；在校大学生能在互联网的帮助下与他人建立朋友的关系，并能互联交换所需要的信息；在校大学生能通过互联网发布自己需要传播出去的公告信息；可以通过视频交流的形式参加各种专题小组的讨论，在讨论中充分发表自己的意见；可以使用海量的软件资源和信息资源，而不需要付出任何代价。这一特点，给予了在校大学生一种满足感以及尊重感，勾起了他们参与高校思想政治教育活动的欲望，激发了他们的主动性和积极性。

第四节　新媒体发展现状及趋势

在新媒体时代中，所谓“时代”是一个与人紧密联系的时空概念，是能影响人的意识的所有客观环境。本书所指称的“新媒体时代”是一个相对概念，与人类历史上所出现的媒体时代相比，其鲜明的时代性主要体现在三个方面：

首先是高度的媒体融合度。新媒体形成的过程是不同形态的新旧媒体相互汇聚、交融，实现多种媒体日益趋向一体化的过程。与旧媒体相比，新媒体的融合能力达到惊人的程度：它既包括多种媒体形态在实体和技术层面的融合，也包括不同形态内容和传播渠道的融合，乃至媒体的文化、市场、价值等方面的融合，它所展现的是一场深刻的媒体转型和革命性变革。

其次是拥有巨大的能量。随着时代的发展以及科技的进步，新媒体以古往今来从未有过的覆盖范围和传播能力，把全世界人民都包围进新媒体的客观环境之中，使人们自觉或不自觉地都变成了受众，并对其施加持久而深刻的影响。

再次是工具性的中性特征。作为科技革命的产物，新媒体的技术工具身份使它和任何一项技术发明一样，具有工具的中性特征，通俗易懂地说，新媒体作为技术工具的时候，其对使用者的身份没有限制，任何人都可以使用，并且不同的人使用总会产生同样的效果。但是，新媒体一旦被政治行为所使用，它就不仅仅是技术工具，也可以成为一种政治工具，即追求政治权力和政治利益的工具，也就具有了“非中性”作用。这种因被使用而产生的“非中性”的作用正是新媒体时代的一个显著特征。

当前，我国正处于社会转型期，社会阶层的分化和利益关系的多样化带来了价值取向的多元化，人们的思想观念因诸如分配不公、贫富差距等现象的影响而趋于功利和现实。与此同时，随着新媒体时代的来临，互联网、手机等新媒体的逐渐普及和应用，西方各类意识形态、社会思潮通过各种途径传入我国，社会主义主流意识形态受到巨大冲击。高校学生作为“数字化生存”的最先体验者之一，获得了跟世界同步发展和充分展示个人才能的空间，其思想观念、知识获取、价值取向、人际交往和行为方式等，也已深深地烙上了新媒体时代的痕迹。研究和加强新媒体时代高校思想政治教育，提高大学生的思想政治素质，对于全面实施科教兴国和人才强国战略，加快全面建成小康社会，推进社会主义现代化宏伟目标的实现，确保中国特色社会主义事业兴旺发达、后继有人，都具有极为重大而深远的战略意义。

新媒体技术的产生最早可以追溯到20世纪的中后期，随着信息技术的普及以及计算机的问世，新媒体技术第一次出现在人们的面前。伴随第一台计算机ENIAC的出现，新媒体技术的发展变得更有可能。21世纪常说以人为本，要有人文精神。与以往工业大变革不同，新媒体技术被寄予厚望，有着全新的标准和要求。新媒体技术的宗旨是结合人们生活需求，为人们提供信息和服务。人们对生活的追求讲究品质，因此，新媒体技术本着以人为本原则，更多地站在需求的角度，提供更多舒适的体验。

随着新媒体的运用推广，越来越满足人类的需求，成为人类的重要产物。恩格斯曾说：“社会一旦有技术上的需要，则这种需要就会转换成莫大的动力，积极地推动着科学向前进一步的发展”，面对传播和交流的需要，对新媒体的需求更大，对新媒体的标准和要求更加严格，所以，在差异化的发展中，新媒体具有巨大的上升空间以及广阔的发展前景。

（一）互动更为频繁

新媒体和传统媒体有很大的区别，而新媒体在互动方面远远超过了传统媒体。未来新媒体与终端活动之间将会出现更多的配合形式。新媒体将更多参与社会活动中来，如配合企业事业单位做活动、采访等等营销活动，或者将新媒体所在场所变成体验终端，做一些新的创意情境。因此，新媒体无论是在信息内容方面，抑或是在各项活动方面，都需要在互动上花心思，注重互动功能的发展，并以此为基础挖掘新的形式。

（二）融合逐步加强

新媒体具有强大的媒介融合特征。麦克卢汉认为：“任何媒介的‘内容’都是另一种媒介”。互联网与传统媒体将会加快融合速度，报纸开设网络版，网络开发网络报纸，或者报纸杂志与网站合作开设线上发行平台，以及报纸杂志、广播、电视的网络化已经成为现实。

（三）新媒体从“侵入受众”到“受众浸入”阶段

在这个新媒体的时代，不是由传播载体选择受众，而是受众选择传播载体，是自由选择传播载体。一种媒体想要有进一步的发展，就必须从受众的角度出发，为受众带来更多的利益，给予受众更大的便利性，而不能干扰到受众，使受众感到厌烦。因此新媒体将可能进一步净化，在创意上提升，或者与内容提供者合作向受众提供信息，逐步留住受众分散及几乎疲劳的注意力，从侵入受众向受众浸入转变，实则是被动接受信息向主动接受信息转变。

（四）整合与并购加速新媒体社会化进程

为增加对受众的覆盖，新媒体与旧媒体之间将出现整合与并购大潮，有着较广覆盖的新媒体将会整合过于单一的媒体，互联网、户外媒体、移动性媒体以及数字媒体之间会进行洗牌。新媒体社会化将势不可挡，导致人人都是新媒体，人人都是播音员和收听者。

（五）新媒体技术越来越完善

新媒体作为传统媒体的进一步传承与发展，为人们提供无与伦比的传播感受和与众不同的内容。随着广大人民群众消费理念的不断更新换代，以及人们对手机新媒体的依赖性越来越强，以支付宝、微信支付等为依托，以新媒体技术为支撑，人们越来越多地在网上购物，并且通过网上支付。与此同时，人们阅读方式与时俱进，与以往传统的读书看报相比，发现越来越青睐数字化阅读。中国新闻出版研究院发布的第十三次全国国民阅读调查数据显示，2015 年我国成年国民报纸、期刊阅读率均较 2014 年下降，而数字化阅读方式的接触率较 2014 年上升了 5.9 个百分点。这也从一个侧面说明新媒体技术较成熟，越来越完善，在这安全的环境下，人们的消费习惯、阅读方式逐渐改变，青睐网上支付和数字化阅读。

（六）新媒体的接受群体普遍化、年轻化

随着了解和熟悉新媒体的人数越来越多，接受并使用新媒体的人数也随之增加，同时受众群体越来越呈现出年轻化的趋势。据中国互联网络信息中心（CNNIC）发布的第 37 次中国互联网络发展状况统计报告显示，截至 2015 年 12 月，我国网民规模达 6.88 亿。2015 年新增加的网民群体中，低龄（19 岁以下）、学生群体的占比分别为 46.1%，

46.4%。从新媒体的特点上来说，新媒体会给人带来一种新鲜感，这种新奇的感觉正好抓住了年轻人的内容，与此同时，新媒体具有十分丰富的内容，又能带给年轻人一种充实感。生活水平的提升导致年轻人群中没有手机的人数几乎为0，再加上对新鲜事物好奇的心理，年轻人才成为新媒体的主要接受群体也就不是一件那么令人感到惊奇的事情了。

（七）新媒体发挥越来越重要的作用

新媒体以及其迅猛速度的发展势头，成为社会向前进步向前发展的重要内容，早已引起国家高度重视。早在我国“十二五”规划中就明确提出要加快国家信息基础设施建设，推动经济社会各领域信息化。

与此同时，政务媒体也是一大亮点。据统计，截至2015年10月，我国有政务微博认证账号（含新浪、腾讯）近28万，政务微信总数突破6万。从“政务微博元年”到“政务微信元年”，短短几年，政务新媒体发展迅速，在发布信息、传递价值、对外沟通等方面发挥着越来越重要的作用。国务院继开通微博、微信号“中国政府网”，2016年2月26日，“国务院用户端”正式上线，成为国务院加强政务管理的又一重要载体。国务院通过新媒体平台主动发布重大决策部署等重要信息，不仅达到了向公众提供政务服务的目的，与此同时还拉近了与群众的交流距离，大大提升了服务效率，在群众办理事务的时候给他们带来了极大的方便，对维护公信力、提升政府形象起到了举足轻重的作用。在这个时代，越来越多的政策法规是通过新媒体平台发布的，方便人民群众第一时间获取信息，新媒体成为政务发布的重要平台，足见新媒体的重要性。

（八）新媒体与传统媒体不断融合

新媒体的发展已经势不可挡，而前进的步伐也从来没有停下来过，当然，新媒体想要达到完全取代传统媒体的目的仍然需要很长的时间，虽然在短时间内还无法实现。但是新媒体在慢慢赶超传统媒体的过程中，需要给新媒体一个准确的定位，做到取长补短，取传统媒体长处，补新媒体发展的不足，对于传统媒体要秉持着取其精华去其糟粕的态度。而且新媒体在发展的过程中不能太过于刻板，传统媒体虽然有很多不足，但是其中不是没有不可取的地方，我们要站在巨人肩膀上，建立在传统媒体的基础上进行创新。在发展进程中，一旦发现问题，要立刻主动积极地解决问题。例如，传统纸质媒体《人民日报》、《中国教育报》除了推出网络、开设微博微信，还研发了自身的用户端APP。中央电视台创办了央视网，还开通了微博微信，创立了“央视新闻”用户端。

人民日报用户端是人民日报社在数字报业领域开发的具有自主创新的优秀成果。2014年6月正式上线，将“用户至上”作为核心理念之一，开设了闻、评、听、问、帮、报、图、视等板块，除了发布权威新闻资讯，还推出了“政务中心”，包括最高人民法院、教育部等多家中央和地方党政部门入驻并发布信息。打造人民日报用户端这一新媒体平台，是人民日报在新媒体领域创造的重要成果，是人民日报抢占新媒体阵地、坚守舆论阵地的重要举措，是加强和引领新媒体平台建设的重要实践场所，也是面向媒体融合打造的全新媒体业态，打造成为宣传党和国家新理论、新成果的重要载体。不仅仅是中央媒体，地方媒体也需要进行改革和创新，不管是在传播手段方面，还是在表现形式方面。此外，对于地方媒体，要做到内容的丰富、领域的拓宽、互动的加强，从而达到吸引广大人民群众的目的，将传统媒体内容优势转化为新平台信息传播优势，不断创新融合。

第五节　新媒体的主要功能

一、传播大众文化，展现真实虚拟的文化

在这个新媒体的时代里，传媒和大众文化就相当于连体婴儿，谁也离不开谁。在新媒体还没有发展起来的世界里，学校和家庭是人们社会认知与价值判断的主要来源，而现在传媒分担了学校和家庭的重担，呈现三者并驾齐驱的驾驶。大众文化需要借助传媒才能成为受众认知的社会文化。新媒体的发展历程告诉我们，网络和手机最初的作用都是为了数据传输和信息通信的方便，随着其功能的增强，服务内容不断扩充，尤其是被用作文化娱乐的载体，其影响和效益成倍增长。随着文化娱乐内容的不断开发，新媒体的文化传播和文化娱乐功能在日益增大，特别是网络和手机的开放性传播平台，彻底地将精英文化转向大众文化，文化的创造力和技术的创造力空前高涨。新媒体平台的平等性，极大地活跃了文化市场，培育了一批实验文化的创造者和开拓者。新媒体的诞生意味着传统的文化结构和秩序被打破，长期以来文化产品和文化人都披着神圣的光环，普通人很难步入文化殿堂，因为传统媒体市场有严格的规则，在等级森严、标准化一的权威秩序下，许多普通人的作品只能被有着严格把关或程序化题材、格式规范者的传统媒体挡在门外，进入不了传播渠道，文化市场只是少部分人的专业市场。新媒体的出现打破了这种“等级”和“秩序”的羁绊，普通人可以在网上创作、学习、赏析和评论，新媒体在网络平台上为普通人提供了在文化天地里实现和提升自我价值的可能性和现实性，冲破了原来文化圈子秩序的等级，打破了权威的评说，实现了全球化的文化艺术作品的传播，“阳春白雪”和“下里巴人”的作品都可以在网上广为传播，网络歌曲、网络视频可以迅速走红，新媒体传播平台的兴起和建立，进一步活跃了文化消费的市场，活跃了文化产品的创作氛围，涌现了一大批实验文化的新品及其实验者和开拓者，使文化生活更加普及、活跃和丰富多彩。

新媒体的互动性使文化消费大众化。新媒体的互动传播，使新媒体的内容更加趋于平民化和通俗化，传者和受者之间的交流也趋于平等，因为平等地说自己的故事、谈论自己的观点和感受、创作自己的作品，不断地推动了新媒体的内容和形式的创新。新媒体的隐蔽性、开放性和包容性，使充满个性和活力的网络文学和手机文学迅猛发展，成为文学新的增长点，引起出版界的极大关注。新媒体的数字化、多媒体化、宽带化，使网络电视剧

和手机短剧快速发展，最重要的是受众收看方式的转变，可以不受时间和地点的限制任意点播，更符合年轻人的收视习惯，播出的内容题材和剧目的长短也更加灵活，情节和节奏更加紧凑和集中，更符合年轻人的审美情趣。新媒体的互动性使网络游戏和手机游戏成为家庭互动娱乐发展最快的文化产品。随着适合各种年龄阶层和文化层次各种游戏的开发，网游的人数还会持续增长。因为形形色色的网络文化原创门槛不是很高，再加上下载便利，使网络文化的内容在传播速度上无可匹敌。一种整合电视媒体、网络媒体和移动媒体技术资源的融合性媒体的出现，会进一步带动经济和文化的发展，反之，利用网络、手机等载体拓展的新媒体文化产品，会进一步推动新媒体技术的发展。

新媒体展现了真实虚拟的文化。文化由沟通过程组成。如罗兰·巴特和让·博德里亚多年前告诉我们的，“一切沟通形式都奠基于符号的生产消费”。曼纽尔·卡斯特认为，因此在“现实”与象征再现之间并没有什么区别。“所有的社会里，人类都生存在象征环境之中，并通过象征环境来行动。所以目前以一切沟通形式（从印刷到多媒体）之电子整合为核心的新沟通系统，其历史特殊性并非是诱发出虚拟实境 (virtual reality)，反而是建构了‘真实虚拟’”。那么，相对于早期的历史经验，产生真实虚拟的沟通系统是什么？曼纽尔·卡斯特认为，在这个系统里，现实本身（亦即人们的物质与象征存在）完全陷入且浸淫于虚拟意象的情境之中，那是个“假装”的世界，在其中表象不仅出现于屏幕中以便沟通经验，表象本身便成为经验。“所有种类的信息全都包藏于媒介之中，因为媒介变得十分全面、多样、富于延展性，使得媒介在同一个多媒体文本里吸纳了所有人类过去、现在和未来的经验。”从社会的角度来看，以电子为基础的沟通（印刷、试听或电脑中介）才是沟通。然而这并非表示所有文化表现都是均质的，或少数发送者完全支配了符码。正是因为新沟通系统的多样性、多重模式以及易变特性，方才能够涵盖与整合一切表现形式，以及各式各样的利益、价值与想象，包括社会冲突的展现。将大部分的文化表现纳入以数字化电子生产、分配与交换符号为基础的整合沟通系统里，对社会形式与过程会产生重大后果。“一方面，这削弱了传统上外在于该系统的发送者的象征权力，如宗教、道德、权威、传统价值以及政治意识形态。另一方面，新沟通系统改变了人类生活的空间与时间，产生了流动的空间和永恒的时间。”

二、引起交往方式和社会组织方式的变革

新媒体技术构建的虚拟社会，不仅创造了新的社会活动和精神活动的空间，延伸了现实社会生活领域，而且改变了传统社会生活的基础、结构与组织方式，创造出新的人际交往方式和社会生活方式。

新媒体以信息网络技术为基础，引发了时空延伸性，构筑了一个流动的空间和无限的时间，构建了虚拟的日常生活世界，成为现代人重要的社会生活与活动场域，传统的单一的物理生存空间演变为现实与虚拟的双重生活世界，改变了传统社会精神生活的单一空间与固有模式，网络时空又是为人的精神交往和精神交流的“现实时空”，是“虚拟的实在”。

新媒体改变了人们的交往方式。以Web2.0信息网络技术为基础的新媒体，打破了空间的限制，形成了跨越时空的网络交往，扩大和丰富了工业文明带来的以业缘为轴心的社会关系，形成了以社会公共关系为轴心的活动型的社会关系。网络社区中人们的交往突破了我国传统的血缘与族缘的制约，是一种陌生人群中的交往，这种交往方式，是传统社会生活中最薄弱的，因此新媒体为现代人提供了陌生人之间的互动空间，网络化的新媒体的出现使社会交往模式发生了重大变革，使社会交往模式由“人—人”为主变成了“人—媒介—人”为主，既有传统社会中的“点对点”的交往，也有了“点对面”的交往，新媒体正在解构我们所熟知的传统的日常生活世界。

从历史上几次大的社会组织方式的变革看，农业社会是一种家长式的社会组织形式，工业社会虽然存在着等级制，已开始渗透民主、平等和公正思想。随着新媒体技术的发展，新媒体传播具有强烈的现代性意义，它的出现推动了现实的社会结构与组织形式的深刻变革。新媒体所蕴含的信息网络技术是现代生产力的集中体现，它改变了传统社会资源的分布格局，推动了现实中的财富、权力的重新分配与组合，推进了社会结构、组织方式和人伦秩序的变革。中国传统社会是在宗法血缘关系基础上形成的等级差序明显的社会结构。网络技术的兴起，使财富和权力、地位流向代表现代科技发展方向的群体和个人，而不像过去那样依靠世袭。社会资源分配方式的变革，打破了传统社会等级差序结构和封闭的组织方式。

三、建构公共领域，推进社会民主

公民社会与市民社会有相同的指向，英文Civil Society和Citizen Society都可译为“公民社会”，古希腊与罗马的城邦共同体是形成近代西方社会结构与政治体制的基本范型。黑格尔把公民社会设定为与政治国家相区分的自我规定性存在，是相对于家庭和国家尤其是国家的一种形式。马克思承接了黑格尔对国家与公民社会的区分，确证公民社会区别于政治国家，但他把黑格尔在国家与市民社会关系上弄颠倒的关系重新改正了过来。哈贝马斯认为，公民社会是以经济活动为核心的私人领域与文化活动为核心的公共领域的统一。在西方社会观念中，公民社会基本被定义为非政治性的不受国家任意干预的社会公共生活领域。中国的公民社会指“社会成员按照契约性原则，以自愿为前提和自治为基础进行经济活动、社会活动的私域，以及进行议政参政活动的非官方公域”。

德国哲学家哈贝马斯认为，古希腊城邦及其以政治生活为本质内容的公共生活、中世纪欧洲封建社会君王制的代表型公共领域都不是真正意义上的“公共领域”，真正的“公共领域”之所以能独立存在，主要归功于近代商业活动的发展。现代重商主义政策的实施与推进极大地促进了市民社会的形成以及商业经济的发展，与此同时也为政府权威和统治的维护贡献了自己的一分力量，政府当局和广大民众之间形成了公共管理与私人自律的紧张关系，市民阶级围绕公共权力的商业政策而展开对公共权力本身的检讨，报纸、杂志、咖啡馆、沙龙以及宴会等文化讨论的机构承载了批判的空间，阅读群体由市民阶级组成，他们利用出版物同官方展开辩论，引起当局和民众的注意，形成了由阅读群体组成的新的公共领域。

在这个新媒体的世界里，文化批判的公众因为广告和公共关系的侵入而丢失了批判能力和理性思考能力，变成了文化消费的公众。传统媒体的"点到面"传播，让"公众"成为"大众"；传统媒体的"把关人"规则，否定了"自由交流"初衷；传统媒体的商业化浪潮，吞噬了"理性批判"原则。与传统媒体不同，新媒体独特的优势在一定程度上实现了对公共领域的重构。新媒体"点对点""多对多"的新传播形式使每个人有听和说的机会，而且新媒体是一个开放、平等和互动的空间，可以进行自由的交流和理性批判。人们"在一定程度上不依赖于他人而独立存在，更重要的是要有一种对公共事务保持热切关注的态度，特别是要有独立思考和批判的能力"。新媒体把传统媒体的受众转变为公众，在新媒体中，接收者和传播者的地位是可以互换的。正如尼葛洛庞帝所说，"从前所说的'大众'媒介正演变为个人化的双向交流，信息不再被推给 (Push) 消费者，相反，人们（或他们的电脑）将所需要的信息'拉出来'（Pull），并参与到创造信息的活动中。"

传媒行业自产生到发展都带有意识形态的性质，传媒的生态环境从某个角度来说可以直接反映出社会的政治环境。新媒体的出现，不仅拓宽了信息传播的渠道，而且使广大人民群众接收信息更加迅速，脱离了时间和空间的限制，与此同时，还使社会平权意识的建立向成功迈出了一大步，加强了各级政府部门对于信息公开制度建立的重视。信息平权是实现政治文明和社会文明的重要内容，也是实现人民民主、自由权利的一个重要方面。新媒体技术的发展使政府通过网络等新媒体实现公共信息最大限度的公开和透明，让市民接触更多的政府政务信息，政府信息的公开既是政府"以民为本"的重要职责，也是各级政府网站的主要工作任务之一。新媒体技术的应用，尤其是电子政务、政府网站的开通，加快了政府信息公开透明以及舆论监督的民主进程，成为信息平民理论的基础性的技术保障。

网络的沟通，简单来说，就是传者和受者相互之间的交流与沟通，新媒体的发展为信息交换平台的建设打下了坚实的基础，突破了时间和空间的限制，为人们了解和接受更多信息提供了更多的机会，创造了广泛的交换信息、互动交流、多向咨询的条件，架起了信源传播者和信息接受者之间的平等沟通的桥梁。最近几年的全国和各省市的"两会"报道，都是通过网络进行传播。一方面运用互联网、手机短信和彩信等新媒体及时发布"两会"信息，另一方面通过网络中设置的"网友评论"等舆论平台及时回收网民和群众对"两会"的意见，极大地改善并增强了广大人民群众参与议政的主动性与积极性，并使人民群众更加明确了解自身应当享有的社会责任和政治权利，解决了传统媒体信息滞后和疏漏的弱点和没有办法及时回复受众质询的屏障，并突破了单向传播的模式，全面充实和丰富了媒体舆论监督。新媒体的应用与发展，为加速新时代社会主义民主化进程、推动我国社会主义民主政治建设发挥了积极作用。

四、影响社会舆论

舆论是广大的人民群众在这个新媒体的时代里，对高校思想政治教育公开表达的基本趋于一致的意见、信念和态度的总和。它是社会评价的一种，是社会心理的反映，以人们共同关注的问题为存在前提。从另一个角度来说，舆论和民意是可以划上等号的，代表着一种强烈的愿望、要求以及社会倾向。舆论没有固定的形成方式，可以在外力的帮助下，经过引导的过程形成，也可以是根据自己的意志自发形成的。传媒就是引导舆论的最大推动力。

新媒体在信息传播和舆论形成中改变了传统的传播格局，成为能够迅速形成舆论的信息交流平台。现代社会，大众传媒使得舆论的形成、发展变得平常，而且更有目的性。新媒体的开放性和互动性使每个用户都有机会成为舆论主体。新媒体的隐匿和迅捷传送等特点，不仅加快了舆论的形成和发展过程，更使舆论产生过程处于超控制之中。新媒体对舆论的影响主要表现在以下几个方面:

在这个多媒体的时代里，要达到促生舆论机会的目的。新媒体的存在让每一个用户都有可能成为舆论的中心，导致舆论多元化格局的形成。每个人都有一个共通点，那就是有迫切想表现自己，发表自己内心中看法的欲望，但是在实际的日常生活中，新闻媒体仅仅只能表达小部分的舆论，在时效性和多元化上不能与网上舆论相比。新媒体的存在使每一个用户都有机会在网络上去发表自己的看法，与此同时，正是由于新媒体交互性的性质，每个网民都可以在网络上根据自己的意志去进行交流讨论，突破了时间和空间的限制，使即时沟通交流意见不再是镜花水月。新媒体使网民能够通过建立自己的或有关网站，成为舆论的组织者。

要抓住一切机遇，加速舆论形成。新媒体能当作一个工具来使用，从而使舆论在形成的过程中迈出一大步。舆论一般是自下而上自发形成的，但自发性的舆论发展缓慢，很难产生大规模的影响。舆论主体为了使舆论迅速形成并造成较大社会影响，往往采用各种手段加速舆论的形成，这就是制造舆论的过程。制造舆论是指把人们潜意识中的意见（潜舆论）诱发出来，变成社会显意识的公开意见（显舆论），把分散的意见集合为社会整体意见。我们在全世界的任何一个角落都能发现新媒体的身影，网撒到哪里，信息就传播到哪里，这对个人意见的扩散毫无疑问是有利的，以便于舆论的形成。

超越舆论控制。舆论越是繁荣，舆论控制就越有必要。新的信息传播方式、传播的及时性以及传播工具的普及对舆论控制提出了挑战。传统的传播方式利用信息处理过程中的时间差，通过把关人的作用，对信息进行有目的地取舍和删改，实施控制。但是对于新媒体来说，由于用户数量庞大，信息传播迅速，对舆论生成以及传播的控制较难把握，使得舆论控制变得复杂而难以操作。

新媒体作为滋生舆论的新平台，将会随着它在中国的普及而起到不可或缺的作用，它对舆论各方各面的影响一定会使我们未来的舆论状况得到较大的改变，也对如何正确引导舆论提出了新的课题。

第二章　高校思想政治教育的内涵

第一节　高校思想政治教育的特征

特征是一个事物特有的某个方面的性质，这种性质的存在有别于其他事物，高校思想政治教育既具有思想政治教育的一般属性，又由于教育对象的不同而体现其特殊性，集中呈现出阶级性、时代性、复杂性和社会性等主要特征。

一、高校思想政治教育的主要特征

（一）阶级性

教育具有社会职能和发展职能。教育的社会职能指的是教育本身对社会各个领域和方面都有着积极的促进和引导作用；教育的发展职能指的是教育本身能帮助人类确定前进的道路，指导人类自身的生存与发展，对人类自身的发展有着进步意义。自人类进入阶级社会以后，阶级间的利害关系成为社会关系的核心，教育的社会职能也由此具有了阶级属性，体现为反映和维护统治阶级的利益，并为统治阶级服务。高校教师思想政治教育作为一项从属于意识形态领域工作的重要的教育实践活动具有鲜明的阶级性。

1. 高校教师思想政治教育的阶级性是由我国高等教育的社会主义性质决定的

我国是一个社会主义国家，高等教育的阶级性体现为社会主义性质。在教育指导思想上，《国家中长期教育改革和发展规划纲要（2010—2020年）》明确指出，教育改革与发展要："高举中国特色社会主义伟大旗帜，以邓小平理论和'三个代表'重要思想为指导，深入贯彻落实科学发展观，实施科教兴国战略和人才强国战略，优先发展教育，完善中国特色社会主义现代教育体系，办好人民满意的教育，建设人力资源强国。"坚持以中国特色社会主义理论为指导、坚持四项基本原则是我国高等教育的指导思想，是区别于资本主义国家高等教育的根本标志。在工作方针上，"全面贯彻党的教育方针，坚持教育为社会主义现代化建设服务，为人民服务，与生产劳动和社会实践相结合，培养德智体美全面发展的社会主义建设者和接班人。"坚持教育为社会主义现代化建设服务是高等教育的社会职能，鲜明体现了我国高等教育的社会主义性质；培养德智体美全面发展的社会主义建设者和接班人是高等院校的根本任务。开展高校教师思想政治教育是坚持高等教育的社会主义办学方向、并把它贯彻到学校工作各个方面、各个环节的重要保证。要想在教育实践活动中认真贯彻党和国家的部署和要求，保证党和国家的教育方针落到实处，就必须不断加强高校教师思想政治教育工作，引导广大教师深刻认识我国高等教育的社会主义本质，明晰党和国家的教育方针；要想激发他们投身教育改革与发展的积极性和创造性，充分发挥在教育改革中的主力军作用，保证各级各类学校培养出大批的社会主义合格人才，就必须不断加强高校教师思想政治教育，帮助高校教师树立正确的世界观、人生观和价值观，确立中国特色社会主义共同理想和马克思主义的坚定信念；要想保证在同资产阶级争夺青年一代的意识形态斗争中立于不败之地，就必须不断加强高校教师思想政治教育，使广大教师掌握马克思主义观点，在思想上筑起抵御西方“和平演变”的钢铁长城。从高校教师思想政治教育在高等教育改革与发展中所扮演的角色、发挥的作用中，不难看出高校教师思想政治教育的阶级性是由高等教育的社会主义性质决定的，是社会主义教育事业的一部分。

2. 高校教师思想政治教育的阶级性体现在教育目标和教育内容中

高校教师思想政治教育最终想要培养的高校教师，他们必须拥有正确的政治方向、高尚的职业道德、崇高的理想信念以及精湛的业务能力。在这四个要求之中，崇高的理想信念以及正确的政治方向是对高校教师最主要的基本要求，是高校教师必须具备的思想政治素质。高校教师要想在业务上有所建树，就必须有一个合格的政治基础，否则即便运气好有了某些小的成就，也很容易在教育的发展道路上迷失自己，迷失方向。坚定的政治方向和崇高的理想信念，指引高校教师的发展方向并提供精神动力，是高校教师素质全面提高的决定性因素。这里的政治方向体现为坚持走中国特色社会主义道路、坚持以中国特色社会主义理论体系为指导、坚持四项基本原则；崇高的理想信念是指中国特色社会主义理想和马克思主义坚定信念，这都集中体现了高校教师思想政治教育目标的阶级性。高校教师思想政治教育的内容具有阶级性。《关于加强高等学校青年教师队伍建设的意见》中明确指出:“大力加强中国特色社会主义理论体系教育,确保青年教师自觉坚持正确的政治方向，践行社会主义核心价值体系，在重大政治问题上立场坚定、旗帜鲜明。”高校教师思想政治教育以马克思主义及其中国化成果为教育内容。马克思主义的创始人曾经公开宣告其理论为无产阶级服务,代表无产阶级利益。列宁指出:“马克思的哲学是完备的哲学唯物主义，它把伟大的认识工具给了人类，特别是给了工人阶级。”辩证唯物主义和历史唯物主义是无产阶级的世界观和方法论，马克思的剩余价值学说揭露了资产阶级剥削的秘密，得出了资本主义必然被社会主义取代，无产阶级将扮演资产阶级掘墓人的角色，鲜明体现了马克思主义的阶级立场。马克思主义中国化理论成果是马克思主义在中国的具体运用和发展，是马克思主义同当代中国实际和时代特征相结合的产物，同样具有鲜明的阶级性。高校教师思想政治教育以马克思主义及其中国化成果为教育内容,决定了它必然呈现阶级性特征。

（二）时代性

全世界无产阶级和劳动人民的伟大导师——马克思恩格斯指出：“每一历史时代的经

济生产以及必然由此产生的社会结构，是该时代政治的和精神的历史的基础。”每一个历史时期的经济生产方式形成该社会的基础。这样的社会基础对那个时代的政治形势和精神生产必然产生极为重要的影响。教育不是孤立的，是与社会的发展息息相关的，必然体现时代性特征，即教育始终紧跟时代步伐，把握时代脉搏，体现时代特征。高校教师思想政治教育在顺应和服务社会发展过程中体现出鲜明的时代性。

1. 高校教师思想政治教育始终顺应时代发展要求

高校老师思想政治教育时代性的重要体现主要是：要坚持不懈地跟着社会从实际出发，时常变换主题服务于经济社会发展。新中国成立初期，肃清封建的、买办的、法西斯主义的旧思想是党和国家的主要任务。这一时期高校教师思想政治教育以帮助知识分子自我改造为目的，通过参加土地改革、抗美援朝、镇压反革命和“三反”“五反”等群众运动，使广大教师在接触工农、参加阶级斗争的实践中提高了政治觉悟，确立了与工农结合、为人民服务的思想。改革开放初期，国际敌对势力在政治、经济、思想、文化等领域加紧对我国实行和平演变，进行渗透和颠覆活动；国内资产阶级自由化思潮泛滥，造成思想理论的极大混乱。这一时期高校教师思想政治教育的重心落在了培养高校教师坚定的政治立场和社会主义、共产主义信念上，有效抵御了资产阶级自由化思潮的侵蚀。进入新世纪，国际国内形势发生深刻变化，我国实施科教兴国战略，对高等教育和高校教师队伍建设提出了新的要求，同时在发展过程中高校教师队伍建设面临许多新情况新问题。这一时期高校教师思想政治教育坚持又红又专的培养方向，以提高高校教师思想政治素质和业务能力为己任，引导高校教师热爱党、热爱社会主义祖国，忠诚于人民的教育事业。从以上所谈我们不难得出这样的结论：高校教师思想政治教育应该从始至终坚持以服务经济社会发展为目的，以不断变化的社会实际为着眼点确立教育目标和任务，体现出时代性特征。

2. 高校教师思想政治教育始终紧密结合马克思主义中国化的新发展

马克思主义中国化就是把马克思主义基本原理同中国具体实际和时代特征结合起来，运用马克思主义的立场、观点、方法研究和解决中国革命、建设、改革中的实际问题，坚持和发展马克思主义；就是运用中国人民喜闻乐见的民族语言来阐述马克思主义理论，揭示中国革命、建设、改革的规律，使之成为具有中国风格、中国气派的马克思主义。首先，我们应该紧密联系中国实际，运用马克思主义解决中国革命、建设和改革中的问题；其次，应该总结中国革命、建设和改革的实践经验和历史经验，坚持和发展马克思主义；最后，把马克思主义植根于中国的优秀文化之中，赋予马克思主义以鲜明的中国特色。中华人民共和国成立以来高校教师思想政治教育始终坚持正确的政治方向，坚持用马克思主义中国化的最新理论成果武装高校教师头脑，体现出时代性特征。如高校在教师中组织开展的马列主义、毛泽东思想的学习教育活动，从思想上武装了广大教师，使他们摆脱资产阶级的影响，提高为社会主义奋斗的觉悟。又如，组织高校教师学习邓小平理论。通过学习，高校教师提高了对改革开放的认识，深化了对建设中国特色社会主义理论的理解，精神面貌发生可喜变化。2000 年，江泽民提出“三个代表”重要思想。高校又组织教师开展了学习“三个代表”重要思想，保持共产党员先进性等教育活动，将“三个代表”思想的精神实质融会贯通于高校教师的学习工作中。2004 年，胡锦涛提出科学发展观。党的十八大明确要求必须把科学发展观贯彻到我国现代化建设全过程、体现到党的建设各方面。高校应组织教师通过自主学习、集中学习、实践讨论等形式开展了科学发展观学习教育活动，用马克思主义中国化的最新成果武装高校教师头脑。始终坚持以马克思主义中国化最新理论成果教育和引导高校教师的学习工作，是高校教师思想政治教育时代性的重要体现。

（三）复杂性

高校教师思想政治教育从来都不是一件简单便捷的事，其本身面临着复杂的社会生活环境，也面临着高校老师本身日趋复杂的价值取向和思想，高校教师思想政治教育本质上是一个复杂的系统，与此同时，高校教师思想政治教育呈现出鲜明的复杂性特征。

1. 高校教师思想政治教育对象的复杂性

高校教师思想政治教育以高校教师的思想变化实际为着眼点，高校教师思想变化的复杂性使高校教师思想政治教育呈现复杂性特征。首先，高校大部分老师有较强的自主意识，而且他们都有很高的文化水平，丰富的知识储备，开阔的视野，与此同时具有很强的观察、分析以及判断能力。因此，他们往往在对某件事物表达自身的看法的时候，都会将其建立在自身的生活经验和知识积累上，当高校老师对事物有了自身的解读、分析和判断，又经过自主思考的过程，形成独到的认识也就不是一件那么令人奇怪的事了。高校老师不会为前人经验所影响而盲目跟风，也不会被一时的假象所迷惑。这种自主性的思维特点可以促进教师养成实事求是、勇于创造的科学精神，鼓励他们不断追求真理、修正错误。但是虽然高校教师有较强的自主意识，有以上那么多的优势，但是任何事物都有两面性，其弊端在于较强的自主意识一般都会使老师很难听取别人的观点与意见，他们往往都会比较固执，有的老师甚至还会过多追求精神自由而忽视理论知识的学习、思想交流等，使高校教师思想政治教育所传授的思想、观点难以真正内化为其价值认同和精神追求。其次，高校教师的思想具有深刻性。经过长时间的教育训练和科研实践，高校教师在观察分析问题时，比较注重从深层次上把握问题的实质，容易形成符合人类社会和客观事物发展规律的深刻思想，具有较强的认识和分析事物的能力。教师思想深刻的积极意义在于能够推动他们对事物本质和规律的认识，能够培养和提高学生理性思维的能力。但由于受视野或社会发展条件的限制，也可能产生某些不正确的观点，这些观点一旦形成后就会导致理论上的混乱、思想上的困惑和行动上的错误，而且很难通过外界的教育加以改变，增加高校教师思想政治教育的难度。最后，高校教师的思想具有超前性。一般情况下，时代环境会影响人的思想和认识，并制约人的发展，但经过较为缜密、科学的理论思维和实践总结，人的思想也能预见事物的未来发展，体现出超前性。高校教师具有较强的理论思维能力和超前思维能力，能够在既有理论和实践基础上预见事物的发展趋势。教师思想的超前性可引导教师立足现在、放眼未来，使前进的方向更加明确，树立远大的理想，为实现目标坚持不懈地努力。但与此同时也很容易导致现实与理想脱节，简单地以理想裁决现实或者以现实否定理想，进而不能正确对待现实生活中存在的各种问题，尤其是改革发展过程中的负面问题，对社会主义失去信心，动摇理想信念。高校教师思想的复杂性，增大了高校教师思想政治教育的难度，导致其呈现复杂性特征。

2. 高校教师思想政治教育环境的复杂性

马克思主义认为，人和事物的思想发展会受到环境的制约。高校教师思想政治教育同样受外界环境的影响和制约。当前，日趋复杂的国际国内环境使高校教师思想政治教育呈现出复杂性特征。就国际环境而言，随着经济全球化的不断推进，政治民主化进程的曲折发展，世界国际化的趋势越来越明显。虽然和平与发展仍然是时代的主题，但国际社会在经济、政治、技术、资源等领域的竞争越来越激烈，各种思想文化不断碰撞交融。虽然中国自改革开放以来一直一心一意谋发展，聚精会神搞建设，但国际敌对势力在意识形态领域与中国的对立和冲突并没有减弱，对中国实施西化、分化的战略图谋并没有改变，部分高校教师受到消极、腐朽的思潮的影响，思想观念呈现复杂化发展趋势。就国内环境而言，随着经济体制改革的不断深入，社会主义现代化建设事业取得举世瞩目的成就，但不同程度地暴露出许多发展中的消极现象，如渐渐拉大的贫富差距，严重的贪污腐败现象、日趋复杂的环境污染与治理问题、客观存在的失业及贫困问题等，这些都给高校教师的思想观念带来了不同程度的负面影响，给高校教师思想政治教育带来了重重障碍，增大了高校教师思想政治教育的复杂性。

（四）社会性

高校教师思想政治教育作为一项具有以人为研究对象的教育实践活动，不仅具有阶级性、时代性、复杂性等特征，同样具有社会性。高校教师思想政治教育的社会性是指高校教师思想政治教育作为一项社会活动所体现出来的社会特征。它是高校教师思想政治教育在发生、运行及发展过程中所体现出的与社会系统要素之间的关联性，具体体现在：

1. 高校教师思想政治教育的对象始终处于社会关系中

马克思曾经说过：人的本质在其现实性上是一切社会关系的总和。高校教师是具体的、社会关系中的人。决定高校老师价值观念、政治信仰和道德品行的最主要的因素是他们的社会关系。因此，要想顺利开展关于高校教师的思想政治教育，首先应该对高校教师的社会关系有一定的了解，只有在社会关系中定位、认识和改造高校教师的思想观念才能提升思想政治教育的效果。“思想政治教育不仅要通过社会关系去对人有所了解，又要通过社会关系去教育人、培养人和使用人，也要发展人的社会关系。因此，思想政治教育与人的关系，实际上就是思想政治教育与社会关系的关系。”在马克思看来：“人们的观念、观点和概念，一句话，人们的意识，随着人们的生活条件、人们的社会关系、人们的社会存在的改变而改变。”如果无视高校教师社会关系的变化，将不能真正把握住高校教师思想变化的本质规律，不能很好的有针对性地开展高校教师思想政治教育。从这一层面来理解，高校教师思想政治教育具有社会性。

2. 高校教师思想政治教育受整个社会条件的制约

一方面，经济基础以及社会大环境一定会影响并制约到高校教师思想政治教育，这是因为高校思想政治教育观念性的本质，以及其本身属于上层建筑的范畴。如高校教师思想政治教育的目标任务、教育内容及教育方式均要伴随经济、社会、科技的发展及党和国家理论的创新而不断转换，否则高校教师思想政治教育将脱离社会实际、落后于时代发展的步伐，很难取得教育实效。“思想政治教育是社会的一部分，社会主题发生变化，思想政治教育的目标、内容和形式等也必将随之改变。”这是马克思主义社会存在决定社会意识在高校教师思想政治教育上的集中体现。另一方面，高校教师思想政治教育的开展同样需要社会提供物质、制度、文化等各个方面的支持与保障。离开社会的配合与参与，高校教师思想政治教育将寸步难行。同时，高校教师思想政治教育实效的取得，需要整个社会大环境的配合。高校教师思想政治教育所传授的理论如果与社会中实际存在的现象相悖或脱节，只能演变为空洞的理论说教，难以形成说服力和信任力。

3. 高校教师思想政治教育发挥着重要的社会功能

高校教师思想政治教育作为社会系统的重要组成部分，通过对高校教师开展教育发挥着服务社会的职能。如，高校通过对教师开展党的教育方针教育、社会主义核心价值体系教育、理想信念教育、职业道德教育等实践活动，引导高校教师坚持社会主义办学方向，激发他们服务高等教育改革与发展、不断提升自身素质的精神动力，帮助高校教师抵御各种腐朽思想和错误思潮的侵蚀，为培养社会主义现代化建设事业的合格建设者和可靠接班人做出贡献。高校是文化产生与传播的集散地，通过高校教师思想政治教育还能帮助高校教师科学地继承祖国优秀文化遗产，广泛吸收先进的外来文化，引领社会主义先进文化的发展方向，更好地担负起传递人类精神文明的重任。这些均是高校教师思想政治教育社会职能的体现，也由此决定了其社会性的特征。

二、高校思想政治教育的次要特征

除此之外，高校思想政治教育还有方向性、科学性、系统性等特征。

（一）方向性

我国高校开展思想政治教育最初的目的非常明确，那就是帮助我国当代大学生培养正确的价值理念，塑造正确的价值观。因此为了确保高校思想政治教育不会走向错误的道路，始终跟着国家和党的步伐，就必须将马克思主义理论和教学过程有机结合，将马克思主义理论贯穿在高校思想政治教学中。将马克思主义理论内化于心，融入大学生头脑，坚定理想信念，绝对保证大学生不被西方社会思潮影响，自觉融入马克思主义理论，紧紧跟着社会主义方向。主要体现在：一是深入学习马克思主义思想，创新学习方式，提高学习效率，保证学习效果，将马克思主义思想学透，融入大脑，走进生活实际。二是弘扬社会主义核心价值观。通过座谈会、研讨、班会等形式，利用广播、宣传栏、微博、微信等平台广泛宣传学习核心价值观，帮助学生理解认识核心价值观，引导学生践行核心价值观。三是开展“两学一做”学习教育。两学一做，指的是“学党章党规、学系列讲话、做合格党员”。全体党员带头学习党的理论，有效率地学，有针对性地学，在一定程度上，向非党员展示了坚定理想信念的一面，无形之中也为他们指向了正确的道路。

（二）科学性

党的十八大提出，倡导富强、民主、文明、和谐，倡导自由、平等、公正、法治，倡导爱国、敬业、诚信、友善，积极培育和践行社会主义核心价值观。社会主义核心价值观，并不是一个形而上的讨论，是基于深刻把握马克思主义理论，它是建立在社会主义的马克思主义发展的过程中与中国特色的实践相结合。改革开放以来，我国社会政治经济发生了翻天覆地的变化，国际上并没有完全可以借鉴的例子，只能一步一个脚印，脚踏实地，摸着石头过河。如何应对新形势的挑战，归根结底是考验如何全面建设小康社会和实现中华民族伟大复兴的科学使命问题。因此，提升高校思想政治教育实效性针对性，必须坚持马克思主义，必须牢牢把握马克思列宁主义、毛泽东思想、邓小平理论、科学发展观、习近平同志重要系列讲话精神，坚持实事求是，与时俱进，开拓创新，加强高校思想政治教育顶层设计。提升高校思想政治教育内容体系的科学性，必须以社会主义核心价值为重要指导思想，即秉承 24 个字社会主义核心价值观，在核心价值观的指引下体现高校思政教育的科学性、先进性。也只有这样，高校思想政治教育才容易让学生愿意接受，在此基础上践行核心价值观，以24字方针严格要求自己，自觉管理自己，规范自己行为，成为德才兼备、知行合一、全面发展的社会主义建设者、接班人，在自身有能力的基础上，发挥主观能动性，创新思维，反哺思想政治教育，有效提升思想政治教育实效性，以此反复，齐头并进，形成良性循环。

（三）系统性

高校思想政治教育的系统性指的是使我国高校思想教育内容从各个阶段系统规划、落实、贯穿整个大学生学习生涯，科学合理有序、协调推进思想政治教育工作，有针对有策略有主次的统一规划高校思想政治教育的综合考虑。坚持具有中国特色社会主义大学办学标准下，高校思想政治教育内容的系统性主要体现在以下三个方面：第一，系统性是教学各方面组成的有机整体，主要是主导性教育，具体包括基础教育、心理健康教育、道德教育、法制教育的内容。第二，系统性是在教学内容上相互合作，协调推进核心价值观教育。系统考虑社会发展、高等教育、思政教育的要求和标准，应分步骤、有条理，内外结合，分清主次，突出关键，从整体性角度有序协调推进。通过制定规划方案，确定目标，明细责任，分工与合作并进，全面深刻学习核心价值观内容，让内容进头脑，内化于心，最终有针对性地循序渐进推进，提升大学生培育和践行核心价值观的自觉性。第三，系统性体现在教学阶段上，结合大学生身心健康发展实际需求，遵循思政教育规律，对不同层次的大学生应该予以不同的要求，对于普通层次的大学生，我们应该要求他们掌握基础性的东西；对于先进积极分子，应该有更高的要求。在进行思想政治教育时不能太过激进，要循序渐进，抓住重点，突出关键，激发不同层次高校大学生接受思想政治教育主动性和积极性。

第二节　高校思想政治教育的内容

思想教育在我国高校工作进程中处于不可或缺的地位，起到了举足轻重的作用，当然，这一点也是我国高校思想政治教育的优势和特色。2015 年 1 月，中共中央办公厅、国务院办公厅下发了《关于进一步加强和改进新形势下高校宣传思想工作的意见》，是针对我国高校思想理论教育工作当前面临的形势，科学系统地部署我国高校思想理论教育工作各项任务。

高校开展思想政治教育是有目的的，并不是为了形式主义，而是为了帮助高校大学生的价值观念更进一步，并养成良好的思想品德，在这个过程中，要把一定的社会思想品质、价值观念、道德规范转化为高校学生个人的思想品德。高校思想政治教育改革创新发展，要围绕教学规律，坚持以人为本，结合教育实际，适应新媒体环境下人才培养需要。

意识形态工作是党和国家一项极端重要工作。高校是意识形态工作的前言和重要阵地，肩负着学习、研究和宣传马克思主义。高校肩负着培养高等人才的重任，为现代化建设起着重要作用，为社会进步发展做出了重要贡献。做好高校思想政治教育，强化大学生意识形态工作，是一项长远的工程，其重要性不言而喻。按照党和国家的部署，总结经验，分析形势，明确任务，切实做好高校思想政治教育，有助于保障党的指导，有助于保障党的教育方针的贯彻执行，有助于巩固马克思主义的宣传阵地。

一、高校思想政治教育中的思想教育的内容

思想教育，旨在帮助大学生树立正确的世界观和方法论，为大学生科学地认识世界、改造世界提供根本的思想方法，为政治教育和道德教育锻造坚实的思想基础。“思想教育就其性质而言，是提高人的思想认识的教育，是提高人们主观反映客观的认识能力和认识水平的教育，因而是认知性的教育”。作为认知性的教育，重在理论武装，以提高大学生科学认识各种思想问题和解决实际问题的能力，主要包括马克思主义的辩证唯物主义和历史唯物主义、毛泽东思想和中国特色社会主义理论体系、科学精神教育等内容。通过思想教育，有意识而系统地对大学生进行世界观和方法论的教育，培养大学生科学地认识世界和改造世界的能力，是我国思想政治教育的独特之处和创造性之所在。

（一）马克思主义辩证唯物主义和历史唯物主义教育

马克思主义的辩证唯物主义和历史唯物主义教育的主要目的是培养大学生认同、掌握人类认识世界和改造世界的强大思想武器，为大学生提供科学的世界观和方法论。马克思主义的辩证唯物主义和历史唯物主义教育是思想教育的灵魂，决定了思想教育，乃至整个思想政治教育的方向，是思想政治教育内容的最高层面。马克思主义的辩证唯物主义和历史唯物主义是一个博大精深、逻辑严密的科学体系，是迄今为止最为深刻地揭示人类社会规律的科学理论。从来没有哪一种理论能像马克思主义那样持久保持生机勃勃，不断推动人类社会进步。

马克思主义的辩证唯物主义和历史唯物主义作为党和国家的根本指导思想，是大学生的共同思想基础。在全国一届人大一次会议开幕词中，毛泽东即指出："领导我们事业的核心力量是中国共产党。指导我们思想的理论基础是马克思列宁主义。"任何社会的统治思想必然是占统治地位的阶级的思想，都是统治阶级的统治向思想领域的展开，是反映统治阶级利益的思想体系。共产党人从不讳言意识形态领域鲜明的阶级性。意识形态领域鲜明的阶级性决定了我国作为社会主义国家必须把马克思主义作为自己的立党立国之本。用马克思主义武装全党、教育人民，才能牢牢掌握意识形态领域的主导权。我国是人民民主专政的社会主义国家，中国共产党是我国社会主义现代化建设事业的领导核心，这就决定了我们必须把马克思主义作为党和国家的根本指导思想和行动指南，作为教育大学生的共同思想基础。

马克思主义的辩证唯物主义和历史唯物主义的立场、观点和方法是大学生坚定社会主义信仰的出发点。科学社会主义是建立在马克思主义的辩证唯物主义和历史唯物主义的基础之上的，对人类社会发展规律的深刻认识，具有不可抗拒的历史必然性。这是科学社会主义区别于形形色色的社会主义的本质特征。思想教育必须建立在科学的理论基础上，才具有彻底的科学性和历史的合理性，才能说明问题，才能说服人，才有力量。大学生只有从辩证唯物主义和历史唯物主义的立场、观点和方法出发，才能正确认识社会主义不仅具有道义必然性，更具有深刻的历史必然性，从而坚定社会主义信仰。

马克思主义的辩证唯物主义和历史唯物主义是抵制西方西化分化，凝聚大学生思想共识的旗帜。在市场经济和改革开放条件下，利益关系越来越复杂，价值观趋向多元化，大学生的思想个性鲜明，差异明显。同时，西方并未放弃冷战思维和意识形态渗透，各种反马克思主义的思潮在国际国内时有滋长。高校思想政治教育者必须始终高举马克思主义的旗帜，坚持用马克思主义教育大学生，武装大学生的头脑，才能不断巩固和发展社会主义意识形态。在最大限度地凝聚思想共识这个前提下，大学生的差异性、主体性和创造性所蕴含的积极向上的精神，才能得到更好的引领、包容和鼓励，并建设性地发挥出潜在的作用。

（二）毛泽东思想和中国特色社会主义理论体系教育

毛泽东思想和中国特色社会主义理论体系既坚持了马克思主义的辩证唯物主义和历史唯物主义，又具有鲜明的中国特色和时代特征，是继承和发展马克思主义的典范。马克思主义是不断发展的科学，思想政治教育的一个重点是要使大学生认识到要把坚持马克思主义的基本原理与解决中国的实际问题相结合起来。邓小平指出，“我们坚信马克思主义，但马克思主义必须与中国的实际相结合。只有结合中国实际的马克思主义，才是我们所需要的马克思主义。”“真正的马克思列宁主义者必须根据现在的情况，认识、继承和发展马克思列宁主义。”在当代中国，对大学生进行马克思主义教育，核心是必须坚持毛泽东思想和中国特色社会主义理论体系教育，尤其是用马克思主义中国化的最新理论成果，科学发展观武装大学生的头脑。“理论创新每前进一步，理论武装就跟进一步”，这是我们党的一条重要经验。

毛泽东思想和中国特色社会主义理论体系是大学生的行动指南，是党和国家凝聚大学生的精神旗帜。毛泽东思想和中国特色社会主义理论体系，代表着党和人民在不同历史时期的愿望和智慧，是中华民族在一定历史条件下愿望和智慧的高度概括，是党凝聚包括大学生在内的最广大人民群众的精神旗帜。一个国家，一个民族，总是需要自己的精神旗帜，否则就失去了灵魂和生命力。当代中国，中国化的马克思主义就是我们党和国家统一思想、凝聚人心，形成合力的精神旗帜。对大学生进行中国化的马克思主义教育，就是要高举中国特色社会主义伟大旗帜，使大学生有所趋附，团结起来以崭新的面貌自立于世界民族之林。大学生只有用马克思主义中国化的最新理论成果作为自己的行动指南和精神旗帜，才能健康成长成才，才能推动我国社会主义现代化建设朝着正确的方向前进，才能实现中华民族的伟大复兴。

毛泽东思想和中国特色社会主义理论体系教育是培养大学生对待马克思主义的科学态度和理论联系实际的优良学风的关键。革命、建设和改革的实践表明，在马克思主义中国化的理论成果指引下，才能不断推进我们的事业向前发展。离开了马克思主义中国化的不懈探索，党的事业就会遭受挫折。毛泽东思想和中国特色社会主义理论体系体现了理论与实践、坚持与发展的辩证统一，既是马克思主义在中国的传承，又是在中国的发展。发展了的马克思主义，马克思主义的中国形态，展示了马克思主义本身的强大生命力，体现了马克思主义是一个开放的、不断发展的科学理论体系。毛泽东思想和中国特色社会主义理论体系的形成是一个过程，是在革命、建设和改革实践中，马克思主义与中国不同历史时期的具体实际相结合的产物。大学生只有认识到中国化的马克思主义是在曲折中发展形成的，是反对背离马克思主义与反对教条马克思主义的斗争中，经过实践反复锤炼形成的客观真理，不仅为马克思主义理论宝库增添了许多新内容，更是符合中国社会发展规律的科学理论，才会倍加珍惜，形成对待马克思主义的科学态度，用发展着的马克思主义指导实践，从实际出发，实事求是，克服各种不良学风。

大学生必须认识到我国社会主义的自我完善和发展还有许多重大课题需要进一步探索和回答，我们必须坚持解放思想、实事求是、与时俱进，从理论和实践结合上不断研究新情况、解决新问题，做到自觉地把思想认识从对马克思主义的错误的和教条式的理解中解放出来，从主观主义和形而上学的桎结中解放出来，不断有所发现、有所创造、有所前进。

毛泽东思想和中国特色社会主义理论体系教育就是以中国文化、中国形式深入浅出地阐述马克思主义，使大学生将对马克思主义的理解深深植根于中国的优秀文化之中。马克思主义作为产生于欧洲的科学理论体系，在中国传播，要使它能更好地为中国人民所接受，就需要和我国的民族特点相结合，“以新鲜活泼的、为中国老百姓所喜闻乐见的中国作风和中国气派”表现出来。通过转换形式，中国化的马克思主义，用中国优秀文化的表达方式，以中国老百姓能理解和接受的民族形式、民族语言，传播开来。在此过程中，以马克思主义为指导，在融入中国文化中的优秀成分的同时，不是对中国文化和马克思主义进行简单的拼凑，而是通过去粗取精，植根于中国优秀文化的土壤中生长、繁荣起来。

（三）科学精神教育

科学精神最基本的是解放思想、实事求是的探索精神、开拓精神、反思精神。科学精神与马克思主义在中国的传播密不可分，是马克思主义传播的前提和基础。“进行马克思主义唯物论教育、无神论教育，是一项系统工程，与科学精神的教育密不可分。”

马克思主义作为一种外来的科学理论，能深深扎根于中国，指导中国的革命、建设和改革取得辉煌的成就，焕发出强大生命力，就在于马克思主义自身的科学性。“马克思主义的科学性体现在其创立、传播、发展的全过程。”马克思主义是在批判吸收人类社会优秀文化成果基础上形成的科学理论，能够为各国工人阶级认识世界、改造世界提供强大的思想武器。如何对待马克思的理论，列宁指出：“我们决不把马克思的理论看作某种一成不变的和神圣不可侵犯的东西；恰恰相反，我们深信：它只是给一种科学奠定了基础。”在马克思主义中国化的发展过程中，“解放思想、实事求是、与时俱进”的科学精神更是贯穿始终，成为中国化的马克思主义的精髓。事实上，科学精神是与马克思主义相辅相成的，科学精神在群众中的广泛传播，是马克思主义发展的重要条件。“一种科学理论要在实践中生存发展，除了本身的科学性，还需要有相应的社会历史条件，特别是崇尚科学、探索真理的社会氛围。”马克思主义的发展史充分证明了这一点，正是“五四”运动大力倡导科学精神，打破了封建迷信思想对人们的束缚，引导中国人以科学的眼光看世界，马克思主义才得以迅速传播开来。对大学生进行科学精神教育，就是要教育大学生“坚持解放思想、实事求是，勇于面对科技发展和各项工作中的新情况新问题，通过研究和反复实践，不断创新，不断前进；就要热爱科学、崇尚真理，依据科学原理和科学方法进行决策，按照科学规律办事；就要勤于学习，善于思考，努力用科学理论、科学知识以及人类创造的一切优秀文明成果武装自己。”马克思主义是由一系列科学原理构成的，科学精神是马克思主义的理论品质所在，对大学生进行科学精神教育，是教育大学生全面理解马克思主义，不受落后腐朽思想迷惑的重要基础。

二、高校思想政治教育中的政治教育内容

政治教育的内容，决定了思想政治教育内容体系的性质和方向，是当前思想政治教育的核心内容。重点要解决的是对阶级关系、国家结构、社会制度等重大政治问题的根本立场、根本态度和根本看法问题，主要包括政治理想、政治情感、政治纪律等方面的教育。政治教育使大学生认识到坚定政治方向的重要性，牢固树立社会主义理想信念，坚定不移地走社会主义道路，增强民族自信心和时代使命感，爱党、爱国、爱人民、爱社会主义。在现阶段，政治教育具体来说，主要包括理想信念教育，以爱国主义为核心的民族精神和以改革创新精神为核心的时代精神教育，革命、建设和改革历史教育，民主法制教育，基本国情和形势政策教育等。

（一）理想信念教育

理想，是人类所特有的一种精神追求现象，是人生的奋斗目标，是对客观现实的一种反映，亦是人们对未来的追求。信念，是人们认识和情感的统一，是人们认为正确并坚信不疑的一种思想观念，是人们内心世界的精神支柱。理想信念是人们世界观、人生观和价值观的集中体现，构成了人们对未来社会和生活系统化的向往和追求，是人生的精神动力源泉。理想信念对大学生个体乃至整个大学生群体都具有重大的导向作用。崇高的理想和科学的信念是大学生的精神支柱，将为大学生矢志不渝地为现代化事业奉献提供强大的精神动力。

1848年，《共产党宣言》问世，标志着科学社会主义的诞生，从此共产主义成为共产党人前赴后继的奋斗目标。中国共产党以马克思主义为指导，以实现共产主义为目标，这是党的最高纲领，是共产党人的精神支柱和力量源泉。正如邓小平指出，“我们多年奋斗就是为了共产主义，我们的信念理想就是要搞共产主义。在我们最困难的时期，共产主义的理想是我们的精神支柱，多少人牺牲就是为了实现这个理想。”党奋斗的光辉历程充分表明，共产主义信念，是中国革命、建设和改革的精神动力源泉，没有这样的理想信念，就没有一切。中国特色社会主义共同理想，是马克思主义与中华民族现阶段共同理想的融合，体现了各族人民现阶段的根本利益和共同愿望，是人民团结奋斗的强大精神动力。

理想信念教育是大学生思想政治教育的关键和核心所在，是衡量大学生思想政治教育效果的准绳。在大学生中进行理想信念教育，就是要在这一群体中树立国特色社会主义共同理想，最突出的是进行“四信”教育，即马克思主义信仰教育、共产主义信念教育、社会主义信心教育和对共产党领导的信任教育。首先，要坚定大学生的马克思主义信仰。马克思主义是社会主义理想信念在世界观和方法论层面的体现，是最高层次的理想信念。坚定了马克思主义信仰，就坚信马克思主义关于人类社会必然走向共产主义的规律性、必然性认识，就为中国特色社会主义理想信念的树立提供了坚实的思想指南和理论基础。其次，

要坚定大学生共产主义信念。共产主义信念集中体现了马克思主义信仰的价值取向和实践追求。正因为这样，它成为共产党人的最崇高的理想，每个人入党时都要宣誓为共产主义奋斗终生。实践证明，要实现这种美好的社会，必须经过曲折斗争，甚至流血牺牲，大学生必须树立百折不挠的坚定信念作为强大的精神武器。再次，坚定大学生对社会主义的信心。社会主义道路是中国人民的庄严选择，革命、建设、改革的实践充分表明中国特色社会主义道路的正确性。新的历史起点上，更要坚定社会主义道路的信心。信心坚定了就有了前进的精神动力，就能打好改革攻坚战，坚定不移地推进社会主义建设事业。最后，坚定大学生对共产党领导的信任。中国共产党是我国社会主义事业的领导核心，只有中国共产党才能肩负起中华民族伟大复兴的重担，充分信任党，全国各族人民才能在党的领导下团结一致。对党的信任是大学生自觉接受党的领导的前提，是拥护党的路线、方针和政策的基础。

（二）以爱国主义为核心的民族精神和以改革创新精神为核心的时代精神教育

在大学生群体中树立正确的民族观，倡导以爱国主义为核心的民族精神，在大学生群体中树立正确的时代观，进行以改革创新精神为核心的时代精神教育，具有深刻的逻辑和历史必然性。我国的政治教育，以马克思主义为指导，以对人类社会发展的正确规律性认识为基础，必然反映历史发展的客观趋势，要顺应时代的要求，同时又深深植根于我国的优秀文化传统之中，必然要反映中华民族的精神面貌和民族气质。

中华民族是一个有着悠久历史的民族，中国人民有着优良的爱国主义传统。“在五千多年的发展中，中华民族形成了以爱国主义为核心的团结统一、爱好和平、勤劳勇敢、自强不息的伟大民族精神。”爱国主义，是中华民族民族精神的核心内容，也是对大学生进行思想政治教育的主旋律。爱国主义不仅是道德规范，更是一项政治原则，一面伟大的旗帜。在大学生中进行爱国主义教育，坚定大学生的民族自尊心、自信心和自豪感，是促使大学生弘扬民族精神的前提条件，是坚定大学生理想信念的重要基础。大学生树立起了民族、国家利益高于一切的观念，就能在我国社会的发展大潮中，找到坐标，找准位置，热爱祖国，为社会主义事业，为中华民族的伟大复兴做出应有的贡献。

当代中国的时代精神就是改革创新精神，这种时代精神是中华民族民族精神在当代中国，新的历史起点上的新发展。中华民族在近代历经沧桑，最终在中国共产党的带领下，赢得了民族独立，并走上了民族富强的道路。中国共产党在革命、建设和改革的各个历史时期，以马克思主义与中国实际相结合，立足于中华民族优秀的文化传统，不断形成符合时代发展需要的精神。改革是当今时代最重要的主题，改革需要与时俱进、开拓进取，创新成为时代的最强音。改革是现代化建设的动力，具有鲜明时代特征的改革创新精神是大学生推进中国特色社会主义事业，完成中华民族伟大复兴必不可少的精神动力。

（三）革命、建设和改革历史教育

近代中国，饱经沧桑，历经磨难，中国革命、建设和改革的历史就是一部艰苦卓绝，动人心弦的奋斗历史。无数革命先烈、革命前辈云集于党旗之下，苦苦探索救国救民的道路，前赴后继，本身就是对大学生最生动的教材。历史是不能割裂的，大学生只有深刻地了解历史，才能透彻地剖析现在，清晰地展望未来。革命、建设和改革历史教育，是对大学生进行政治教育的基础和前提。

大学生未能亲自体验那段历史，不能够深刻地了解革命、建设和改革的艰苦卓绝，不能深深体会幸福生活的来之不易，这就需要加强历史教育，使大学生了解近代中国的发展脉络和历史使命。中国共产党领导中国人民，为求民族独立和民族富强，经过了新民主主义革命、社会主义革命和改革开放的考验，其间涌现出了无数为共产主义理想而终生奋斗不息、而献身的可歌可泣的杰出人物。他们的事迹将永远成为后人的模范，他们的精神将永远激励后人前进，他们未竟的事业将注定由后人完成。大学生经过历史教育，将深刻把握我国社会发展的曲折历程，深刻认识我国改革开放的历史必然性，传承先辈抛头颅洒热血的奉献精神，踏过先辈开辟的社会主义道路，接过社会主义现代化建设的历史重任，不懈奋斗，百折不回。

（四）民主法制教育

民主法制教育，是为了使大学生更好地了解我国社会主义民主的本质及其与社会主义法制的辩证关系。首先，要使大学生懂得我国民主法制的本质内涵，及其相互之间的辩证关系。党的领导是根本保证，人民当家作主是本质要求，依法治国是基本方略。“发展社会主义民主政治，最根本的就是要把坚持党的领导、人民当家作主和依法治国有机统一起来。”世界上没有绝对的民主，社会主义民主的本质就是人民当家作主。我国是人民民主专政的社会主义国家，社会主义的民主是广泛而真实的，人民当家作主，享有广泛的政治权利、经济权利、社会权利等。社会主义民主决定了社会主义法制的性质和内容，社会主义法制是社会主义民主的保障。其次，要使大学生做懂法、守法、护法的好公民。我国的民主权利是人民赋予的，大学生应该珍惜自己手中的权利，怀着一种神圣感，正确行使民主权利。在日常学习、工作和生活中，要自觉做到懂法、守法、护法，积极投身到社会主义民主法制建设当中去。从而确保大学生能够在日常生活中自觉行使民主权利，遵守法律法规，为促进社会主义民主，落实依法治国方略，做出积极贡献。

（五）基本国情和形势政策教育

通过思想政治教育，做好基本国情与形势政策教育，是我们党一贯的优良传统和政治优势。早在民主革命时期，毛泽东就指出：“认清中国的国情，乃是认清一切革命问题的基本的依据。”认清国情，就是要弄清楚中国社会在特定历史阶段的社会性质、发展阶段和主要矛盾。邓小平对当代中国做出了我国处于社会主义初级阶段的科学判断，是我国最基本的国情和最大的“实际”，从这个实际出发，才有了“一个中心、两个基本点”的基本路线，有了社会主义中国的生机勃勃和辉煌成就。对大学生进行基本国情教育，可以帮助大学生认清我国的实际，明确奋斗目标，不急于求成，不甘于落后，正确理解和自觉执行党的路线、方针和政策，一心一意谋发展，聚精会神搞建设。

形势政策教育，就是通过对大学生进行社会发展状况和态势教育，党和国家基本路线、方针、政策教育，使大学生能够认清我国社会的发展形势和国际大环境的变化发展。大学生将自觉以党和国家的政策作为自己的行动指南，提高贯彻落实党和国家的路线、方针和政策的自觉性和坚定性。路线、方针和政策是党和国家实现特定历史时期历史任务的途径、措施和手段。大学生只有通过对国际国内形势、党和国家政策的了解和学习，才能及时、准确把握党和国家的重要决策和重大部署的基本精神。以此为基础，大学生才能进一步紧紧围绕这些决策和部署调整自己的努力方向和指导自己的行为，自觉维护好改革、发展、稳定的大局，积极投身于全面建设小康社会，推进社会主义建设的伟大事业当中去。

三、高校思想政治教育中的道德教育内容

道德教育，旨在通过对大学生进行有组织、有计划和有目的的道德训练，使大学生形成符合我国社会要求的优秀道德品质，成为有道德的社会主义建设者和接班人。道德教育的内容是由一定的社会经济基础所决定的，并为一定的社会经济基础服务。社会主义道德，是以社会主义公有制为主体的经济基础的反映，是以马克思主义为指导的，是由无产阶级培养的，代表最广大人民群众根本利益的道德体系。现阶段，道德教育内容的重点是要培养大学生与社会主义市场经济建设相适应的道德观念。道德教育，是思想政治教育的基础。道德教育虽然在性质和方向上受到思想教育的引导和政治教育的制约，但良好的道德水平是促成个体形成优秀思想政治素质的基础。

（一）社会主义公民道德教育

面对社会经济成分、组织形式和利益关系的多样化趋势，中共中央《公民道德建设实施纲要》提出，“要从我国历史和现实的国情出发，社会主义道德建设要坚持以为人民服务为核心，以集体主义为原则，以爱祖国、爱人民、爱劳动、爱科学、爱社会主义为基本要求，以社会公德、职业道德、家庭美德为着力点。”为人民服务，是社会主义道德要求的集中体现，也是社会主义道德区别于其他道德的显著标志。这是一种为他人，为社会奉献的精神。事实上，大学生在社会主义社会，要成为一个有道德的人，有社会奉献精神的人，就一定要全心全意为人民服务。这是因为，一个人只有在为人民服务、献身社会的过程中，才能实现个人价值与社会价值的统一，才能促使自身道德觉悟不断提高，思想境界不断提升。因此，大学生越是自觉地、经常地为人民服务，为社会奉献，他的道德觉悟和思想境界就越能得到砥砺，就越崇高。

集体主义，是社会主义的基本道德原则，是符合人类社会本质的必然选择。人类的本质在于社会的规定性，确立以社会为本位的集体主义作为社会主义的价值追求，是符合人类社会本质规定的必然要求。集体主义，也是社会主义社会经济基础在道德领域的必然反映。社会主义社会的经济基础是公有制，维护、巩固和发展公有制，维护全体劳动人民的根本利益，必然要求在调节个人利益与集体利益的时候，以集体主义为原则，才能正确处理好个人利益、集体利益与国家利益的辩证统一关系。

“五爱”，即爱祖国、爱人民、爱劳动、爱科学、爱社会主义是社会主义道德的基本要求。“五爱”是中国特色社会主义现代化建设事业的必然要求，是把我国建设成为富强、民主、文明的现代化国家的必然条件，是全国各族人民共同的愿望在道德领域的反映和集中体现，是评价人们行为是否符合社会规范的道德标准。“五爱”教育，是培养大学生爱国主义精神、为人民服务精神、勤俭敬业精神、科学精神、社会主义理想信念的基石，是引导大学生积极投身建设中国特色社会主义建设事业的行动指南和精神支柱。

社会公德、职业道德、家庭美德，是社会主义道德建设的着力点。社会公德是社会道德的基石，是维护社会公共秩序和社会生活环境的最起码和最基本的要求，是人们维持社会生活有序、稳定和发展的基本前提。遵守社会公德是对大学生最基本的道德要求。职业道德，是大学生未来职业生涯中，所应遵循的道德准则。职业道德，是提高大学生作为一名社会主义劳动者的素质的重要途径，是大学生成为一名合格的社会主义事业建设者的基本道德要求。家庭美德，是家庭幸福的根本保障。家庭是社会共同体的基本细胞，只有家庭生活质量获得保障，我国社会才能稳定的发展。尊老爱幼、男女平等、夫妻和睦、邻里团结，是人们正确处理家庭问题的基本原则，有利于促进家庭幸福，有利于促进社会安定和谐。

（二）社会主义荣辱观教育

社会主义道德内容体系的形成和概括是一个逐步完善和凝练的过程。十四届六中全会明确指出，“社会主义思想道德集中体现着精神文明建设的性质和方向”，初步确立了思想道德建设的基本任务是“坚持爱国主义、集体主义、社会主义教育，加强社会公德、职业道德、家庭美德建设，引导人们树立建设有中国特色社会主义的共同理想和正确的世界观、人生观、价值观。”随后，《公民道德建设实施纲要》和十六大报告对社会主义道德进行了进一步完善、丰富和发展。

“八耻八荣”是中共中央总书记胡锦涛在看望政协委员时强调提出的一种理论思想。而八荣八耻第一句就强调了“以热爱祖国为荣，以危害祖国为耻”，这一点也是对中华民族以爱国主义为核心的传统美德的高度概括。中华民族传统道德的核心，就是强调以国家、社会为本位的整体主义思想，强调为国家、社会奉献的精神。“八荣八耻”以植根于中华民族的爱国主义传统为基础，为广泛团结各族人民、团结港澳台同胞和海外侨胞提供了最广泛的思想基础。同时，爱国主义是一个动态的历史范畴，在不同的历史时期，有着不同的具体内涵。在当代中国，中华民族与社会主义血脉相连，爱社会主义是爱国主义的题中之意。“以服务人民为荣，以背离人民为耻”是对社会主义道德核心思想“为人民服务”的精辟阐述。为人民服务，是中国共产党的宗旨，最早是对共产党员和中国共产党领导的人民军队提出的要求。在社会主义社会中，为人民服务，成为公民思想道德的核心思想，成为包括大学生在内的每一个公民应尽的义务。为此，是否为人民服务，是为人民做出贡献，还是损害人民利益，是判断大学生道德境界的根本标准。“以崇尚科学为荣，以愚昧无知为耻”，是顺应社会发展和时代要求，培养科学精神的基本要求。科学精神，是马克思主义的本质。科学技术是第一生产力。中华民族要实现四个现代化，摆脱落后状态，关键是要在广大人民群众，尤其是大学生中，反对愚昧无知、迷信落后，普及科学知识、弘扬科学精神。“以辛勤劳动为荣，以好逸恶劳为耻”，是中华民族的传统美德和社会主义劳动观的集中体现。众所周知，中华民族向来有着勤劳勇敢的传统美德，是一个勤劳的民族，创造了五千年延绵不绝的光辉文明。马克思主义认为，劳动创造财富，劳动是社会存在和发展的前提，也是自由的人获得全面发展的必由之路。热爱劳动是社会主义道德的基本要求。“以团结互助为荣，以损人利己为耻”，是对集体主义和人道主义思想的鲜明表述。集体主义是社会主义道德的基本原则，人道主义是社会主义人的关系的基本概括。在社会主义社会中，人民群众之间、个人与集体、个人与社会的根本利益是一致的，个人利益的实现，离不开他人利益、集体利益和社会利益的实现。个人利益的获取不是对他人、集体和社会的索取，而在于团结互助，共同创造财富。“以诚实守信为荣，以见利忘义为耻”，是对社会主义市场经济和改革开放条件下进行社会主义思想道德建设重点的强调。在中华民族的传统中，“诚”被视为立人、处事之本。在社会主义市场经济中“诚信”，是社会的道德支柱，是社会正常运转的基本规则。市场经济鼓励人们勤劳致富，而不是见利忘义，损人利己。“以遵纪守法为荣，以违法乱纪为耻”，是对人们法制意识的要求，对推进依法治国意义重大。这就要求人们懂法、守法、用法。社会主义实行依法治国，只有人们懂得宪法和一般法律所赋予自己的权利和义务，才能正确行使自己的权利，承担自己的义务，做遵纪守法的好公民，并提高运用法律维护自己权利的能力，形成勇于维护法律权威的氛围。“以艰苦奋斗为荣，以骄奢淫逸为耻”，是对中华民族的传统美德和近现代中国革命、建设和改革优良传统的继承和发扬。中华民族居安思危，有着自强不息艰苦奋斗的创业精神和光荣传统。在革命、建设和改革过程中，我们一定要知道是什么让我们不断取得辉煌的成就，那就是艰苦奋斗以及自力更生的精神。在这个新媒体发展的阶段，中国正处于全面建设小康社会的重要时期，因此对于自力更生的精神和艰苦奋斗的精神，我们不能弃之如敝屣，而是应该努力把它发扬光大，这才是当代大学生应该做的。

第三节　高校思想政治教育的理论基础

任何理论都不能代替实践，理论对实践具有指导意义 。这一点在马克思的《（黑格尔法哲学批判）导言》中曾经提到过：“批判的武器当然不能代替武器的批判，物质力量只能用物质力量来摧毁，但是理论一经掌握群众，也会变成物质力量。理论只要说服人，就能掌握群众；而理论只要彻底，就能说服人。所谓彻底，就是抓住事物的根本。但人的根本就是人本身。”理论是行动的先导，缺乏科学理论指导的行动必然陷于盲目和偏误。任何一门学科都有其固有的理论基础。高校教师思想政治教育的理论基础是高校教师思想政治教育得以建立的理论根本点和出发点，是支撑高校教师思想政治教育理论的基石。

一、人的本质理论

在马克思和恩格斯创立出马克思主义这项基本理论、基本观点和学说的体系之前，人的本质这个问题就曾经得到过许多思想家和哲学家们的探索。与历史上许多哲学家把人的某一特性作为人的本质不同，马克思认为，劳动实践是人和动物最为根本的区别，是人的各类特性得以发展的内在根据，即劳动不仅创造了人本身，还是人类各种特性形成和发展的根源。恩格斯指出：“只有一种能够有计划地生产和分配的自觉的社会生产组织，才能在社会关系方面把人从其余的动物中提升出来，正像一般生产曾经在物种关系方面把人从其余的动物中提升出来一样。”从中可以进一步得出，劳动是使人成其为人的根据，是人类本质的外在体现，但人是社会中的现实的人，自由自觉地劳动实践不能把社会中不同的人相区别，也不能作为人成为社会人的根据；在马克思看来，在人的劳动实践过程中产生了最基本的生产关系或社会关系，正是不同的社会关系把不同的个体和群体相区分。由此，“人的本质并不是单个人所固有的抽象物，在其现实性上，它是一切社会关系的总和。”

马克思关于人的本质的论述，是马克思主义唯物史观关于社会存在决定社会意识的具体运用，为高校教师思想政治教育提供了最一般的理论基础。它要求在考察高校教师思想政治状况时，必须要充分考虑其复杂的社会关系、历史背景和时代趋势，考虑其思想发展的时代特征和局限性。同时，还要分析了解整个社会关系发展变化情况，以准确把握影响高校教师思想政治状况的历史因素和现实因素。要在社会关系的总和中分析和考察高校教师的思想和行为，只有全面的、历史的、现实的将高校教师所处社会关系的总和与全面考察高校教师的思想和行为有机结合起来，才能正确地把握住高校教师思想心理变化的本质规律及发展趋势，选择有效的教育方法，有针对性地做好高校教师思想政治教育工作。

二、人的需求理论

人的生存和发展的过程，从本质上讲，就是通过改造主观世界与客观世界的实践活动满足和发展自身生存需要的过程。需要和利益是人类产生特定动机的根源，是人的思想和行为的支配力量。马克思、恩格斯早在《德意志意识形态》中就提出："在现实世界中，个人有许多需要，正因为如此，他们已经有了某种职责和某种任务，至于他们是否也在观念中把这一点当作自己的职责，这在一开始还是无关紧要的。"认为人的需要分为多个层次，如物质需要、精神需要和社会需要等。首先，物质需要是人的最基本的需要，是人的其他需要的基础。"我们首先应当确定一切人类生存的第一个前提，也就是一切历史的第一个前提，这个前提是：人们为了能够'创造历史'，必须能够生活。但是为了生活，首先就需要吃喝住穿以及其他一些东西。因此第一个历史活动就是生产满足这些需要的资料，即生产物质生活本身。"追求物质需要的满足是人类活动的基本动力和个体积极性、主动性、创造性的源泉。其次，社会需要是一种高层次的需要。"人们一刻也离不开劳动，这首先是人的自然属性的必然要求，要想生存就要从事生产劳动。同时人是社会的人，劳动又是他们的社会性需要，即它不仅仅是人们谋生的一种手段，有时还是人们的一种高尚的精神需要，不劳动就会感到不舒服。"在人与人的劳动交往中必然产生社会需求，社会需要是人区别于动物的高层次的需求。最后，需要是一切生命体的本能，人要获得生存并全面发展必须不断满足全部的需要。"像野蛮人为了满足自己的需要，为了维持和再生产自己的生命，必须与自然进行斗争一样，文明人也必须这样做。这个自然必然性的王国会随着人的发展而扩大，因为需要会扩大；但是，满足这种需要的生产力同时也会扩大。"

马克思主义关于人的需要理论对高校教师思想政治教育工作具有重要的指导意义。它要求高校教师思想政治教育在进行理论灌输和思想引导的同时要兼顾被教育者的需要和利益诉求。具体而言，第一，要求高校教师思想政治教育在开展工作过程中要做到解决思想问题与具体问题相结合。列宁曾指出："如果一个人不善于把理想与经济斗争参加者的利益密切结合起来，那么最崇高的理想也是一文不值的。他认为经济状况的改善有利于调动群众的积极性。""如果不提出经济要求，不直接而迅速地改善劳动群众的状况，劳动群众是永远也不会同意去考虑什么全国的共同'进步'的。只有在改善劳动者的经济状况的条件下，群众才会投入运动，积极参加运动，高度重视运动，发扬英雄主义和自我牺牲、坚定不移的精神，并对伟大事业忠心耿耿。"充分说明了任何思想的改造活动都离不开受教育者现实的利益和需求。第二，要求高校教师思想政治教育要充分考虑到不同高校教师需要的差异性。人有各种各样的需要，不同的人具有不同的社会关系、生活状况，决定了其需要的不同。马克思曾对此作过形象的描述："忧心忡忡的穷人甚至对最美丽的景色都没有什么感觉；贩卖矿物的商人只看到矿物的商业价值，而看不到矿物的美和特性。"开展高校教师思想政治教育同样要考虑到不同高校教师利益诉求的区别，有针对性地开展教育。第三，要求高校教师思想政治教育善于通过满足受教育者的需要来激发思想和行为的动力。马克思指出："已经得到满足的第一个需要本身、满足需要的活动和已经获得的为满足需要用的工具又引起新的需要。而这种新的需要的产生是第一个历史活动。"需要的满足会产生更高、更新的需要，这是教师思想变化的动力。高校教师思想政治教育只有把握好这一规律，才能在不断满足高校教师各种正当诉求的同时，催生高校教师更高层的精神需求，进而在改造高校教师客观世界的同时改造其主观世界。

三、人的全面发展理论

实现人的全面发展，是马克思主义科学体系的必然结论，在马克思主义理论体系中占据重要地位。马克思在资本主义分工使人变成畸形的、片面人的基础上推理出了人的全面发展理论。“工场手工业把工人变成畸形物，它压抑工人的多种多样的生产志趣和生产才能，人为地培植工人片面的技巧”，“不仅各种局部劳动分配给不同的个体，而且个体本身也被分割开来，成为某种局部劳动的自动的工具。”“不仅是工人，而且直接或间接剥削工人的阶级，也都因分工而被自己用来从事活动的工具所奴役；精神空虚的资产者为他自己的资本和利润欲所奴役；律师为他的僵化的法律观念所奴役，这些观念作为独立的力量支配着他；一切‘有教养的等级’都为各式各样的地方局限性和片面性所奴役，为他们自己的肉体上和精神上的短视所奴役，为他们的由于接受专门教育和终身从事一个专业而造成的畸形发展所奴役，哪怕这种专业纯属无所事事，情况也是这样。”正是基于这种判断，马克思认为人的发展应该是自由而全面的发展。具体体现在：一方面，人是发展的目的和手段的统一。马克思、恩格斯在《德意志意识形态》中提出：“只有在共同体中，个人才能获得全面发展其才能的手段，也就是说，只有在共同体中才可能有个人自由。”“人以一种全面的方式，也就是说，作为一个完整的人，占有自己的全面的本质，”人的自由自觉的创造性劳动不仅是为了满足生存的需要，更是为了满足发展的需要。另一方面，人是活动的主体。只有确立人在社会生活中的主体地位，而不是被奴役的地位，人才能达到自由生存、自主互动和自我实现。在《共产党宣言》中，马克思恩格斯强调：“代替那存在着阶级和阶级对立的资产阶级旧社会的，将是这样一个联合体，在那里，每个人的自由发展是一切人的自由发展的条件。”只有在共产主义社会，个人自由而全面发展才能成为社会的基本特征。

马克思主义关于人的全面发展理论作为高校教师思想政治教育重要的理论基础，要求高校教师思想政治教育必须以促进高校教师的全面发展为目标。这种全面发展不仅包括德、智、体、美等方面，还包括全面的知识结构、文化修养、正确处理人际关系的能力，以及专业的教育技能等。当前部分高校教师由于学科专业的不同，在知识体系、政治修养以文化素养等各方面均存在很大差别，尚不能作为一个完整的人全面占有自己的本质。恩格斯指出：“教育将使年轻人很快熟悉整个生产系统，将使他们能够根据社会需要或者他们自己的爱好，轮流从一个生产部门转到另一个生产部门。因此，教育将使他们摆脱现在这种分工给每个人造成的片面性。”高校教师思想政治教育在促进高校教师摆脱片面性、单一性方面将发挥重要作用。除此，马克思主义关于人的全面发展理论，要求高校教师思想政治教育要着力于教师思想政治素质的培养。马克思、恩格斯在《共产党宣言》中指出“共产党一分钟也不忽略教育工人尽可能明确地意识到资产阶级和无产阶级的敌对的对立，以便德国工人能够立刻利用资产阶级统治所必然带来的社会的和政治的条件作为反对资产阶级的武器，以便在推翻德国的反动阶级之后立即开始反对资产阶级本身的斗争。”列宁在《共产主义“左派”幼稚病》中指出；“教育、训练和培养出全面发展的和受到全面训练的人，即会做一切工作的人。共产主义正在向这个目标前进，并且一定能达到这个目标，不过需要经过许多岁月。”不难看出，明确的阶级意识和政治立场在促进人的全面发展的过程中扮演着重要的角色，应是高校教师思想政治教育的重要内容。

四、“灌输”理论

灌输理论是马克思主义理论的重要组成部分。早在1844年马克思在《< 黑格尔法哲学批判 > 导言》中就指出，先进的理论不会自发产生，必须加强对工人阶级的思想理论灌输。1887年恩格斯在致弗凯利·威士涅威茨基夫人的信中写道：“我们的理论是发展的理论，而不是必须背得烂熟并机械地加以重复的教条。愈少从外面把这种理论硬灌输给美国人，而愈多由他们通过自己的亲身经验（在德国人的帮助下）去检验它，它就愈会深入他们的心坎。”强调灌输必须与自我体验、自我教育相结合才能达到良好的效果。此后，列宁丰富和发展了灌输理论。

1894年列宁在《“什么是人民之友”以及他们如何攻击社会民主主义者？》中明确提出，应该把马克思主义理论通俗化，然后灌输到工人中去，并帮助工人领会它。1900年在《我们运动中的迫切任务》一文中明确指出要把“社会主义思想和政治自觉灌输到无产阶级群众中去，是组成革命政党的必要条件。”在《怎么办？》一书中强调：“工人本来也不可能有社会民主主义的意识。这种意识只能从外面灌输进去。各国的历史都证明：工人阶级单靠自己的力量，只能形成工联主义意识。”列宁对灌输的概念、内容及重要性做了详尽的论述，是做好高校教师思想政治教育工作的行动指南。

马克思主义灌输理论，作为高校教师思想政治教育的理论基础，对高校教师思想政治教育工作具有重要指导意义。一方面，高校教师思想政治教育必须坚持不懈地加强高校教师的理论宣传教育。毛泽东曾经强调：没有正确的政治观点，就等于没有灵魂。而正确的政治观点、政治理论不可能在高校教师头脑中自发地产生，只有通过对其进行马克思主义理论知识的灌输和宣传，才能不断提高高校教师的思想政治素质，帮助其树立正确的世界观、人生观和价值观。另一方面，灌输的形式要多样化。高校教师思想政治教育的理论内容需要通过灌输的途径来实现。但这里的灌输并不是强硬的、粗暴的、方法单一、内容脱离实际的，而应该如恩格斯所言，在教育方法上注重科学性与艺术性的统一，针对不同层次、专业、思想实际的教师分别采取诸如自我教育、榜样示范、舆论导向和制度安排等切实有效的教育方法；在教育内容方面，高校教师要注意将思想政治教育与我国的国情、时代特征、社会变化实际进行有机结合，与高校教师思想变化实际相结合，让枯燥和抽象的高校思想政治教育理论内容更加形象和生活，这样也不会使高校思想政治老师产生抵触情绪。

第三章　新媒体形势下青年学生思想政治教育接受的新特点

第一节　思想政治教育接受概念界定

一、思想政治教育接受的含义

自从 20 世纪 80 年代末至 90 年代初开始，我国就开始对思想政治教育接受进行相关的研究，以邱柏生《思想政治教育接受学》的出版为标志，思想政治教育接受研究开始兴起与发展。当时意识形态斗争开始进入隐蔽阶段，但实质上意识形态上的冲突却更加的凸显，加之改革开放的步伐进一步地加大，和我国开始改进思想政治教育的多项举措开始实施，思想政治教育的接受问题逐渐受到了更多的关注。

邱柏生也是第一个为思想政治教育接受的内涵进行界定的学者，他认为思想政治教育接受是在教育的控制下和环境的影响下，接受主体能动地对思想政治教育信息进行选择和摄取的活动。

目前学界就思想政治教育接受的概念基本达成了一致，普遍认同张耀灿、郑永廷在《现代思想政治教育学》中提出的思想政治教育接受的概念，认为它是在思想政治教育领域内的，能反映接受主客体之间的关系的接受活动，接受主体在自身需要和环境影响的双重作用下，通过某些中介，完整而连续地对思想政治教育信息进行反映、选择、整合、内化、外化的活动过程。

二、影响思想政治教育接受的因素

一般认为，思想政治教育接受的影响因素主要分为以下四点。

（一）主体因素

主体因素分为三个方面，第一个方面，也是最重要的一方面，即接受主体的需要。需要是驱动接受的最主要的动力源泉，这个需要包含了人的物质上的需要、发展上的需要以及精神上的需要。第二个方面，是接受主体的先在结构。“先在结构”是指在接受主体开始接受思想政治教育信息之前，就已经具有的或先行存在的各种思想要素及其构成方式的组合。受到接受主体原有的知识、情感和意向性的影响，思想政治教育接受的效果会截然不同。第三个方面，即接受主体的非理性因素。非理性因素是指在思想政治教育接受活动的过程中，接受主体所表现出的同理性认知水平和理性的能力相对立的欲望、情感、意志、信念等独特的内在精神要素的总和。情绪、情感是人的心理活动的重要方面，也反映着客观事物与人的需要之间的关系，所以，非理性因素也是接受主体因素中的一个重要方面。

（二）客体因素

思想政治教育接受的客体因素即主体接受的思想政治教育内容。思想政治教育接受客体应该是一个开放的内容丰厚的体系，而这也是思想政治教育的与时俱进的根本之处。如果思想政治教育的内容变得僵化且一成不变，它就会逐渐丧失说服力，逐渐削弱接受效果。同时，思想政治教育接受客体还应该迅速地针对各种不良的社会思潮、敌对势力抹黑的内容进行相应的分析与澄清，以保证思想政治教育接受主体接受活动的正常进行。

（三）媒介因素

媒介主要分为三种，第一种就是思想政治教育者的言传身教。教育者不仅仅是学校内的教师，还包括了社会、学校和家庭中其他的与思想政治教育接受主体产生联系的个人或者组织。他们的言行都携带着大量的思想政治教育信息，并自觉或不自觉地对思想政治教育接受主体产生影响。第二种是思想政治教育方法的选择。方法包括说理引导法、实践锻炼法、熏陶感染法、比较鉴别法和自我教育法。除此之外还可以借鉴道德讨论法、价值澄清法等西方流行的教育方法。选择恰当的方法对于存有不同先在结构的接受主体具有重要意义，恰当的方法能够使接受主体更高效地完成思想政治教育接受活动，而不当的方法可能会带来相反的效果。第三种是大众传媒。大众传媒同样携带了大量的信息，包括思想政治教育信息同时也包括与我们倡导的内容相悖的信息。思想政治教育接受者在众多的信息源中提取自己感兴趣的内容进行参考，并受到隐藏在大众传媒传播内容中的价值判断的引导，逐渐构筑或者改变自己的世界观、人生观和价值观。

（四）环境因素

思想政治教育在其接受活动中所面临的外部客观存在我们称之为环境因素。它在思想政治教育接受活动中，不仅能够影响接受主体的倾向性的形成，而且还能够制约接受活动的进行和发展，所以环境因素在思想政治教育接受活动中具有决定性的作用和影响。思想政治教育接受环境一般分为宏观、中观和微观环境。宏观环境即社会经济环境、社会政治环境、社会文化环境和社会心理环境。中观环境包括社区环境、工作环境、学校环境和家庭环境。微观环境指思想政治教育活动的接受情境，是接受者在接受活动过程中所能感知的具体条件的总和。特别值得一提的是王敏早在 2003 年的《思想政治教育接受环境探析》一文中就提出了信息环境的概念，即在社会中的人可能接触的信息和信息的传播活动共同构成的环境，预测了现代环境信息化、信息环境化的趋势。

三、新媒体与思想政治教育接受的关系

新媒体时代，爆发式的信息量增长以及信息获取渠道的增加，给思想政治教育活动带来了较大冲击，多数学者看到了新媒体对思想政治教育产生的影响，进而对二者进行交叉研究。然而纵观目前能够找到的研究成果，很少能看到学者从主体和环体之间的关系角度来考量新媒体对思想政治教育接受的影响的研究。

新媒体作为一个新的环境因素出现在思想政治教育的运行机制中，它的出现打破了原有的平衡，使得思想政治教育接受活动产生了新的变化。要发掘思想政治教育接受活动在新媒体形势下产生的变化与应对方法，必然要从接受主体与环体之间的关系出发，观察主体与新媒体环境之间的互动，来思考思想政治教育接受的新特点的解决办法。

第二节　青年学生思想政治教育接受的现状及特点分析

一、青年学生思想政治教育接受问题的研究现状

新媒体形势随着时代的发展不停地变换着，变化发展速度之快达到了前无古人的地步，这一点给我们的研究带来了极大的困难，因为往往研究速度不及形势变化的速度快，通过分析陈旧的数据得出的结论已经不能指导当下的实践。在查找文献时缩小了时间范围，仅关注了 2011 年以来五年间的，侧重于网络或新媒体思想政治教育接受现状的相关研究，总结出相关研究的五点基本共识和三项基本对策。

（一）对于新媒体形势下青年学生思想政治教育接受问题的基本共识

高校青年学生的社交关系以及社会生活已经被新媒体打下了深深的烙印。首先，高校青年学生群体中使用新媒体的人数已经达到了惊人的 90%，其中，使用频率最高的是即时通讯、搜索引擎和网络社交类应用。其次，根据有关部门对高校青年学生上网时间进行调查的过程中发现，当前社会新媒体这一时代的高校在校学生大部分都早在初中或高中阶段就已经和互联网有所交集，而其中接触互联网时间处于 3 年到 8 年之间的大学生在总人数中占到了 61.7%。在高校青年大学生这个群体中，每天上网时间在 1 ～ 3 个小时之间的占到了 45.4%，此外，每天上网时间超过 3 个小时的占到了 30%。

新媒体的存在对大学生的影响很大，最主要的影响就是新媒体的存在改变了大学生接受信息的方式。从目前的情况来看，高校青年大学生遇到问题的时候已经很少会选择去查

阅图书或者向老师询问，而是选择最方便的方法，那就是向网络求助。这一方法已经成为大学生这个群体获取知识和解决问题的第一途径。新媒体的出现增强了高校大学生进行思想政治教育的主动性，使得原本被动接受教育变为主动搜寻知识，信息传播的主导权从媒体手中转移到了受众手中。青年学生使用新媒体的主要目的按频率排名依次为：娱乐、获取讯息与资料、学习和社交通信。

新媒体的存在对于传统思想政治教育的权威性来说是一种挑战。新媒体的出现，动摇了传统思想政治教育者的主导地位，改变了以往课堂与教师是高校青年大学生唯一信息来源的格局，网络上各种社会思潮内容夹杂在青年学生的网络社交当中，内容大部分都是社会热点评论、心灵鸡汤、政治历史事件分析等以青年学生需求与兴趣为指向的形式出现，其中理所当然的夹杂着一些与思想政治教育内容不一致的理论和观点，这些关系大多会使学生产生感到疑惑。再加上思想政治教育课堂内容与中学内容大多是枯燥乏味以及重复的，老师要是发生教学失误，没有及时将相关内容向高校青年大学生解释清楚，那么自然而然地会使青年学生对思想政治教育内容不断地产生新的怀疑，最终问题与怀疑日积月累越来越多，从而开始导致高校思想政治教育走上一条不归路，成为一个恶性循环。

青年学生不能有效地鉴别新媒体带来的海量信息。除去信息安全和虚拟交友方面的鉴别能力不在本章的讨论范围之外，对思想政治教育接受影响较大的诸如各类朋友圈与微博谣言和各种伪装得很好的社会思潮，放大社会矛盾，攻击我国政治经济制度和党的领导，潜移默化地渗透进青年学生的思想，给思想政治教育工作造成了很大的阻力。

思想政治教育内容体系和教学形式日益陈旧。新媒体给青年学生的学习和生活带来了极大的便利，青年学生可以随时随地获取所需的信息，而传统的思想政治教育课堂的内容体系的针对性和效率已经不能满足青年学生的需求。目前已经有高校运用微博、微信和慕课等平台进行新媒体化转变的案例，取得了不错的成绩，但总体看来形势依然严峻。

（二）面对新媒体形势下青年学生思想政治教育接受问题的基本对策

提升教师与学生的媒介素养。针对学生对信息甄选能力的不足，多数学者提出要提升学生的媒介素养，还要同时兼顾教师媒介素养的提升。首先也是最普遍的对策，就是学习西方国家设立媒介素养课程，仅在高校开设媒介素养课程是不够的，因为目前来看，首次接触网络的年龄越来越向低龄化发展，有必要同时面向中学，甚至小学开设媒介素养课程，有关高校可以尝试将媒介素养的内容与中小学的信息或计算机课程相融合。另外，媒介素养课程不应是思想政治教育的附属科目，诚然，它包括了如何判断媒介信息的意义和价值这一思想政治教育所亟须的内容，但它还应包括信息安全教育、创造和传播信息的方法等更加基础性的内容，该课程应属于必修通识类课程。其次，在高校内部视角下，主要对策有：培养青年学生“意见领袖”；组织一部分学生的学习研究媒介素养知识，引导并通过学生群体向更多学生发声；以组织提升媒介素养的实践活动为主同时辅以专家讲座或公开课宣传等。这些对策有的已经在实行，而且取得了较好的成效。

兼顾教师媒介素养提升方面，学者们主要有三方面建议：第一，通过业务培训建立教师队伍的新媒体思维；第二，通过考核机制促使教师提升自身媒介素养；第三，保证思想政治教育者在日常的教学工作中运用新媒体技术。教师媒介素养方面，老一辈思想政治教育者在学习新媒体技术方面有切实的困难，应当与青年教师区别对待。同时，前者也可以借助部分学生的力量，帮助自身完成新媒体技术方面的工作，在完成教学工作的同时也能够提高部分学生的综合素质。

加强高校的新媒体建设。加强高校的新媒体建设相关的建议是被提及频率仅次于媒介素养的对策。其主要观点有以下四类，首先是打造校园新媒体平台，用于思想政治教育信息的发布与交流，仅仅五年的时间跨度学者推荐的平台从红色网站、校园论坛转变为微博、微信公众号，也从侧面反映出来新媒体惊人的变化速度。其次是要求建立良好的局部文化环境，内容筛选与话题引导并重，建设校园网络亚传播圈。第三是借助新媒体，丰富思想政治教育课堂，开展网络课程。目前复旦大学关于《思想道德修养与法律基础》慕课的一系列尝试在学生当中反响甚佳，是利用新媒体建设思想政治教育的典型，十分值得其他高校参考借鉴。

建立有效的新媒体监管机制。针对新媒体的监管机制是保证思想政治教育实效性的必然要求和保障，首要的一点就是从国家层面加强制度和法律法规的完善。其次是在学校范围内加强网络舆情收集和整理。如果能够在此基础上再进行高校之间的舆情信息共享，共享发现的问题和解决办法，有可能达到防患于未然的效果。同时有学者提出搭建校内网络思想政治教育联动机制，即由学生处、团委、宣传部和网络技术中心等分工协作，但依该学者的解释来看，实际上还是各部门各司其职，并无沟通联动的措施。校内联动机制是一个很好的思路，但前提是校内各部门能形成真正的联动，如就舆论疏导部分，可以依托网络中心开发一个综合学生全部校内信息的平台并负责日常维护，团委或宣传部负责发现社会热点和引导舆论方向，然后是公共政治教研室或者马克思主义学院，作为内容生产者，以丰富的积淀和通俗的解释来对社会热点和舆论进行精确的剖析，最终学生处负责发动优秀学生将内容转化为易于青年学生接受的流行语言，如此联动形成的合力才能真正有效地达成舆论疏导的目的。最后，有建议要求大力建设由辅导员、团委、学生处等政工人员组成的高素质思想政治教育“技术队伍”作为网络管理者和“把关人”。不过这个建议并不是一个好的选择，因为全校学生通过新媒体浏览信息量是非常大的，所以学校政工人员不管采取什么措施都是不可能全部掌握的，再加上封闭的网络环境只是一场镜花水月，因此所谓的“把关”只能成为一个理想状态。

二、青年学生思想政治教育接受的新特点

经过有关的调查分析整理，我们总结出以下四个关于新媒体形势下青年学生思想政治教育接受的新特点。

（一）功利性

目前青年学生在接触新媒体信息时，存在明显的功利性特点。

有现代学者认为，“广义上的功利性阅读，是指为了获取‘功效利益’，强调阅读是为了取得某种功效或是利益，亦可理解为阅读是带有目的的。狭义上是指‘功名利禄’，尤其指为了短期可见的利益或者实际利益而阅读。”功利性本是普遍存在的现象，这种现象遍布人类行为的各个方面，信息接收的功利性原本也亦存在，但是新媒体的出现以及影响的扩大使得功利性接收信息的操作显著增加，导致其不良影响也迅速地浮到研究者的面前。

功利性最大的影响就是信息接收目标单一且内容片面。新媒体带给接受者的便利在节省了时间与精力提高效率的同时，给接收者带来知识的片面性，认知不够系统化，无法有效建立接受者自身的知识结构，信息素养逐渐缺失等等负面影响。而新媒体的接受者主要是青年学生。青年学生的知识体系，认识世界的方法论还不够成熟，受到以上这些影响后会对其日后的学习和生活产生持续影响。

（二）从众性

虽然青年学生对于接受信息的选择上有着自己的想法，但是他们并不能明确的对于他们所接受的信息是否是正面且进步的进行区分。由于从众性的影响，他们中的大部分会在种种影响下，放弃自己已有的选择而跟随他以为的“大多数人”。

当被问及“您认为微博、论坛、朋友圈上流传的文章是否会影响您的价值判断？”时，57.02% 的大学认为自己会受到影响。 在“对社会热点问题的看法是否会受到主流观点的影响？”问题中，有 15.55% 的青年学生表示一定会受到影响，46.44% 的青年学生表示自己会动摇，只有 38.01% 的青年学生表示不会受到影响。然而通过将前两项数据进行交叉比对发现，高达 39.96% 的青年学生前后回答不自洽。排除这部分数据再进行统计，会影响价值判断的青年学生比例提高到了 65.83%。

（三）自主性

青年学生拥有较高的文化素质，思维比较发散，在新媒体的影响下思想和个人意识得到了解放，他们所接触到的多元化的思想信息逼迫他们不得不进行选择，使得青年学生看问题的方式普遍存在逆反性和批判性。 这些新媒体环境催生而来的逆反性和批判性并没有受到思想政治教育的斧正。反而由于这种逆反性和批判性，使得青年学生逐渐疏离了学校的思想政治教育。青年学生在世界观、人生观、价值观还没有完全稳定的时刻，如果缺失了思想政治教育的及时引导，将对青年学生的一生造成很大影响。这些自主性的行为带来的短期影响会逐渐地影响和改变青年学生的价值取向，最终转化为长期影响作用于青年学生。

（四）短效性

在现阶段的新媒体思想政治教育接受活动中，短效性成为青年学生群体的又一特点，表现出注意力的分散，关注点与关注时长跟随社会热点问题而变化，兴趣点转变速度快，持续关注时间短。网络热点事件中的信息已经成为青年学生认识社会的重要资源，通过这些信息他们可以了解更多的情况，从而做出正确的判断。但是另一方面，过多的信息也会使青年学生的注意力分散，干扰他们的思维能力。

当代青年学生是网络的主体，他们有权利来自由表达自己的看法，但是同时我们也看到，当涉及一些关于“富二代”、“官二代”的事件时，青年学生所表现出来的情绪多以不满、抨击为主。通过此事件也可以看到网络意见领袖在热点事件中的地位，如果他们只是一味迎合网民的情绪，并没有经过深思熟虑和确凿证据，这样很容易将这种不满情绪进一步扩大，而忽略了信息本身的真实性，也无法用理性的态度去分析和解决。在此次调查中，有一半以上的学生认为政府在网络舆论中有欺瞒群众，凌驾于群众之上的行为。虽然最终这些谣言都被真理打败，但对于学生的恶劣影响已经产生。青年学生表现出对权势的嗤之以鼻，对自己未来的发展也持悲观态度，这些都表明他们已经将问题的负面扩大化并走向极端，过分夸大社会上出现的不正之风和司法腐败现象，对信息认知的态度大大下降。而由于短效性的存在，一旦错失对社会舆论进行引导的时机，要打破或扭转这种业已形成的思想就会非常困难。

三、对青年学生思想政治教育接受新特点的思考

（一）青年学生信息选择的价值取向朝自我化、功利化方向偏离

价值取向是由价值观念转化为实践活动之间的重要一环，是人们对事实认识进行价值判断从而在实践中采取不同的行动的基本参考标准。对青年学生来说，价值取向就是其对信息的获取、事件态度的倾向性和自身的行为选择的看法与态度。新媒体已经完全改变了青年学生所处的信息环境，相对于过去封闭的信息环境，开放的新媒体形势下，交流方式和信息源都大量增加，对青年学生的价值取向产生了很大的影响。

第一，价值取向朝自我化方向发展。新媒体形势下，青年学生原有的价值观念受到很多冲击和挑战，以学校教育和家庭教育为基础的“旧观念”与以新媒体为载体的各种“新观念”在青年学生的观念中冲突、交融，一些“旧观念”由于在实践中存在某些不良效果开始被认为是过时的而予以摒弃，而某些“新观念”作为合时宜出现的替代品，开始引导人们的价值取向。这些所谓“新观念”就包括了各种不良社会思潮，这些不良社会思潮裹挟着种种价值观念、生活方式和政治倾向，涌入青年学生的思想当中，在促进了价值取向多元化的同时，也使得青年学生过多地发现自己与他人的不同，由此指导自己的实践，导致在其他方面也更加的自我化。

第二，青年学生的道德判断能力被削弱。新媒体形势下信息传播的丰富性，使得各种有害信息潜伏在网络之中，其包含的价值观念与我国主导的社会主义价值观的要求存在差异甚至冲突，这种观念上的冲突大大加剧了青年学生进行价值判断的难度，特别是削弱了青年学生的道德判断能力。虚拟和现实的二重性也导致了青年学生不能明确拆分虚拟和现实中自己的身份地位，将虚拟和现实环境中的价值认识和价值取向混为一谈，青年学生有很大可能性将虚拟空间的开放的，不受限制的价值判断带到现实生活中来，用虚拟世界的价值观来指导现实生活的实际问题，造成了道德判断能力的下降。严重的情况还可能会引起青年学生对价值观念的困惑和迷茫。

第三，青年学生价值取向的功利化。网络带来的便利特别是搜索引擎带来的便利，使得青年学生能够对知识随用随取，能够自由并且主动地获取想要得到的信息，打破了信息屏障，削弱了权威的话语，在青年学生主体性得到充分培养的同时，个体意识也膨胀了起来，导致个人主义等价值取向的抬头，价值观念自我化，人生理想庸俗化，行为取向无政府化。价值取向的功利化也使得一些本来能够通过正常信息传播渠道传播的信息被跳过，无法对青年学生产生足够的影响甚至零影响，同时青年学生所感兴趣的信息，无论是积极的正面的，还是消极的负面的信息，都会对青年学生产生极大的影响。

（二）青年学生面对新媒体的独立思考能力欠佳

多数青年学生能够正确地识别大部分搭载不良社会思潮的信息，但是仅有三成多的青年学生能够保持自己的看法不动摇，这表示了青年学生面对新媒体的独立思考能力欠佳。

信息膨胀迅速的今天，各种网络文章的别有用心和各种自媒体素质的良莠不齐，使得青年学生在独立意识获得极大增强的今天，却陷入了思考能力的低谷，积极的可信任的信息源的缺乏使得青年学生面对庞杂的信息环境无所适从。多数青年学生对此的行动对策是不发言，不参与，不思考。想要置之事外从而对自我进行保护的动机没有问题，但是这件事情本身却导致了青年学生的行动朝向回避思考方向发展。

这导致了青年学生虽然喜欢并且愿意提出独立见解，但是得出适当结论的能力较弱，青年学生对媒介报道的政治信息的甄别能力较强，但保持自身观点的能力较弱。独立思考能力是培养高素质人才，建设和谐社会的重点素质之一，也是正确政治判断力的前提要素，所以，培养青年学生对信息的独立思考能力是提高思想政治教育接受活动效果的必要措施。

（三）思想政治教育与青年学生之间存在话语冲突

思想政治教育的话语，从来都是严肃的，规范的，给人一成不变的感觉，加之需要逐字逐句认真思考，并不符合青年学生的信息接收方式。而青年学生所广泛接受的网络话语，则存在生动性、跳跃性和多变性等特点。网络流行语言更加贴近青年学生的现实生活与心理状态，运用网络流行语言能够更好地表达青年学生意志的主张，同时表述的内容也相对地更容易被青年学生所理解。这种话语的差异和冲突，使得思想政治教育活动效果打折，更容易被抵触。

思想政治教育更多地从历史的角度、思辨的角度来进行内容的阐述，用词也多为政治话语、文件话语和固定用语，而很少从青年学生的生活出发，观照此时的现实世界。这导致思想政治教育无论从内容上还是从表达上都与青年学生的学习生活和认知习惯呈现出冲突状态。另一方面，从历史形成上来看，思想政治教育在其话语体系建立时，处于权威地位，是在“靶子论”的影响下建立起来的，忽略接受主体的话语权的结果。而新媒体带来的青年学生自主性的特点以及对话语权的要求，导致了对话缺失，情感交流缺失，并且逐渐被贴上了“枯燥”、“教条”的标签。这是从前的思想政治教育没有从接受主体角度思考的原因所致。

话语的冲突导致教育者与受教育者之间的交流存在障碍，而新媒体恰恰同时是障碍的建立者又是问题的解决者。新媒体带来的语境的变化，在使得接受能力强的青年学生群体迅速适应的同时，遭到一些年长的教育者的回避与排斥，有的教育者在教学过程中察觉到了这种话语和表达的断裂，但是由于没能意识到其重要性，没有及时地转换话语，导致教育者和青年学生不能达到“视界融合”与“意义共享”，从而影响了思想政治教育的实效性。

（四）思想政治教育对网络舆情管理不力

网络舆情的管理是应对新媒体信息传播的重要方面，然而思想政治教育目前还没有足够的与传播学的交叉研究来证明网络舆情对思想政治教育效果的影响，当然也没有相应的应对措施。高校网络舆情一般没有专门的部门进行监管，在事件的发酵、流传和处置方面，学校往往处于一个极其被动的地位。多数高校更是缺乏应对新媒体网络舆情处置的应急预案，甚至在处置的过程中自乱阵脚，产生了更多的危害。

还有的高校在网络舆情的处置中，只会闭门造车，没有主动与媒体和公众进行交流，导致错过了最佳的发言时机，舆论引导的主动权已经不在学校的手中。这会使事件逐渐失控，更多的负面信息会对青年学生造成持续的影响。

有的网络舆情处置方式只是单纯的“封号”与“删除”，这种堵的态度与做法不但不能正面地解决网络舆情危机，反而会加剧舆论压力，造成更大的崩解，产生适得其反的作用。

第三节　青年学生思想政治教育接受对策设想

在目前学术界中，很多学者都对高校思想政治教育的接受对策进行了相关的研究，在他们看来，高校老师应该将新媒体教育资源充分利用起来，拓宽思想政治教育接受途径，要运用新媒体更新教学方法等等，然而，这些“新媒体思想政治教育接受”问题的解决方案并没有实质的用处，对于新媒体时代的思想政治教育接受的问题，不是简单地运用“以新媒体作为工具来制约新媒体带来的问题”的方式就能够解决的。甚至，解决新媒体带来的问题并不一定必须用到新媒体本身。

解决新媒体环境下思想政治教育接受问题要从两个方面来考虑，一是从接受主体角度出发，引导接受主体的价值取向，转变接受主体的思维方式；二是从环境的角度出发，让思想政治教育信息融入新媒体环境，运用新媒体环境。

一、加强主体间交流

青年学生群体价值取向的引导需要从两个角度入手，一是从受教育者角度出发，提高受教育者的认知能力，二是从教育者角度出发，多方面多角度地对受教育者进行影响。提高受教育者的认知能力，增强媒体素养等等的解决办法，前人的研究早有提出，所以不再赘述，本章着重从教育者角度，提出引导青年学生价值取向的思路。

（一）建立线上强关系交互，同时加强线下互动

建立线上强关系交互，指辅导员、教师以平等的身份加入学生在新媒体中的虚拟社会交往圈子，这样一来，教师不但能够精确地掌握每一个学生个体的动态，同时还能够模糊师生之间的身份界限，提供一个平等的交流机会，网络上公开或私密的交流都是促进线下师生关系更好发展的钥匙。时间上的延迟也大大降低，这能够大大降低对青年学生价值取向引导的难度，有效提高对于学生个体的思想政治教育的实效性。 反过来，如果线上强关系交互系统一旦形成，师生关系在虚拟空间得以拉近，那么一定会大幅缩短现实生活中师生之间的距离感，要及时通过线下互动进行补足，巩固和发展已经形成的良好关系，线下的互动能够得到积极的影响，从而从根本上改变学生对思想政治教育的负面情绪。

（二）尽早将辅导员从繁杂的行政事务中解放出来

2004 年，中央出台的 16 号配套文件《教育部关于加强高等学校辅导员班主任队伍建设的意见》（中发〔2004〕16 号）指出：“辅导员班主任是高等学校教师队伍的重要组成部分，是高等学校从事德育工作，开展青年学生思想政治教育的骨干力量，是青年学生健康成长的指导者和引路人。”然而，从目前高校辅导员的工作现状来看，辅导员群体被大量繁杂日常行政事务所牵制，大量本应由职能部门完成的工作被交给辅导员群体，导致辅导员根本没有足够的精力做好思想教育工作，更没有时间进行业务学习和研究。

要尽快将辅导员群体从额外事务性工作中解脱出来，使之能够面对每位学生，真正地做好深入细致的思想教育工作，提供及时的符合个体需要的服务，发挥辅导员的应有作用。

（三）实现辅导员与思政课教师的统一

目前学界已经有广泛的关于高校辅导员与思政课教师交流的讨论，提出了不少合理性的建议，但是其根本的思维还是定式在辅导员与思政课教师是两只独立的队伍这个观念上。高校辅导员的工作和思政课教师的工作是本质上相同的两个方面，仅仅是教育形式上的不

同，而这两个方面各有短长，比如高校思政课教师的优势是马克思主义和思想政治教育理论功底深厚，其短板是对青年学生的思想和行为方面存在的问题了解得不够深；而辅导员的长处和短板却与思政课教师正好相反。

本书认为，仅仅做到高校辅导员与思政课教师交流是不够的，这两个群体最终的发展方向应该是合而为一，通过辅导员身份与思政课教师身份在同一个教师身上合而为一，才能够真正做到两方面工作的有机结合，才能从根本上极大地增强高校思想政治教育的水平和效果。

二、更新教学方法

本书认为，青年学生的价值取向与思维方式是受到新媒体环境影响的重要方面，仅靠原有的思想政治课堂的教学很难有效应对这一变化。所以，教学方法上的转变势在必行。

（一）继续推动网络共享课程与实践活动相结合的混合式教育模式的普及

混合式教学是站在教学设计者的角度，通过将传统课堂教学与在线学习的优势结合起来，取长补短，优势互补，以促进教学目标更好达成的一种新型教学模式。这种教学模式在教学技术上，通过结合视频、音频、动画等多媒体形式，体现信息化的发展水平；在教学手段上将传统课堂教学与最新的多信息媒介手段相结合；在教学形式上采取线上加线下的教学形式；在师生关系上充分发挥教师的主导性与学生学习的自主性，能够建立平等民主的师生关系。

在网络共享课程的条件下，是不需要占用课堂的时间来完成事实认识的教学的。这些基于事实认识的知识性内容，会在网络上通过视频等形式进行学习。反过来，一些更加需要教师出面讲授的重难点问题，学生在学习和成长之中遭遇的切身问题和与事实认识相对的价值认识层面的价值性内容，才是课堂上教师需要着重关注的问题。这样，解决了授课时对青年学生的针对性问题，并且减轻了思政课教师的授课负担，能够在充分利用青年学生转变了的思维方式的同时，加深学生对具体问题的思考。所以，继续推动网络共享课程与实践活动相结合的混合式教育模式的普及是在新媒体形势下青年学生思想政治教育的出路。

（二）有针对性地开展实践活动，注重转变青年学生的价值取向和思维方式

思想政治教育应该重视培养青年学生正确的思维方式、构造良好的知识结构。青年学生的思维发展日趋成熟，但他们思索社会与人生问题的逻辑结构与思维方式的某些方面还不成熟，他们依赖性有余而独立性不够，吸收有余而质疑不够，跟随有余而思考不足，这与应试教育和标准化考试、参与意识不强、思维训练缺乏等不无关系。要转变青年学生的价值取向和思维方式，实践活动是一个行之有效的方法。

青年学生参与实践活动的积极程度高，并且愿意进行思考，只不过在大学以前的学习

生活中没有得到自主思考的机会，思想政治教育应该担起这个责任，运用实践活动培养青年学生独立思考的习惯，同时在实践内容上，要引导学生自行发现正确的价值取向，要使学生感受到收获。

将实践活动作为转变青年学生价值取向和思维方式的载体，配合线上网络共享课程，能够形成虚拟时空与现实生活之间全方位立体式的联系，是有效应对新媒体给思想政治教育带来的挑战的良好思路。

三、打造信息源品牌

（一）借鉴产品竞争模式，创立青年学生喜闻乐见的内容生产品牌

在新媒体大环境的影响下，微博与微信作为最引人注目和最具影响力的新媒体平台，在高校网络文化建设与管理中得到极大重视。多数学者提出，要在微博与微信下建立服务于校园文化的公众平台，建立思想政治教育网站。但本书认为，仅仅是在校园范围内、单一平台下或者是建设独立的网站，这种信息传播的覆盖面是还远远不够的。

本书认为，不能单单靠一所高校甚至一所高校中的一个部门，在本学校的狭小范围内进行所谓新媒体建设。要借鉴产品竞争的模式，建立一个跳出校园范畴的，为青年学生思想政治教育服务的跨平台内容生产品牌。它需要满足以下几点要求：

一是覆盖要广泛，除了广泛认可的微博与微信公众平台，还可以在今日头条、知乎、钛媒体、豆瓣、简书、凤凰新闻等优质平台上同步更新，争取更大的覆盖范围。因为新媒体是一个开放的环境，而校园是一个相对封闭的环境。当青年学生能够通过新媒体连接到开放环境中去的时候，在封闭环境中的信息是不能够给主体带来足够的影响的。

二是内容要权威，一个能够让网民自由发言的公众平台中，不只存在青年学生这个单一的群体，内容发布的同时就要接受来自各个社会阶层乃至不良社会思潮的挑战，所以，一定要保证所宣传的内容有权威的理论来源和清晰的逻辑脉络，同时能够驳斥当代的一些错误的价值观念，对受众产生积极的正面影响。

三是互动要频繁，多利用线上活动等手段展开丰富的交流、讨论，创造一个与青年学生频繁互动的环境，养成青年学生主动思考和参与讨论的行为习惯，同时联合各地高校进行线下活动，甚至可以学习电商经验，打造“人造节日”，在青年学生群体中形成“传统”，提高活动质量与参与度。

四是认可度要高，要充分关注青年学生的需要，运用其喜闻乐见的形式表达思想政治教育的内在内容，让青年学生切实感觉到收获与提升，打造在青年学生群体中的良好口碑，以获得更多的参与度，形成良性循环。

（二）将思想政治教育信息与青年学生的流行语言充分对接

网络流行语言是进入信息社会之后文化的新的增长点之一，而新媒体的出现更加加速

了流行语言的产生和扩散。网络流行语言丰富了语言文化，同时也对传统的语言产生了冲击，增加了不经常上网的人在网络上的学习成本和交流障碍。反过来讲，经常上网的人，则更容易接受由流行语言构成的信息内容。网络流行语言的使用群体几乎包含了整个青年学生群体，它之所以能够赢得青年学生的喜爱，主要是因为它贴近青年学生的现实生活与心理状态，简单好用又更能表达青年学生的意志主张。

网络流行语言对于其使用者有着更高的吸引力，这使得它拥有了引导舆论的功能。我们应该利用网络流行语言产生和消亡迅速，存续周期短的特点，对于健康积极的语言词汇，应合理地加以运用和宣传，对于不理性的粗俗的用法和词汇，应积极寻找相对文明又贴切的替代词语，有意控制粗俗消极词语的出现频率，使得该类词语失去传播活力，从而更新迭代。

在新媒体上进行传播的思想政治教育信息，如果能够“翻译”成网络语言表达，势必拉近青年学生与思想政治教育之间的距离，增进青年学生对于思想政治教育的理解，减少青年学生对思想政治教育的偏见。如果做到了将思想政治教育信息与青年学生的流行语言进行充分的对接，那么就能够解决思想政治教育内容的吸引力问题，而且能够降低青年学生理解思想政治教育理论问题的难度，建立对信息源与思想政治教育本身的信任关系。

四、生产并上传正面内容至常用新媒体平台

（一）常设专家组，进行内容生产

无论环境如何变化，只有符合青年学生思维方式特点的，能够被真正信服的思想政治教育内容才是思想政治教育接受的关键。

本书认为，集结学科优势力量，常设专家组，在各大新媒体平台中及时对时事热点进行剖析，建立一个稳定的内容生产来源与信息扩散通道，是在新媒体形势下减小甚至抵消社会思潮对青年学生思想政治教育接受活动的不良影响的可行方法。

古人云：“兼听则明，偏信则暗。”不良思潮对于青年学生的思想政治教育接受的影响也遵从这一规律。目前各类信息载体上充斥着怀有各种目的的，以各种形式吸引读者目光的文章，里面杂糅着一个或者多个社会思潮的核心思想，以极具隐蔽性和迷惑性的姿态被大量转载，有些文章甚至披着爱国主义的外衣，实则装载着历史虚无主义和新自由主义的黑心棉絮。然而，思想政治教育的内容却从来不屑于与之针锋相对地理论。思想政治教育内容在新媒体载体上的弱势，使得充斥着各类社会思潮的新媒体环境就像打破了物种平衡的生态圈，单一的物种缺少天敌，而在这个环境下疯狂地繁衍，以至于最终导致地区生态的崩溃。

所以，我们在鼓励学生拓宽视野、增加信息获取渠道的同时，也应当注重思想政治教育内容的宣传与扩散，让思想政治教育的内容也能通过青年学生常用的渠道、喜闻乐见的方式，扩散到青年学生的思想当中，与各类社会思潮形成对照，让青年学生在比较中进行

思考、理解，因为“理论只要彻底，就能说服人”。

专家组的设立至少需要四部分人员构成，一是由专业的传播学、社会心理学、公共关系学专家以及营销专家组成的日常维护团队，主要负责发起线上活动，及时发现社会热点问题，协调内容生产专家的关注方向，储备相关文章并在合适的时机进行发送，负责监督内容的前后一致性，维护专家组的权威性，并在必要的时刻进行危机公关。二是由思想政治教育和马克思主义学科的顶尖专家组成的内容生产团队，主要负责对青年学生产生影响的社会问题进行正面分析引导、给风头正劲的不良社会思潮以迎头痛击。三是由青年学生本身和最了解青年学生思维状态的辅导员组成的“人话翻译”团队，主要负责将专家生产的内容转化为便于青年学生理解的话语。四是最基础的多平台新媒体技术支持以及运营团队，就不多做解释。

专家组不以空间上的集中方式存在，除了运营团队和少数日常维护团队之外，各个专家应当依然在其当前领域前沿保持活跃状态，但要维持更加紧密的组织形式以及联系频率，以保证专家组的效率，不过这在新媒体环境下简直易如反掌。另外，专家组的权威性和专业性也需要有坚实的保障，这需要国家层面的支持与监督。

（二）创造话题，引导舆论

社会思潮在新媒体形势下的影响之所以得到扩大，优势主要在于它的时代化、大众化，它的网状互动性传播，它的显性传播与隐性传播结合的传播方式，它符合青年学生的信息接受习惯，它用吸引眼球的方式迎合了青年学生的好奇心和反思精神。

应对不良社会思潮对青年学生的影响，也可以运用社会思潮本身的传播方式进行对抗。跳出高校视角，运用前文提到的品牌公众平台，集合国内思想政治教育专家，基于公共事件、围绕公共信息、通过公众人物，进行思想政治教育内容在新媒体上的生产与传播，以此来对不良社会思潮进行反制。

具体的反制方式可以参考现有的对社会思潮传播方式的研究，不良社会思潮如何传播，我们就学习它的方式进行思想政治教育的传播，除了中间要注意灵活运用方法避免画虎不成反类犬，我们还要在它的基础上有创新，利用我们贴近学生群体，能够更加精准地掌握学生动态的优势，达到比社会思潮“陷阱式”说服更具有针对性、效果更好的“精确制导式”的说服。

在舆论管理方面，以往简单粗暴的“封”“删”的管理形式已经被证明只能激化矛盾，并将公众意见的矛头指向管理机关。这样做不但问题本身得不到解决，而且还会使管理机关的公信力大打折扣。

对于青年学生思想政治教育接受对策的问题，可能主动创造话题或者针对时事热点抛出正面观点并引导舆论是更为行之有效的方式。我们要充分利用新媒体形势下青年学生思想政治教育接受的特点，以青年学生关注的现实问题为出发点，引发与思想政治教育相关的积极讨论，引导青年学生正确的思考方向，使高校大学生可以选择和辨别什么是思想政治教育内容，什么是不良社会思潮内容。

第四章　新媒体环境下高校思想政治教育的手段

在这个新媒体的时代，当广大的人民群众对新媒体还没有很深的了解的时候，可能新媒体会被人们神化、理想化，但是从本质上来看，新媒体本身就只是一个信息传播的工具，它所起到的正面功能或负面功能都不由它自己所决定，而是由使用新媒体的人决定的。这就告诉我们，抓住新媒体背景下的机遇，主动地迎接挑战，利用新媒体技术，趋利避害，取得高校大学生思想政治教育工作更大的胜利。

第一节　转变新媒体环境下高校思想政治教育的育人理念

一、树立全面发展的新媒体育人理念

马克思主义认为，人的意识产生于人们在实践中的交往需要，是在实践活动中产生的。理念先行，行稳则致远；理念淹留，远近交困。新媒体以迅雷不及掩耳之势向前发展更新，对思政教育工作理念而言无疑有着很大的冲击，同时也在舍弃糟粕的那部分，在思政教育进程中更新换代，迫切需要树立新媒体育人理念，促进新媒体为高校思想政治教育服务，成为其得力助手。

新媒体对社会产生影响，与此同时也波及高校，在思想政治教育中，必须关注它带来的各方面转变。显而易见，高校思想政治教育工作者清晰地认识到了这一点，但作为新媒体使用者的一员，迷惑与其功能的新颖、有趣，对于新媒体对思想政治教育的双面影响缺乏深入足够的了解和分析，在其零散的认知体系中尚未形成完整的理念体系，亟须充分认识新媒体积极影响的一面，规避其消极影响的不良作用，因此需要树立“新媒体育人”理念。可尝试从以下两方面着手：

一是利用新媒体的优势加强高校思想政治教育。新媒体对高校思想政治教育的影响有两方面，一面是正面积极的，一面是负面消极的。新媒体作为社会发展的产物，一定程度上对社会发展起到了重要的促进作用，对于高校思想政治教育也一样。只要主动去了解熟知新媒体的特性，寻找到新媒体与思想政治教育的契合点，发挥新媒体的便捷性、开放性、

交互性等优势为思想政治教育服务，提升其实效性、针对性，促进思想政治教育的效果提升。

二是规避新媒体的劣势带来的消极影响。在社会大熔炉中，新媒体受环境的影响，会被不良分子利用，自然而言生成劣势。依托新媒体加强高校思想政治教育的出发点是好的，但在过程中难免会有曲折，会受新媒体的劣势影响，对高校思想政治教育带来冲击，给思想政治教育环境、空间、手段带来挑战。因此，要对新媒体的劣势相当了解，进行调查研究充分分析，并评估其带来的利害程度，尽快做好应对措施，规避风险，达到预期的思想政治教育效果。

树立理念之后，要发挥新媒体的育人功能。高校只有在引导、利用新媒体过程中，准确把握新媒体的内在育人功能，才能有效推进高校育人工作的发展，促进大学生的成长和发展。

整合新媒体资源，形成新媒体育人合力。作为现代化发展的产物，新媒体是高校思想政治教育重要的育人载体。使新媒体有机整合，才能形成育人合力。充分发挥新媒体各平台的优势，形成聚合力。微信、微博、QQ、手机媒体等校园新媒体传播速度快，交互性强，影响力大，深受师生欢迎。可以结合师生的关注，以校园新媒体为依托，精心打造一批有影响力的节目，牢牢把握主流宣传舆论阵地，提高师生综合素养。

净化新媒体环境信息，弘扬校园正能量。一是高校在信息传播过程中要充当“把关人”角色。海量信息中不乏一些负面、垃圾信息，正处于三观塑造中的大学生对其甄别能力差，高校要利用互联网技术净化新媒体环境信息，从而减少负面信息对大学生的消极影响。二是准确把握舆情动态。要时刻关注微博、微信、QQ 等平台，及时了解校园舆论动态，通过分析研究，预测舆情走向，掌握大学生思想动态。三是培养意见领袖。培养政治素养高的学生意见领袖，通过微博、微信、QQ 了解大学生的想法，在新媒体平台以网络语言的形式、大学生的视角发生，主动把握新媒体平台话语权，及时发声，积极弘扬正能量，引导舆论不偏离正轨。

二、培养思想政治教育队伍的新媒体育人理念

高校思想政治教育队伍需要动员全校政治素养过硬、专业技能扎实的人员，包括两支队伍，一是思想政治教育工作者，有扎实的学生管理经验；二是政治素养过硬的学生骨干队伍，来自学生一线，又比普通学生更优秀，能起到带头模范作用。

培养高素质的思想政治教育工作者。思想政治教育工作队伍是加强和改进大学生思想政治教育的组织保证。新形势下，高校思想政治教育工作者除了具备思政教育基本素质、方式、手段，还需要懂得怎样利用新媒体促进思政教育开展，让思想政治教育更加行之有效，更有实效性，达到效果。一是加强理论学习，培养专业素养。思想政治教育工作者自身必须要思想政治素质过硬，自觉学习习近平总书记系列讲话精神，关心时事动态，自己理解了相关理论、政策，才能更好地向学生讲解，以理服人，让学生信服。此外，思想政治教育工作者还需转变教育观念，与时代同步，努力适应新媒体带来的变化，培养与新媒体环境相匹配的道德法律素质，遵守社会公德，探索新媒体环境下思想政治教育的规律和

特征，把握新媒体给思想政治教育带来的机遇，更好地开展思想政治教育，培养合格的大学生。二是熟练运用新媒体，提升媒介素养。新媒体环境下，教育工作者媒介素养的提升显得日益迫切。与大学生有效沟通、掌握思想政治教育的话语权，这些都需要思想政治教育工作者更新观念，转变工作思路，了解媒介知识和使用方法，甄别信息的价值所在。学会使用新媒体的方式和技巧，并依托新媒体探索思想政治教育的新规律，制定相配套的措施、制度，解决存在的问题，“一定能为形成网络思想政治教育新生态、取得网络育人新成效添砖加瓦”。

建立一支政治素养高的新媒体学生骨干团队。随着新媒体的广泛应用，高校纷纷开通官方微信、微博等新媒体平台，并成立了运用管理新媒体的学生团队。新媒体学生团队掌握着新媒体技术和平台，也是内容的把关人、信息的传播者。思想政治教育工作者除了是新媒体的使用者，还要有懂新媒体技术的成员的加入，携手管理新媒体平台，优化新媒体环境。在一定程度上，这支新媒体学生团队就是一支中坚力量，抵制不良信息的坚定者，也是依托新媒体开展思想政治教育的率先接受者，如果学生团队接受思想政治教育的内容，达到了事半功倍的效果，意味着思想政治教育有效果。再者，新媒体学生团队都是由政治素养过硬、新媒体技术熟练、业务能力突出的学生组成，自觉践行马克思主义新闻观，弘扬社会主义核心价值观，传播校园正能量。其次，要发挥新媒体学生团队的榜样力量。学生团队来自不同的学院和专业，与普通学生相比，在学习、思想等方面都是榜样的，在抵制不良信息、虚假信息方面，需要起到带头模范作用，通过自身的努力，影响身边的同学加入其中，共同维护新媒体的干净、纯洁的环境，让不健康、不合法的信息无处藏身，敢于发声，勇于对不法分子作斗争。还有，新媒体学生团队需积极提高道德水准，有健全的人格，加强自律意识，坚持做到不传谣、不信谣，坚决不播淫秽、暴力、反动的信息，杜绝利欲熏心，拒绝通过新媒体侵害别人谋取不正当利益。自此形成人人关心新媒体、支持新媒体的氛围，人人成为维护新媒体环境有责任担当的忠诚卫士。

三、思想政治理论课教师要发挥新媒体育人功能

在新媒体大背景下，根据教育对象的学习生活状态，围绕思想政治教学规律，坚持以人为本，应及时变革教育方法，丰富教学内容，让学生提升学习效果，学有所得。

一是挖掘教学资源，改革教学资源形态。在课堂教学中，注重互动教学，以问题导入，启发学生思维，在教学互动、研讨中碰撞的难点为生成性问题，并梳理问题，在课后进行研究，将课堂内容引申到课堂之外，让学生除了在课堂上学习，充分把握课外时间和学习机会。课堂时间短暂，在课堂之外，时刻关注思想政治教育动态，尤其是新媒体平台中有关思想政治教育的内容，形成教学资源。

二是开展开放性教学，改革教学组织形式。随着信息技术的更新，慕课、公开课等教学方式随之孕育而生，新媒体环境下，可以将教学范围拓展到新媒体平台，在微博、微信等设置相关栏目，开通留言互动功能，与学生实时互动，解决学生遇到的学习困惑。这就

打破了时空限制，教学时间有效延伸，师生之间随时可以根据需要互动交流，形成线上线下教学相互补充。

三是注重绩效检验，改革教学评价方式。新媒体具有交互性、隐蔽性等特点，通过拓展新媒体平台教学，也可以在新媒体平台上看到学生的反馈，从而改革教学评价方式，促进教学针对性和效果。

四、提高大学生接受思想政治教育的自觉性

大学生自觉发挥学习主动性，促进提升创造性，是高校思想政治教育的重要目标之一。作为受教育者，在高校思想政治教育过程中，要充分尊重大学生的主体性，帮助其正确认识自己，培养高尚品德，培养主动学习的习惯，使大学生愿意接受思想政治教育、敢于接受思想政治教育，自觉接受思想政治教育。

充分尊重学生的抉择。大学期间正是学生人格塑造、兴趣爱好、行为认知等形成的重要阶段，在成长成才路径中，大学生需要面临诸多选择。大学生一旦做出了正确的选择，高校思想政治教育要充分尊重学生的选择，了解学生有哪些需求，有哪些困惑，针对学生的个体差异，为学生的成长因材施教，量身定制培养方式、培养方案，创造适合学生成长的环境。

培养学生良好的学习习惯。习惯是养成的，也是可以培养的，处于青春期的大学生难免有不好的习惯，在高校思想政治教育中，要结合大学生的发展需要，监督大学生树立好习惯，激发大学生学习欲望，养成自觉学习的习惯，使大学生主动学习，真正成为受教育的主人。

塑造学生的自主性。自主性是大学生成长成才的主要品质，大学生的首要任务是学习，只有自主学习，才有动力，才能提升学习效率。教育工作者要多与学生接触，研究学生的学习效果和生活环境，了解学生的所思所想，改变教育方式和手段，形成适合学生的教育模式，促使大学生充分发挥自主性，自觉学习，参与实践。

培养学生的思维创造能力。在这个新媒体的时代，国家一直在大力倡导创新，培养自身创新理念，因此在这个大环境下，如何提高自己的创造力是我们应该思考的，这一点显得尤为重要，创造力是促进高校大学生成长成才最主要的推动器，高校老师要时刻关注世界最新变化，结合学生的实际情况，了解学生们关注领域，使教学活动的设计合理化，拓展学生思维，激发学生创造力，在思维的撞击中产生新的火花。

第二节　完善新媒体环境下高校思想政治教育的内容

一、加强社会主义核心价值观教育

接受思想政治教育的主要群体是大学中的广大学生们，他们是祖国的花朵，他们的发

展可以带动祖国的发展，祖国的昌盛与繁荣很大程度上取决于他们的茁壮成长，高校思想政治教育围绕着理想信念教育开展，不仅要鼎力开展关于集体、社会和爱国方面的教育，引领广大学生们建立准确的人生观、世界观和价值观，还要坚持建立中国特色社会主义的共同愿望，为了完成具有富强、民主、文明、和谐特点的社会主义现代化国家而竭力斗争，这也是统一中国、振兴民族的基础。国务院和中共中央在 2004 年颁布了一份文件——《关于进一步加强和改进大学生思想政治教育的意见》，其中对当今时代怎样进一步加强和改进大学生方面的思想政治教育作了周密的布局，着重强调大学生方面的思想政治教育要从理想信念教育出发，并且明确指出“社会主义合格建设者和可靠接班人的全面发展”是高等院校的崇高使命。意见的颁布和推行，充分表现了在高校思想政治教育当中理想信念教育的迫切性和紧要性。

理想信念教育是高校的重要内容，高校在立德树人方面，必须弘扬社会主义核心价值观主旋律，用主流核心价值观引导大学生树立正确的世界观、人生观、价值观，让青年学生有理想、有道德、有抱负、有志向，甘愿报效国家，奉献社会。

一是以核心价值观贯穿人才培养各环节。通过理论学习、校园活动和社会实践等方式，贯穿学生自入校到毕业人才培养全过程各个环节，加强思想政治教育针对性，提升学生学习水平，增强学生思想道德素养，全过程地培养学生成为德才兼备、具有创新创造能力的优秀人才。

二是以核心价值观贯穿校园文化建设。社会主义核心价值观分为国家、社会、个人三个层次，融合个人梦与中国梦，把核心价值观与大学教育理念、大学精神、校园文化相结合，通过主题班会、校园文化活动，使核心价值观的践行路径更加生动、形象，在爱国敬业、其乐融融的和谐氛围中接受熏陶，无形中自觉接受爱国主义教育、理想信念教育。

三是以核心价值观贯穿师德师风建设。教育工作者是践行核心价值观的重要实施者，其自身的思想品质显得尤其重要。教育工作者可通过图片、宣传画、视频等方式制作核心价值观的宣传内容，再通过新媒体发布，在这个过程中，教育工作者也接受了教育，严格约束自己，注重思想道德，同时在开展思想政治教育过程中，也更有说服力，现身说法，让学生更容易接受。

二、加强媒介素质教育

媒介素养在新媒体时代，已经成为社会成员应该具备的基本素养。作为高校思想政治教育的传播者，教育工作者也需要提升媒介素养，从而帮助提升业务能力和塑造传播者的形象。教育工作者要主动学习媒介知识，使用媒介载体，学会如何从传播媒介中获取有效信息，培养认识媒介和媒介信息的能力，换句话说，就是要具备对媒介信息、媒介组织的批判质疑、分析评价的能力。

大学生正处于世界观、价值观、人生观逐步成熟的时期，是引导学生养成良好的媒介素养，正确对待复杂多变的媒体信息的最好时期。首先，在大学教育中加入媒介素养教育课程，使学生了解媒介环境，积极主动成为自觉使用新媒体的传播者。其次，加强与社会媒体的联系，邀请社会知名媒体知名记者来校做讲座，讲解新媒体的新形势、优势、发展现状和趋势，通过知名记者的现身说法，生动具体形象地了解媒介知识，让学生对媒介有更加直观的认识。再者，让学生参与高校官方微博、微信等新媒体的运营管理，实践是最好的学习方式，学生通过运用管理新媒体，第一时间知道其中遇到的困难与问题，学会操作新媒体，了解用户对其内容的喜爱程度。

三、突出网络道德教育

列宁曾经说过:“道德能帮助人类社会升到更高的水平,使人类社会摆脱劳动剥削制”。列宁正是在高尚道德情操的指引下，不畏艰险，取得了令世界瞩目的十月革命的胜利。

在当前新媒体传播的环境下，道德的重要性无需多言，道德不同于法制也不同于强制规范，道德的核心魅力在于自发的约束力，一个道德高尚的人往往会遵守法律法规，无需其他干预或任何提醒，会远离社会的落后陋习以及被人所不齿的种种行为。良好的道德通常是个人价值实现的基础，良好的道德催人奋进，也能让大学生更好地直面挫折。新媒体环境下的高校思想政治教育应当切实把握道德建设的重要指导作用，逐步解决现存的大学生道德缺失问题。

在新媒体环境下的高校思想政治的集体主义价值的引导及学习尤其重要，倡导积极向上的价值观，需要多管齐下，利用高校思想教育的有利阵地。一是完善思政教育课程体系建设，从大一开始就要求思政老师结合互联网的现状，使授课更贴近大学生，把集体主义价值观植入学生们心中，告诫刚刚进入大学课堂的孩子们有哪些是新媒体环境下常见的意识错误。二是提升校园集体价值观的文化氛围，由校团委牵头，举办讲座、知识竞赛等类型的大型集体主义价值观的学习，鼓动大学生更加深入透彻地以自己为检测对象，在思想上建立高不可攀的思想阵地。

四、丰富校园文化建设内涵

高校思想政治教育要以校园文化的构建为依托，深入挖掘校园文化的物质内涵、精神内涵、制度内涵，全力打造全方位、多角度、宽层次的立体式校园文化体系，充分利用新媒体技术的传播特点，积极倡导社会主义的核心价值观，激发社会正能量，采用以思想政治教育内容为基本载体，以新媒体技术为传播手段，学生喜闻乐见的思想教育形式。

深入挖掘物质内涵建设，通过建造校史博物馆、展览校史图片展、拍摄校史宣传片、邀请校友回校、举行校园开放日等多种形式，打造校园文化扎实的物质载体，以物质载体为依托，为核心，提升校园文化的品牌影响力和实效。

全力提升精神内涵实质，精神内涵是校园文化活的灵魂，其内涵的实质是每一个人的思想意识的归属，而这正是思想政治教育所占领的阵地，通过新媒体技术，图文并茂、视频传神的展示校园文化的精神文化内涵，使得每一个人都油然而生形成强烈的归属感。

完善构建制度内涵体系，制度的构建是校园文化的有效载体，通过制定校园网络宣传制度、校园思想政治教育制度等相关制度，形成以制度内涵为保障，物质内涵为依托，精神内涵为灵魂的校园文化建设体系。

第三节　搭建新媒体环境下高校思想政治教育平台

一、坚持新媒体的传播原则

媒体和传播信息的关系就类似于父母和孩子的关系，父母需要监护自己的孩子，确保他们会茁壮成长，而媒体也需要对传播信息进行一定程度上的“把关”。由于新媒体的内容是由媒体从业工作人员劳动生产出来的，因此其内容的质量很大程度上取决于媒体从业者的职业素养，提升媒体从业者职业素养，务必要坚持马克思主义新闻观。党性、人民性、真实性是马克思主义新闻观的重要组成部分，只有在科学理论的指导下，高校思想政治教育才会有良好的舆论环境、网络生态。媒体从业者践行马克思主义新闻观，促进新媒体发展，完善新媒体管理机制，从而发挥新媒体优势，增强高校思想政治教育实效性。

一是坚持党性原则。马克思和恩格斯高度重视新闻工作，他们在《新莱茵报》时期，对党报的性质、使命和业务指导原则进行了系统论述。在十月革命胜利后，列宁指示《真理报》和《消息报》要坚持无产阶级的党性原则、要宣传党的主张。前不久，习近平总书记在党的新闻舆论工作座谈会上提出的48字方针是对做好新闻宣传工作的科学指南，在当前“互联网+”的时代背景下，坚持马克思主义新闻观是促进新媒体发展的必然要求。坚持马克思主义新闻观，才能确保新媒体环境是干净、纯洁的。坚持党性原则，提升新媒体管理队伍的媒介素质，坚决抵制西方意识形态渗透，粉碎西方敌对势力通过新媒体西化、分化我国的政治阴谋。

二是坚持人民性原则。要利用新媒体为谁服务？对于高校思想政治教育工作者而言，自然是为学生服务。要利用新媒体更好地为人民服务，就要求我们在开展高校思想政治教育过程中，走群众路线，倾听群众的呼声，让群众有发声的平台、表述心声的地方。高校思想政治教育工作者可以利用学校官方微博、微信等平台，开设访谈交流、在线答疑等栏目，在线上与学生互动，了解学生的所思所想，尽快解决学生在学习、生活中遇到的困惑。

三是坚持真实性原则。新媒体环境下，海量信息随时更新，快速传播，大量色情、暴力等不良信息充斥新媒体，虚假信息广泛传播，对于正处于价值观尚未形成的大学生来说，甄别能力欠缺，对大学生的身心健康造成不良影响。习近平指出，新闻舆论工作各个方面、各个环节都要坚持正确舆论导向。各级党报党刊、电台电视台要讲导向，都市类报刊、新媒体也要讲导向。坚持真实性原则，坚决杜绝虚假的造谣信息，不弄虚作假，客观、全面地呈现事情真实的一面，则让新媒体环境下的世界真实可靠，内容充满正能量，看到的是积极向上的一面，促进人与人之间相互信任，促使学生树立正确的人生观、价值观。

二、建设健康向上的校园生态网络环境

马克思说过："人创造环境，同样，环境也创造人。"校园环境具有特殊的育人功能，对学生起着潜移默化的教育，因此，营造文明和谐的校园学习生活环境和健康向上的校园环境显得尤其重要。

建设文明和谐的校园学习生活环境。苏霍姆林斯基说过："让校园的每一块墙壁都会说话"。校园是大学生求学期间的重要学习生活场所，高校要加强校园文明建设，错落有致的校园建筑和绿化环境让学生心情愉悦。同时，人文气息也是非常重要的，除了高高的一栋栋楼，还要加强内涵建设，增强校园文化气息，比如镌刻校风校训、设置名人雕塑、名人名言，构建文化长廊，在图书馆学习的地方设立安静读书的学习标语，在无形中告诉学生该怎么做，要向名人前辈看齐。

营造健康向上的校园网络环境。除了学习生活场所的建设，校园网络环境建设不可忽略。一是坚持正确舆论导向。新媒体环境下，大学生在新媒体上花的时间长，但新媒体平台信息良莠不齐，高校要主动加强对信息审核、把关，用先进文化占领网上舆论阵地。二是打造网络文化精品。在网络文化内容上下功夫，开设精品栏目，挑选优秀团队，创新形式，结合校园实际，制作出网络文化精品。三是加强网上交流互动。营造健康的校园网络环境，主动贴近学生，在网络平台上与学生加强交流互动，及时掌握学生思想动态。

三、拓宽点线面结合的宣传平台

新媒体在信息传播方面的一大优势就是它可以实现交互式的信息传播，这有利于加强信息传授双方的有效交流，增强信息的传播效果，拓宽点线面结合的宣传平台。

点：促进学生自我学习互动性，利用新媒体提高思政教育的辐射力。以微博、微信、QQ 等形式的新媒体，其特点之一是能实现个人与个人之间的无时空限制社交，高校思想政治教育搭载新媒体平台，可以实现学生之间的交流互动，时刻分享学习心得体会，探讨时政热点问题，点对点地有效传递扩大思想政治教育内容。

线：促进特色融合及代际传播，利用新媒体提升思政教育的生命力。新媒体以其强大的传播能力和数据共享方式，在传播思政教育内容的过程中必然紧跟时代步伐，以最新、最快、最乐于学生接受的形式传播思想政治教育内容，思想政治教育在这一传播的过程中也必然是不断推陈出新，与时俱进，焕发新的生命活力。

面：新媒体平台全覆盖。在新媒体时代，每个高校学生至少是一种新媒体的使用者，换而言之，新媒体覆盖全体高校学生。利用新媒体进行高校思想政治教育，其受众的广泛性不言而喻。因此，搭建完善高校新媒体平台，利用新媒体做好思想政治教育，无疑是实现思政教育的最佳路径之一。

四、把握思想政治教育的新媒体话语权

传统的思想政治教育是教育工作者对学生的讲授，教育工作者是主动，学生是被动接受，新媒体技术的发展，带来了思想政治教育对话环境的变化，教育工作者与学生的对话姿态趋于平等。要求高校思想政治教育引入对话教育理念，构建新媒体环境下的平等对话关系，开展良性互动对话交流，增强思想政治教育实效性。

思想政治教育工作者与学生开展平等对话。哈贝马斯的“交往理性”理论认为，相互理解是交往行动的核心。在空间转换之后，思想政治教育工作者与大学生是一种平等的关系，在思想政治教育过程中加强互动交流，将思政内容以学生易于接受的语言讲授，结合学生的学习生活状态，采取相应的教育方式和手段。遵循学生的思维方式，引导学生积极面对问题，及时加以解决。

主动设置议题，引导思想政治教育的话语走向。新媒体环境下的传媒生态环境发生重大变革，传统媒体的控制权被消解，传播者与受众之间的互动、双向交流成为可能并日趋频繁，“二重议程设置”现象开始出现。在日益更新的信息中，每天都会产生热点话题，分析其成为热点的成因不难发现，很大程度上是借助了新媒体的传播优势。近期，一首90后创作的说唱歌曲《马克思是个九零后》在微信朋友圈热传。同样的内容，以新颖的说唱形式表现出来，再通过普及度高的新媒体传播，让大众容易接受。大众关注这首歌之后，不少人去搜寻马克思的书籍、思想理念，达到广泛传播的效果。这也给思想政治教育工作者提供了借鉴，在新媒体平台主动设置议题，牢牢把握话题走向，启发学生思考。

构建新媒体平台传播教育机制。曼纽尔·卡斯特提出，互联网是一个自由的技术，但对于自由的运用，完全取决于不同的人和社会。在新媒体技术的浪潮中，高校也不甘落后，纷纷开通官方微博、微信等新媒体平台。这为思想政治教育提供了有利条件，以微信订阅号为例，每天可以发布一期内容，以一期内容是四篇文章计算，发布内容一年（除去寒暑假3个月）以9个月算，即使每期只有一篇是关于思想道德、好人好事、时事政治的内容，一年也有270余篇。日积月累，无形中将思想政治教育内容灌输到学生的头脑中。

第四节　健全高校思想政治教育新媒体管理机制

一、健全新媒体环境下的法律制度保障

当前的社会是全面推进依法治国的社会，国家一直在不断地推出各项社会准则，因此对于如何应对现阶段高校思想政治教育面临的艰巨任务，如何化被动为主动的应对在新媒体环境下的高校思想渗透等等问题，我们可以从完善立法的角度着手，这也是当前最为迫切的事。

翻开《中华人民共和国宪法》，大篇幅的笔墨涵盖了社会主义法治下的公民作为与公民不可为，从提倡公民热爱祖国、爱人民到反对资本主义、封建主义和其他腐朽思想，从指导意义上规范了公民的思想教育。翻开《中华人民共和国刑法》，其中也有涵盖了新媒体环境下的互联网公民规范准则，从非法利用信息网络罪到《刑法修正案（九）》新增加的帮助信息网络犯罪活动罪，虽然有宏观对于新媒体环境的社会普遍问题立法，然而具体的对于新媒体环境下的网络传播以及和高校有关的具体的法律条文少之又少，现行的互联网准则仅仅存在于行业的自律行为以及普遍环境下的网络管理，《中国互联网网络行业自律公约》出台于 2005 年 9 月，目前被认为是中国互联网络公约，然而也仅仅是中国互联网网络版权联盟的自律条款，甚至不是地方性文件，更谈不上法律法规，未曾有真正意义上的普遍约束力。《电子论证服务管理办法》于 2009 年 2 月由中华人民共和国工业和信息化部颁布实施，关于网络认证相关规范，强调了认证的规范要求，较为简短地阐述了认证的依据，具有积极向上促进中国互联网良性发展的网络节点及网络物联网的搭建，也未曾勾勒明确的新媒体下的网络不当行为的监管及控制。以上列举的当前立法对新媒体下宏观规范，并没有直接针对新媒体下的思想教育规范，也没有明确管控高校师生的具体的法律条例。

然而，新媒体时代高校思想政治教育形势严峻，互联网平台又不同于以往的单一管控方法，封堵、屏蔽等措施往往只能震慑少部分猖獗分子，传播不良政治倾向的团体和个人又会更新技术，采取更加隐蔽的手段继续破坏高校思想政治教育的大局，针对此番诱导、传播、教唆的政治教育行为的严厉惩处才能根本摧毁不法分子的侥幸心理，一方面通过明文的法律规定对相应的行为进行法条阐述，如，设立“破坏互联网舆论罪”、“编造互联网不实信息罪”、“利用互联网蛊惑青年非法行为罪”等使得各级司法部门有明确的指导条例，从严执法；另一方面通过加大打击力度，列明新媒体环境的高校思想政治教育的不法行为进行严格定性，从基本罪名到加重情节的释明，一旦有加重情节一律加重处罚。

二、加强新媒体平台的信息监管与规范建设

高校在面对新媒体环境下的冲击和挑战，需要建立严格周密的保障监管体系，以防、控、导为要求的监管体系才能有序地解决突发网络事件。

首先，高校应当完善制度体系，结合学校的章程，把新媒体的环境下的管理机制细化，组织辅导员、班长积极学习管理办法或者管理条例，把新媒体环境下的大学生行为纳入年终考评和纳入毕业档案管理中，使得高校新媒体管控机制有制可循。

其次，高校应当加强网络监控，结合相关部门，对学生在 BBS 以及百度贴吧等发布不良言论的学生进行约谈，切实关注此类学生的不良举动，排查学生的思想行为异动，特别是一旦发生传播反动信息，黄色信息以及破坏社会问题及造成社会恐慌的行为，要第一时间监管到位。

最后，应当利用新媒体工作，通过校园微博、微信等社交平台，开设宣传校园文化、

心理驿站等栏目，引导学生接受积极向上的文化熏陶，并鼓励学生畅所欲言，心里驿站开设值班岗位，进而收集整理学生反馈情况，做好跟进调查调节机制，各相关部门，党委宣传部、学工部、团委安排受过思想教育专业教育老师为学生排忧解惑。

三、构建高校思想政治教育新媒体平台的联动机制

高校扩招后，高校学生数量大，加上新媒体的影响，给高校思想政治教育带来挑战，单靠思想政治教育工作者显得力量单薄。因此，在思想政治工作方面，高校要切实加强党委统一领导，党政工团齐抓共管、各个部门各负其责的学校思想政治工作联动机制，切实落实工作的目标任务和责任清单。

高校要加强新媒体的宣传教育，让全校师生了解新媒体各个平台的特征、优势、传播途径等，引导教师主动到新媒体平台中来，吸引教师加入思想政治教育队伍，自觉遵守网络思想道德，抵制网络不良信息。

搭建高校思想政治教育新媒体平台的联动机制，是教育工作者形成的共识。例如高校的党委宣传部主动占领新媒体平台舆论阵地，积极发布正面信息，加强微博、微信等新媒体平台的内容建设，及时处置网络舆情，主动对外发布学校重大事情；网络管理中心开展校园网络安全建设，设置过滤网络不良信息的铜墙铁壁，剔除影响学生健康成长的负面消息；学工部、团委组织开展丰富多彩的校园文化活动，邀请专家来校作专题报告，组织与学生面对面座谈，开展与新媒体有关的比赛，组建学生新媒体团队。马克思主义学院（思政部）结合新形势，主动进行教学改革，积极探索在新媒体平台上开展有趣的教学活动。

除此之外，高校还应该建立思想政治教育的评估机制，这个机制应该与新媒体进行有机结合，通过制定有关的规章和制度，从而培养高校教师的责任心，加强他们的紧迫感，规范高校教师开展思想政治教育的程序以及教学方法，并将开展思想政治教育最终效果予以考核、评价。

第五章　新媒体背景下大学生思想政治教育的方法

“这个多媒体的时代同样也是机遇与挑战并存的时代，作为我们这些从事思想政治教育的德育工作者来说，不应该遇到困难就选择避让，而是应该迎难而上，当机遇向我们走来的时候我们应该主动把握住，积极地迎接挑战”，努力构建利用新媒体技术开展大学生思想政治教育的有效机制。

第一节　搭建平台，完善设施，全面推进思想政治教育融入新媒体

面对新的多媒体时代背景，有关高校应该不断加强基础设施方面的建设，搭建网上思想政治教育阵地，唱响主旋律，充分发挥新媒体技术的优势，增强教育的针对性及实效性，全面推进思想政治教育融入新媒体，具体做法如下。

一、完善设施、构筑网站，教育引导好大学生

例如，山东建筑大学在新校区建设的规划中，就对校园网络进行了精心的设计，所以新媒体所需的硬件设施在我校已基本覆盖了学生学习生活的所有领域；学校在完善硬件建设的同时不断加强软件建设，已形成了以“建大先锋”、“学工在线”、“建大青年”为主导，各学院学生网站为支撑、专题网站为补充的校园思想政治教育网络体系，面向广大同学开展思想教育。“建大先锋”重在加强对学生理想信念教育的引导，是典型的校园“红色”网站；“学工在线”重在提供心理咨询、资困助学、就业指导等方面的服务，为学生解决实际困难；“建大青年”则以团组织建设、校园文化活动、社会实践等展开，围绕学生的成长成才服务。另外还有建大创业实践网、青年志愿者网等实践特色明显的专题网站，基本实现了网络全覆盖。

二、发挥网上即时通信工具的功能，丰富思想政治教育平台

充分利用网络即时通信工具（如 QQ、手机短信等）快捷、互动性强的特点开展教育引导工作。网络即时工具所具有的这些特点可以缩短教育工作和教育对象之间的距离，消

除心灵隔阂，而且可以有效地解决传统思想政治教育工作“一对一”的弊端，实现“一对多”，并且可以实现异地教育沟通，从而为更加及时掌握学生动态，了解学生信息提供了便利条件，解决传统教育方式所不能触及的区域。大学生辅导员面对上百名学生，如果能利用网络即时通信工具，既能解决工作面积的问题，也能利用网络隐匿性特点，坦诚与学生进行交流，发现他们存在的真实问题，并有效地引导他们解决他们存在的问题，往往能够起到“意想不到”的良好效果。

利用网络建立网上学生组织，如建立网络班级、网络团支部、网络党支部等，引导学生发挥其“三自作用”。随着学分制、弹性学制等高校教育管理的改革，学生学习生涯规划的自主性加大，学生可以依照自己的兴趣和爱好来选课，这就打乱了传统的单纯以“专业定班级”的班级分割模式，学生传统的班级观念也更加淡化，再按照传统班级的概念来组织班级活动难度加大，而网络为学生重新划分群体提供了可能，比如利用建立网络团支部、建立班级 QQ 群等方式，不少同学组建了自己的“网络家园”，这些“网络家园”的建立一方面为学生重新找到了班级的归属感，更重要的是他们经常借助这些网络家园来开展活动，从而为思想政治教育工作者开辟了一块网络空间。

打造信息传递的移动平台。“近几年来，移动信息技术的快速更迭和发展，使得信息传递与交流不再受时间、地域的限制，为思想政治教育工作开辟了除互联网渠道外的又一重要信息平台。”一方面，从数据来看，目前高校大学生手机的覆盖面积已经达到了 95% 以上，手机已经成为大学生学习、生活的一个重要组成部分，可以说利用移动通信技术，搭建思想政治教育的平台已经具备了坚实的硬件设施和基础条件。另一方面，移动信息的技术特点有利于发挥教育者的主动性和他们与受教育者之间的互动性，增强思想政治教育的效果，并能扩展其教育影响力，而且速度更快，形式上更能迎合学生的需求。如单纯就信息传达来讲，以往辅导员对学生进行传递信息时，需要花费很长的时间，而借助移动信息技术，辅导员就可以利用短信群发服务网络或者短信群发软件等，快速一次性将信息发布出去，大大提高了工作的效率。

引导学生建立自己的网络博客。博客作为一种新兴的网络平台，融文字记载、工作娱乐为一体，吸引了大量的网民参与，尤其是许多大学生网民也纷纷建立起来了自己的网络博客，并将此作为自己与外界思想交流、展示自我的平台。许多学生把博客作为记录自己成长历程和发表意见想法的重要载体，博客已经成为许多学生思想的“记录器”。作为高校思想政治教育工作者，应该积极引导学生管理、使用自己的博客，并经常浏览学生的博客，及时发现并处理学生在博客上表露出来的困惑和问题，尤其是要注意引导学生合理地发表自己的言论和观点，真正把思想政治工作做到学生的“内心深处”。

除了引导学生建立自己的博客，高校思想政治教育工作者应该建立自己的“思政博客”。“这里的‘思政博客’不等同于一般意义上的网络博客，不是各种网络信息的‘大杂烩’，而是一个融教育性、思想性、观赏性、互动性于一体的网络工作平台，借助这个平台思想政治教育工作者可以实现教学、教育、管理的有效结合。”教师博客可以采用实名制注册，这样有利于吸引学生，帮助学生找到自己的教师博客。建立博客后要注意定时更新博客内容，思想政治教育工作者要经常发表自己对学生生活、学习等的建议，使这种交流的平台能够常见常新，以自己真实的情感打动学生，让学生浏览完博客后有所收获。高校可以通过一些技术手段，尽可能地发挥博客的影响空间，如可以在每个教师的博客上建立链接，为学生接触更可能多的熏陶提供帮助，从而不断将高校思想政治教育工作者的博客连接成一张先进文化的“生态链”，让他们能在这个“链条”中不断地汲取养分。如上海交通大学较早地要求全校的“马克思主义理论课和思想政治教育课”教师和思想政治教育工作队伍建立了自己的博客，并以“每天五分钟，给思想加油”作为工作的要求，收到了积极的效果。据统计，目前，在交大思政教师博客注册的学生用户已达 5 千多个，总访问人次超过 110 万，平均每天点击率为 20 余万次。国内许多高校都开设了“校长信箱”，采取互动交流的形式，调动了学生参与管理的积极性，拉近了师生时间的距离，已经成为听取学生声音，把握学生“思想脉搏”的重要途径。

尝试建立班级群、党支部群、社团群等，凝聚人心、平等交流。充分发挥博客等平台的作用，达到知识、经验、思想共享的目的。现在看，学生建立博客，可以发挥学生之间相互交流、相互影响的作用，学生社团、班级组织等建立博客，可以增强凝聚力，促进团结，教师建立博客，可以以自己的思想、学术影响学生，可以增强与学生的交流，同时也可以此加强教师之间的交流与沟通。重视学生手机媒体的力量，在使用飞信等即时通信与学生沟通、交流的同时，开发校园内部手机 MAP 业务，达到与学生深层次的沟通。积极推进“网络团支部”建设，团员青年通过网上申请、基层团组织的考核，就可以批准为团员，编入网络团支部或成立网络团支部。

三、围绕新媒体，组织学生开展丰富多彩的主题活动

为了让学生们深入认识并正确使用新媒体，围绕新媒体开展了一系列丰富多彩的主题活动，营造健康积极向上的文化氛围。比如网络文化节、DV 展演、程序设计大赛、感恩短信征集、网络辩论赛等活动，不断培养学生的创新意识，创新精神和创新能力。

第二节 制定制度，加强监督，建立依托新媒体的思想政治教育防控导体系

为了保证思想政治教育的效果，应从加强监管，完善制度入手，从源头上规范教育的内容、过程和形式，建立相对完备的防、控、导体系。

一、注重网上信息收集分析，加强网络监控，保障网络安全

学校相关部门（宣传部、学工部、团委等）通过网络了解学生的思想动态。以上各部门随时对网络进行必要的监控，建立了一支由部门技术人员、学生政工干部、学生代表组成的网络信息员队伍，加强对网上信息的收集、分析、管理。学校制定并实行信息发布审批制度，把好网络信息关，确保网上信息安全。监控管理学生网上行为，实行了网络 IP 地址登记制度。对于在宿舍上网的学生对其电脑网络地址实行实名登记；对于公共机房上网的学生使用信息化电子卡识别记录系统，对网上的不良行为产生震慑作用，从而建立起完善的网络防护体系。

二、应对开放化的文化特点，引导大学生树立正确的“上网观”

根据《中华人民共和国计算机信息网络国际联网管理暂行规定》《互联网信息服务管理办法》《互联网站从事登载新闻业务管理暂行规定》等。出台相应的规章制度，使得网络管理做到依法办事，有章可循。

“在规范学生运用新媒体技术的同时，注重加强引导”。主要是培养大学生良好的信息分辨能力和正确的网络观。在鼓励学生尽情享受“网上冲浪”等带来的愉悦时，特别注意在以下几个方面加强引导：一是让网络成为帮助他们提高学习效率的手段，把网络当成学习知识，提高文化素质的基地，而不要让它成为耗费青春的场所；二是加强网络文化自由观的教育引导。引导学生树立正确的参与意识，教育他们要独立思考，既不捕风捉影，也不人云亦云，要引导学生充分认识到绝对的自由必然导致自由的滥用，网络上的自由是与现实中法律规定的自由相一致的，还要加强国家文化安全意识的引导，使大学生清醒地认识到互联网中并不存在超越国家的利益；三是应对多元化的网络文化特点，注重对学生加强引导，教会他们与各式各样的网民打交道，甚至要与自己意见不一致的网民进行理智交流。

在错综复杂的网络世界中，各种类型的文化形态、价值标准、生活观念等，都可以找到存在之地，这些丰富的内容能更好地满足大学生对内容多层次的需求，而网络的平等性、交互性、虚拟性等特点则能更好地切合大学生个体心理情绪，即他们富有好奇的心理和敢于怀疑的勇气，并渴望自己能够独立。这些优秀心理品质使得他们最终成为了网络这个特殊工具的受益者。在网络世界中，大学生不再是被动地接收信息，而是学会了主动地搜寻信息、选择信息并尝试利用这些信息为自己服务，他们已经不再是单纯的受教育者，网络为他们从受教育者变为教育者提供了可能，他们通过发布、交流信息等操纵信息的方式来影响其他网民。思想政治教育者应抓住这一机会，最大程度地发挥学生的主观能动性。一方面要积极利用网络这个工具，即充分利用网络扩展自己的信息量，满足自己的信息需求，同时也要加强对学生的教育引导，不断提高他们的信息甄别能力和抵御各种诱惑的能力，从而树立正确的网络观，最大限度地发挥网络的长处，抑制网络影响的短处。当然，高校在进行网络思想政治教育阵地建设的过程中，应该把如何发挥学生的主体作用和如何满足

学生的需求放在第一位予以考虑，缺乏学生的参与或者满足不了学生的需求，网络就发挥不了应有的教育作用。另一方面，要加强对学生网络骨干的培养，把一批政治素质高的学生党员或者学生干部培养成为具有一定网络技术特长、政治立场坚定、综合素质高的学生网络骨干，发挥这些骨干在学生中间的影响力和带动力，既要带动好学生又要督促监督好同学，从而达到学生自我教育、自我管理的目的。

三、推动网络伦理道德建设，发挥伦理道德的约束作用

“网络的隐匿性、多元性和互动性在给人们带来便利的同时，也产生了一些网络不道德的现象，如散布谣言、虚假欺骗、恶意伤人、隐私被窃取等。”要解决这些不文明现象除了要制定一定的网络法规政策、提高网民的文明修养以外，还应该将网络道德纳入视线。网络道德应该是社会主义道德体系的一个重要组成部分，它虽然没有强制的法律效力，但是没有它将会给社会主义精神文明建设带来消极的影响。所以，要把网络道德教育作为社会道德教育的一项重要内容，在全社会开展网络道德教育，通过教育提高全社会的道德仪式，共同提高网络文明。

鉴于此，高校也应该将网络道德教育纳入新时期高校德育工作的范畴。发挥舆论的道德评价功能，用舆论压力对网络不文明、不道德现象进行谴责。与此同时，在全社会范围内强化网络道德教育，逐步建立健全网络道德规范体系，规范大学生上网行为。

网络世界是一个新的道德领域，网络伦理道德是“网络的第一道防火墙”，网络不道德、不文明现象反映出目前网络伦理道德的缺失。作为网络主体的大学生，自身的内在道德自觉就显得十分重要。在工作中把教育和管理结合起来，自律与他律结合起来，通过各种形式，做好普法工作，增强师生上网的法制意识、责任意识、政治意识、自律意识和安全意识，培养健全的人格和高尚情操，树立良好的网络道德，引导学生纠正在网络社会中的失范行为，自觉构筑抵制不良冲击的道德“防火墙”。同时，我们在工作中还要做到以正面疏导为主，维护学生的网络话语权，学会聆听、学会尊重，才能引导学生理性运用话语权，避免话语权的滥用。

第三节　界定职责，合理分工，搭建和完善高校网络思想政治教育合力工作机制

大学生思想政治教育工作并不是一件轻松简单的事情，要想较好的开展高校思想政治教育，就得做好长久作战的准备，对于当代大学生的思想政治教育工作，其本身是一个复杂的有机体，它会受到各种各样因素的制约，与此同时，它本身不是某个部门单独进行的任务，而是需要得到整个学校各个部门的共同努力。从实践来看，有些思想政治工作没有

做好并不是因为人的能力和水平所致，而是机制所致。要使这样一个复杂系统的工程有效和谐的运转，最重要的是建立一套稳定、协调、高效的工作体制和机制，有机制做保障，思想政治教育工作才能按照计划有条不紊地开展起来，从而获得切实的主动性。为此，可以进行相应的尝试。

一、建立由宣传部、学生工作部、网络信息中心等各部门联动工作机制

要利用网络技术开展大学生思想政治教育工作必须建立相应的管理体制，在党委统一领导下，明确党委宣传部、学生工作部和网络信息中心技术部门等的各自职责，切实明确职责，分配到人。通过综合协调，逐步形成计算机与思想政治教育政治理论课教育相结合、与校园文化活动相结合、与学生日常学习生活相结合的网络教育体系。

二、尝试建立新媒体思想政治教育效果评价机制

为鼓励思想政治教育者加快转变教育观念，尝试建立一套新媒体思想政治教育评估机制，逐步建立由学校分管学生工作的党委副书记为组长、各学院分管学生工作的副书记具体负责的新媒体思想政治教育领导小组，负责全校新媒体思想政治教育工作的监督、管理、考评，考核结果与学位进修，晋升提级挂钩。

第四节　强化培训，提高素质，大力推进思想政治教育队伍建设

要想提高高校思想政治教育的教学效果，首先应该从教育工作者的队伍着手，着重加强思想政治教育队伍建设，这是新媒体条件下高校思想政治教育的一个重要举措。目前部分学校通过实践已经获得一定成效。

一、建立健全网络思想政治教育工作队伍

一是培养一支思想政治理论素质和网络技术兼具的骨干力量；二是熟悉宣传教育工作规律，建立一支以学生辅导员为主体的兼职队伍，具备使用网络较为独立地开展思想政治教育工作的能力；三是依照分类，建立一支包括网络版主等网络人员在内的学生网络管理队伍，充分调动学生在利用网络开展工作方面的能力，从而与前两支队伍配合，逐步建立起覆盖面积广、活动能力强的立体化网络管理格局。

二、通过培训增强队伍的综合素质

在新媒体知识和利用新媒体方面，思想政治工作者必须和大学生保持同步，而在利用新媒体的行为规范方面，思想政治工作者则要走在大学生的前面，起到带头示范作用，在实际操作中我们发现，对高校思想政治教育工作者进行计算机技术、网络技术等科学知识的培训是目前最为紧迫的一项任务，各高校应该将此作为对思想政治教育工作者培训考核的重要内容。如山东建筑大学借助高校工委在学校设立的山东省辅导员培训基地，对辅导员工作技能尤其是网络背景下如何开展大学生思想政治教育，通过系统培训切实提高他们的信息素养能力和利用网络开展大学生思想政治教育的能力。

三、引导思想政治教育工作者不断学习创新

“海量的信息使得人们的思想认识、价值观念等复杂化、多元化、个性化，如果不创新，思想政治教育工作难以适应新媒体社会的发展”。因此，需要把高校思想政治工作的基础放到提升思想政治工作者的创新意识和能力上。这就要求高校思想政治教育工作者打破传统观念的束缚，大胆尝试利用新技术、新手段，培养自己的创新思维，并在实践中勇于尝试各种新技术和手段，善于发现新情况，研究新问题，不断摸索网络思想政治教育工作中的新机制、新方法，从而不断推动思想政治教育工作的新发展。

大学生思想政治教育需要遵循一定的规律。利用新媒体技术全面开展大学生思想政治教育工作是一项全新的工作，这其中的规律需要我们不断地归纳分析，方式方法需要不断探索总结，但有一点毋庸置疑，充分了解新媒体技术，完全掌握新媒体技术，科学使用新媒体技术，必定能推动新时期高校思想政治教育工作实现新的跨越。

第六章　新媒体背景下深化大学生隐性思想政治教育

隐性教育是相对于显性教育而言的。所谓隐性教育是指在宏观主导下通过隐目的、无计划、间接、内隐的社会活动使受教育者不知不觉地受到影响的教育过程。高校思想政治教育工作者在实践中常常感到，公开的、显性的思想政治教育，往往难以达到预期的效果；而采用隐性教育，通过“潜移默化”、“润物无声”的方式，更能够对受教育者的思想、观念、价值、道德、态度、情感等产生影响。

由于新媒体具有隐秘性、虚拟化的特征，为高校思想政治教育工作者开展渗透隐性教育提供了可能。高校思想政治教育工作者可以借助于新媒体技术，利用博客、微博、网络论坛、网络聊天、严肃游戏等形式，实现教育目的于日常生活中，渗透教育过程于休闲逸致间，潜移默化地对大学生进行思想教育，以达到思想政治教育的实际效果。

林林总总的新媒体已成为当代大学生日常生活不可缺少的一部分，并在大学生人生观、价值观、世界观的形成中发挥着积极或消极的作用，这就促使高校思想政治教育者必须在坚持传统有效手段的基础上，依托新媒体不断拓宽高校隐性思想政治教育的渠道和空间、创新高校隐性思想政治教育的载体，积极探索出高校隐性思想政治教育的新方法和新规律，从而进一步增强思想政治教育的说服力、影响力和感染力，将高校思想政治教育推向新的高潮。

第一节　努力推进高校思想政治教育工作者队伍建设

高校思想政治教育工作者是从事高校思想政治教育工作的组织者和实施者，思想政治教育队伍的素质直接关系到高校隐性思想政治教育有效性的实现。2004 年 10 月，中共中央国务院颁发的《关于进一步加强和改进大学生思想政治教育的若干意见》中指出：“思想政治教育工作队伍是加强和改进大学生思想政治教育的组织保证”。因此，新媒体背景下，加强高校思想政治教育工作者队伍建设，培养一批既具有扎实的业务知识，又能熟练运用新媒体开展隐性思想政治教育的新型高校思想政治教育者是高校成功开展隐性思想政治教育的关键所在。新媒体背景下，加强高校思想政治教育工作者队伍建设关键在于转变思想政治教育观念，提高教育者的媒体素养。

一、推进高校思想政治教育工作者理念创新

思想是行为的先导，高校思想政治教育工作者要在新媒体背景下做好大学生隐性思想政治教育必须要创新观念，打破传统思想政治教育观的束缚，树立在新媒体背景下开展隐性思想政治教育的新观念。

首先，确立教师与学生平等互动的新主体观。高校思想政治教育工作者在依托新媒体开展隐性思想政治教育时，必须克服片面的唯教师主体观或者唯学生主体观，确立教师主体性与学生主体性辩证统一的新观念。高校依托新媒体开展隐性思想政治教育时，学生与教师一样，也是作为新媒体主体在教育过程中发挥作用的，这种隐性教育过程既是教师根据思想政治教育的内容和目标通过新媒体对学生进行积极引导的过程，也是学生基于自身思想的内在需要，通过自己的积极主动参与，能动地接受引导、进行自我教育的过程。在这个过程中，教师的主体性与学生的主体性是并行不悖、辩证统一的。学生的发展与提高需要教师的激发和引导，教师的教育也只有通过学生积极、主动的参与才能真正地发挥作用。

其次，确立社会价值与个人价值相统一的新价值观。大学生们由于在先天因素和后天环境方面存在着各式各样的差异，因此每个人都具有个人独特的“心理世界”，他们在兴趣、爱好、追求、能力等方面各不相同，各有侧重。独特性也就意味着差异性，差异不仅是教育的基础，也是学生发展的前提，尤其是在新媒体背景下，学生可以充分自主选择教育内容和教育载体、安排学习进程、决定人际交往的对象、进行信息创造，实现自身完全、自由的发展。人是共性与个性的统一，人的发展既是一个社会化的过程，也是一个个性化的过程。没有社会化，人就不能适应社会；没有个性化，人就不是一个完整的、具有独立意义的人。因此，高校思想政治教育工作者在实施教育时要克服片面的唯社会价值观或唯个人价值观，应坚持在满足社会发展要求的前提下，充分了解和尊重大学生个人的内在需要，促进社会价值与个人价值的协调发展。

第三，确立育人与开发同步推进的新功能观。育人功能是思想政治教育的基本功能。思想政治教育的开发功能是指通过思想政治教育，最大限度地调动人的主观能动性和最大限度地发掘人的潜能。开发功能是育人功能的延伸。新媒体不仅种类繁多，功能各不相同，而且新媒体具有便捷性、直观性等特点，从而可以满足学生不同方面的需要。高校思想政治教育工作者在教育过程中应充分利用这一点，多方面选择载体，多渠道引导学生发挥专长、发掘潜能，使思想政治教育在达到育人功能的同时，又能实现开发功能。

二、提高高校思想政治教育工作者的新媒体素养

所谓素养，就是人们素来的修养，主要由知识、态度和能力构成。有道德素养、法律素养、电脑素养、信息素养等区别。新媒体素养就是对新媒体的认识、利用和参与方面的素养，反映在关于新媒体的知识、态度和能力上。高校思想政治教育者在对学生进行隐性思想政治教育的过程中对新媒体的熟悉、运用及其创新能力与想象能力的发挥，都会影响

到学生对新媒体的态度和运用。因此，高校思想政治教育工作者要依托新媒体有效地开展隐性思想政治教育，除了具备基本的职业素质以外，还必须具备能够熟练运用新媒体对学生进行思想政治教育的能力。

首先，高校思想政治教育者要通过加强理论学习，提高新媒体素养。教师在教学过程中扮演着多重角色，如：学者、学习者、知识传授者、朋友、管理者等。

其中，学习者这个角色是教师提高自身素质的重要角色，因为教师只有通过不断的学习，才能不断提高自己的知识能力和业务能力。因此，高校思想政治教育者要提高自身的新媒体素养，提高依托新媒体进行隐性思想政治教育的能力就要加强以下几方面的学习：一是加强学习新媒体的科学理论知识，任何事业的顺利发展都离不开强大的理论支撑。只有学习新媒体的科学理论知识，熟悉和掌握各类新媒体的优势和缺陷，根据不同新媒体具有的不同特点，不同大学生对不同新媒体的接受程度和兴趣爱好，才能有针对性地对大学生进行隐性思想政治教育。此外，在开展教育时，教育者还可以通过对不同新媒体的不同特点的了解，运用多种新媒体进行优势互补，在各种新媒体形式中渗透思想政治教育的内容，全方位使大学生在不知不觉中接受思想政治教育，在潜移默化中提高自己的思想道德素质和精神品味。二是加强专业知识的学习，主要是思想政治教育学与传播学理论的知识，熟练掌握传播技巧，灵活运用传播知识和方法，是思想政治教育工作者依托新媒体进行隐性思想政治教育的良好保证。三是加强学习网络时尚文化。网络时尚是指在网络上流行的时尚，是人们在某一时段对网络上的某种事物、行为、观念、人物的崇拜、模仿与追求，是现实时尚在网络上的延伸。网络时尚的内容十分广泛，涉及社会生活的所有领域。对网络时尚的了解如今已成为大学生生活的一种时尚，已对大学生能否形成正确的人生观形成了重要的影响。如果思想政治教育工作者对网络时尚文化一无所知或知之甚少，不了解它们在大学生生活中的地位，就会影响到隐性思想政治教育的开展与实效性的增强。

其次，高校思想政治教育工作者要通过加强实践参与，提高新媒体素养。高校思想政治教育工作者要提高新媒体素养，提高自身依托新媒体开展隐性思想政治教育的能力，除了加强自身的学习以外，还必须加强实践参与。主要包括：一是亲身实践。高校思想政治教育者只有通过实践，才能正确了解学生的虚拟生活方式，了解学生的思想动态与内在需求，从而及时、有效地进行引导教育。二是创造性实践。高校思想政治教育者既要参与一些常规性的实践，如聊天、发信息等，还要发起一些创造性的实践来引导学生，如高校可通过人为聚集的优势，在网上对一些热点问题进行探讨，并让学生比较信服的教师或领导做出点评，从而进行有效的引导等。三是间接实践。高校思想政治教育者既要积极进行网上亲自实践，又要善于进行间接实践，即高校思想政治教育工作者可以通过和身边的同事进行交流或者向一些专家、领导请教，积极吸取别人的成功经验或教训，从而提高自己的能力。

要提高高校思想政治教育工作者的新媒体素养，除了高校思想政治教育工作者自身的学习与实践以外，高校还可以通过一些相关制度的建设，如：竞争制度、考核制度等，从侧而来鞭策思想政治教育工作者不断提高自身的新媒体素养。总之，提高高校思想政治教育工作者的新媒体索养，是高校依托新媒体有效开展隐性思想政治教育的重要条件。

第二节　依托新媒体搭建高校隐性思想政治教育新平台

一、依托 BBS 论坛开展隐性思想政治教育

BBS 是互联网上一种电子信息服务系统，它提供一块公共电子白板，并且依据使用者的爱好，可按不同的主题和分支分为多个布告栏和板块，用户只要将计算机连接到 Internet 上，直接利用网页浏览器就可以使用 BBS，可以在不同的布告栏或板块中阅读他人的意见或者发表个人的看法，其他人也可以随时回应。由于 BBS 的受众群集中、功能完备多样，所以从 20 世纪 90 年代开始，各大高校相继将 BBS 作为学校发布信息和沟通交流的平台系统，并且深受校内师生和广大校友的喜好。如今，随着新媒体技术的迅猛发展以及 BBS 内涵和外延的不断丰富，BBS 已成为各个高校交流思想、宣传教育、反馈舆情、传承校园文化的重要交流平台。而且 BBS 所表现出来的人文精神和文化气质已逐渐成为各个高校校园文化建设的标志之一。因此，高校思想政治教育工作者应将 BBS 作为开展隐性思想政治教育的主要阵地之一。

第一，高校思想政治教育工作者要明确自己在校园 BBS 上的角色定位。一是“平民”的角色。高校思想政治教育工作者只有以“平民”的身份出现，借助网络“平等性”的特点来倾听学生的心声，融入学生讨论的氛围，才能听到学生真实的呼声，了解学生的思想动态和学生实际存在的问题，从而根据学生存在的问题进行有针对性的引导。二是“领航者”的角色。高校思想政治教育工作者在以“平民”身份出现的同时，还要扮演好舆论领航者的角色。而对学生讨论的热点问题，高校思想政治教育工作者要善于从正面进行引导，倡导主旋律。而且针对学生在 BBS 论坛中出现的言辞偏激、情绪激动的状况，教师要用学生易于接受的语言进行引导，以免网络舆论危机演变成真实的校园危机事件。同时，高校思想政治教育工作者还应针对那些终日沉迷于网络虚拟世界，在 BBS 上“灌水”的“水牛”学生进行个别引导，帮助他们走出网络迷途。

第二，高校思想政治教育工作者要充分发挥学生骨干的力量。高校学生骨干队伍具有较强的政治素质、专业素质和综合能力，而且在学生中间也具有一定的威望，高校思想政治教育工作者可以将网上网下的学生骨干队伍结合起来，从而形成网上网下教育的合力。队伍成员遍布在学校的各个专业、班级和宿舍，他们不但可以将学校其他学生在思想、生活、学习方面出现的困惑及时发现并反映给老师外，还可以凭借自己的综合能力和友好的

态度及时与他们进行沟通与交流，帮助他们解决各方面的问题，实现朋友间的辅导作用。除此之外，学生骨干队伍还可以帮助高校思想政治教育工作者从贴近学生、贴近生活、贴近实际出发在 BBS 上来开办一些宣扬主旋律的活动，如：网络热点话题讨论、学习资料共享、好书推荐、寝室文化大赛等，从而加强对学生的思想、学习、生活等方面更广泛的影响力和带动力。并且由于学生骨干具有较强的政治素质和综合能力，对于论坛中出现的一些偏激言辞，学生骨干队伍还可以以清醒的认识和友好的表达方式引导其他大学生从多角度思考问题，从而有效应对网络不良信息的冲击，这样不但实现了学生的自我教育，而且对学校网络舆情的冲突也起到了一定的缓解作用。

第三，高校思想政治教育工作者还可以借助高校人才聚集的优势，发挥“名人”效应。大学是知识的摇篮，是智慧的象征，是人才的集散地。每所大学都聚集着各式各样的人才，这些人才将自己的智慧奉献在学校的每个角落，因此，每所高校都形成了自己独特的教育方式和校园文化特色，为学生的生活、学习等方面创造了优越的环境。如今，在 BBS 成为大学生日常生活的主要活动场所的背景下，高校思想政治教育工作者应充分利用高校人才聚集的优势，通过 BBS 对大学生进行隐性思想政治教育。首先是发挥名师的效应。大学有很多名师，这些名师不管是在社会上还是在学生中间都享有很高的评价，因此，他们的观点和看法都会或多或少的对学生产生影响。思想政治教育工作者可以和这些名师就学生在 BBS 上讨论的热点话题进行沟通与交流，最后将这些名师的观点在 BBS 上转达给学生，也可以邀请这些名师直接参与在线讨论，以引导学生的思想朝着积极健康的方向发展。其次是发挥学生中的“名人”效应。当代大学生，适逢改革开放的年代，国家发展欣欣向荣，为当代大学生的成长提供了难得的条件和机遇。

有许多大学生利用这一大好时机，在自己的求学生涯中取得了成就。高校思想政治教育者可以将这些取得成就的学生的事迹公布到 BBS 上，也可以邀请取得成就的学生以发帖的形式在 BBS 上叙述自己获得成功的经历，从而引起其他大学生的共鸣。

二、依托“微博”开展隐性思想政治教育

微博客是一种基于 web2.0 的新型博客，用户可以通过登录网站、手机移动设备、IM 软件（MSN、QQ、Skype）和外部 API 接口等多种途径及时更新并发布博客。“微博”自 2006 年诞生以来，就受到世人的高度关注，并迅速风靡与全世界的网络用户。中国互联网络信息中心（CNNIC）发布的《第 28 次中国互联网络发展状况统计报告》中显示，2011 年上半年我国“微博”用户数量从 6311 万暴涨到 1.95 亿，半年新增“微博”用户 1.32 亿人，增长率达 208.9%，在网民中的使用率从 13.8% 提升到 40.2%，其中大学生是“微博”用户的主要人群之一。“微博”之所以能在短时间内聚集起大量用户，受到大学生们的追捧，是因为：

其一，“微博”形式精简，功能强大。“微博”之所以被称为“微”，是因为其与传统博客相比最大的特点就在于篇幅短小——每条微博客文章的长度限制在 140 字以内，所

以“微博”发布的信息往往短小精悍、言简意赅，用户用起来既方便快捷又不会因长篇累牍而引起反感。在现代社会信息呈爆炸性增长的形势下，“微博”提供的浓缩式的信息非常符合当代大学生信息获取和人际交往快捷化的需求。同时，“微博”更新和传播速度快而且范围广，操作简单便捷。除此之外，“微博”还支持文字、图片、视频等多媒体信息，功能齐全。因此操作便捷、功能强大的“微博”必然成为当代大学生日常生活的主要活动场所之一。其二，“微博”交流方式草根化。“微博”降低了技术要求门槛，变得更加“亲民”。不论贫富贵贱、阶层高低都可以在“微博”上自由、平等的交流，微博客主体还可有选择性的选择想要跟随的人，也可阻止接受不愿接受的信息。因此，“微博”交流方式的草根化为所有大学生提供了自由平等交流的平台，满足了所有大学生展现自我和要求独立的心理需求。其三，“微博”内容生活化。微博客的存在让每一个“小我”都有了展示自己的舞台。“微博”内容多元化、无中心化，微博客主体多样化，导致个人平台信息具有个性化和无中心化，完全成为一种生活化的交流。因此，生活化的信息发布，不但满足了大学生宣泄情绪的需求，而且也使大学生们寻找到了情感的依托。

“微博”所提供的强大功能和大学生自身发展需要交互作用，催生并急剧扩展着“微博”世界，然而大学：对“微博”的追捧与喜爱也为新媒体背景下高校开展隐性思想政治教育提供了新契机。高校思想政治教育工作者要充分利用这一时机，应具体从以下几方而入手。

第一，高校思想政治教育工作者的主体身份要明确。高校思想政治教工作者必须要明确思想政治教育的双体地位，尤其自身的主体地位。只有掌握自身的主体地位，才能掌握网络话语权的制高点，从而把握隐性思想政治教存的方向性和准确性，以引导学生思想朝着社会所要求的方向发展。此外，由于“微博”具有高度的即时性和五动性，因此一条“微博”信息可能会出现“滚雪球”式的转发，一传十，十传百，可以在几分钟甚至几秒钟之内获得成千上万次的阅读。高校思想政治教育工作者可以借助这一点，邀请具有社会威望或者学生威望的教师以实名形式建立“微博”，使其在现实生活中形成的人格魅力与对学生的影响力转变为新媒体虚拟世界中的话语“霸权”和号召力，以引导学生在众多社会舆论中不要迷失方向、迷失自我。

第二，高校思想政治教育工作者要坚持“微博”内容的生活化。140字的限制，使“微博”内容短小精悍、言简意赅，这就打破了传统的以条条框框为形式的思想政治教育，而且由于微博客主体的多样化，隐性思想政治教育的载体内容将不再仅仅局限在一个领域，而是跨领域，或者换句话说，隐性思想政治教育将是于政治、经济、文化，甚至于家庭生活琐事、社会伦理等事件中的存在，是消融于泛生活化事件中的思想政治教育。“微博”是教育者和受教育者双方自由、平等交流的一个互动平台，在“微博”中谈论的内容的形式取决于教育者和受教育者双方，但是高校思想政治教育工作者掌握着谈论的本质以及所要达到的思想政治教育的目的。高校思想政治教育工作者借助“微博”通过与学生进行生活化的交谈，使学生感觉课堂之外老师还是自己的生活导师，是自己的朋友，从而使学生在轻松愉悦的环境中，不知不觉地接受谈论内容的内涵与实质。

第三，高校思想政治教育工作者要坚持自由交流和争辩的模式。离开了教室等封闭式的教育空间，学生便不再受教育形式的约束，传统的灌输式的教育方式也不再生效，所以思想政治教育必须落实到实践中的“辩证法”。在“微博”中，高校思想政治教育存工作者只有坚持自由交流与争辩的教育模式，才能听到学生最真实的、发自内心的表达，才能对学生进行有针对性的、有理有据的引导。除此之外，高校思想政治教育工作者还有一点必须注意的是，在与学生的交流中一定要允许有“创意”的出现，不可认为自己始终是正确的，嘲笑学生的见解与辩论，这样只会引起学生的反感，拉远与学生之间的“心距”。所以，在与学生的交流与争辩中，思想政治教育者定要保持谦逊的态度，并以教师的仁爱之心去包容学生，并对学生在交流与争辩的过程暴露出来的思想问题进行耐心细致的引导，以使学生提高自身的思想水平和综合素质。

三、依托即时通信 QQ 开展隐性思想政治教育

即时通讯是指通过一种网络即时讯息传呼软件，用户之间建立起直接联系并进行实时信息交流的系统。据中国互联网络信息中心发布的《第 28 次中国互联网络发展状况统计报告》中显示，截止到 2017 年 12 月底，我国即时通信用户已经达到 3.85 亿，应用使用率从 2011 年底的 77.1% 提升到 79.4%，半年用户增长 9.2%。即时通信已经提升为用户规模第二大的应用类型，仅次于用户达到 3.86 亿的搜索引擎。可见，即时通讯已经成为一种普及的信息通信工具，已成为人们尤其是大学生在互联网上进行沟通的最为主要的方式之一。据有关调查显示，18 到 24 岁之间是使用即时通讯的高峰人群，大学生便是这个高峰人群中的主要群体。

QQ、MSN、Skype 都是即时通信的典型代表，但是，高校思想政治教育工作者可以以 QQ 为主。QQ 是中国发展最为迅速也是最大的即时通信系统，2011 年腾讯 QQ 同时在线用户数已突破一亿四千万，而且据相关调查显示，如今每个大学生都有自己的 QQ 账号，而且每天都要登录 QQ 的大学生占 70% 以上。以 QQ 为载体开展隐性思想政治教育，除了可以避免教育者与受教育者进行面对面交谈时的尴尬以外，腾讯 QQ 采用“病毒营销”的策略，每个年度都会推出自己的年度最新版本，新的版本上会增加很多新的功能，无论是感官还是视觉上都会给人以新的体验，这也为高校思想政治教育工作者顺利开展隐性思想政治教育提供了便利的条件。因此，高校思想政治教育工作者要充分利用这一新媒体开展隐性思想政治教育。

第一，增强语言的艺术性。语言艺术的高低在某种程度上决定了思想政治教育的效果，尤其是高校思想政治教育存工作者在借助 QQ 开展隐性思想政治教育的情况下。学生在学习之余在 QQ 上聊天，是为了娱乐、为了与朋友之间沟通感情，是一种完全放松的状态，如果这时候教师对学生进行说教，不但不会收到良好的教育效果，反而会引起学生的反感。所以，教育者在借助 QQ 对学生进行隐性思想政治教育时，语言主要注意以下几点：一是语言要合时切境，因人而异，富有针对性。QQ 聊天可以是一对一，也可以是一对多，教

育者要看清对象，因人制宜，把握时机，因时制宜，而不可随心所欲地想说什么就说什么，不注意语言艺术，俗话说“到什么山唱什么歌”就是这个道理。二是语言要情真意切、富有亲切感。“感人心者，莫先乎情”，“人非草木，孰能无情”，感情是思想政治教育工作的纽带，教育主体与客体语言交流的过程，同时也是情感交流的过程，情深方能意切。主体语言只有使客体在感情上引起共鸣，使主客体心心相印，才能达到语言传递和沟通的预期目的。三是语言要实事求是，富有哲理性。实事求是就是教师的语言要真实可信，不夸张、不虚无、不伪善，给学生一种真实可靠的感觉，获得学生的信任。语言富有哲理性就是教育者还要将深奥的哲学道理寓于通俗的语言之中，如邓小平用“摸着石头过河”来揭示在探索中前进的道理，这样不但不会引起学生的反感，反而会让学生在不知不觉中接受一定的哲学道理。四是语言要富有幽默感。诙谐幽默的语言不但能融洽气氛，使人轻松愉快，而且还可以缩短彼此的心理距离，沟通感情。如今每年都会产生很多网络流行语，教育者可以将这些网络流行语巧妙地运用在与学生的 QQ 聊天中，不但能增加语言的幽默感，引起学生的聊天兴趣，而且还可以使学生在轻松愉快的氛围中接受教育，从而达到隐性思想政治教育的目的。

第二，建立班级 QQ 群。班级 QQ 群是以现实班级中的学生为范围而建立的 QQ 群，QQ 群打破了传统意义上的班级概念，使班级从现实世界发展到了虚拟世界，如今相对于现实世界中的班级，学生更喜欢在虚拟世界里的班级中交流思想、沟通感情。因此，高校思想政治教育工作者尤其是辅导员要积极建立班级 QQ 群，这样不但可以随时掌握学生思想发展的动态，而且还可以对学生思想的发展做出有针对性的引导。除此之外，如今各大高校在招聘辅导员时，不但学历要求提高，而且年龄也一般限制在 28 周岁，而大学生的年龄一般也是在 21 到 24 周岁，大学生年龄和辅导员年龄差距很小，这样学生就容易在兴趣、爱好、思想等方面和辅导员产共鸣，因此，辅导员除了可以在群里了解学生的思想动态以外，还可以主动在群里将自己的求学经历分享给学生，以引导那些感觉生活迷茫、找不到目标的学生，从而减少学生事件的发生。

四、依托手机短信开展隐性思想政治教育

手机被人们认为是继报刊、广播、电视、网络之后的“第五媒体”。随着科技的发展，手机除了最基本的通话功能外，通过与互联网的融合，又逐渐被赋予网络游戏、看电视、看电影、手机微博、手机等更多满足信息传播需要的功能。较之报纸、广播、电视、网络等其他媒体，手机媒体最显著的特点是高度的便携性、互动性、隐私性、贴身性，以及多样化的信息服务。除了具有网络传播的各种优势外，手机媒体更打破了地域、时间和电脑终端设备的限制，人们能随时随地接收文字、图片、声音等各类信息，实现了用户与信息的同步。

手机作为一种高度便捷的通信工具，显然也受到了大学生们的喜爱与追捧，据相关调查显示，有 98.9% 的大学生拥有手机，甚至有 12.5% 的大学生拥有两部或两部以上。在手

机庞大的功能中，除了手机、手机“微博”等一些与互联网融合产生的功能深受大学生们的喜爱以外，手机短信依然是大学生们与他人沟通与交流的重要方式。据相关数据显示，每月发送短信在一百条以上的大学生占总数的85%左右，其中有超过四成的大学生每个月发送的手机短信数量超过了500条。短信之所以一直是大学生们沟通与交流的重要方式，是因为短信具有其独特的传播优势：一是传播及时。短信可以群发，可以在瞬间传播给大量的手机用户，只要对方的手机处于正常的使用状态，就可以在几秒钟内收到信息，即使是处于关机状态，也会在开机的第一时间获得信息。除此之外，短信还可以摆脱环境因素的制约，实现了无论何时、何地都可以自由地收发短信，与使用电脑相比，真正实现了全天候使用，24小时到位，并且由于手机具有私密性的特点，只要手机用户将手机调为静音，在收发短信时便不会影响到其他任何人。二是经济实惠。短信传播成本比传统媒体低很多，一条短信只需要0.1元，如果用户使用诸如动感地带等套餐服务或其他包月制的话，收费会更低，而且短信为取向收费，无长途市话之分。如此低廉的费用，对于在经济上还没有独立的大学生来说，发短信与朋友沟通与交流，不但节省了费用还增进了感情，可谓一举两得。三是灵活性高。短信收发操作简便易行，从发短信的形式来说，短信不可以群发，还可以转发、重复发送，手机用户都能及时收到对方的短信，对方也可以采取立即问复、稍后回复或者不回复；从内容来说，短信中可以包含文字、图片、甚至是声音，可谓丰富多彩，用户可根据自己的需要来编辑短信的内容；从功能来说，手机短信具有删除、保存、订阅、重新编辑的功能，手机户可根掘自己的需要选择如何处理收到的短信。所谓“我的地盘我做主”，短信极大地满足了大学生们追求个性张扬、崇尚言行自由的心理特点。

与此同时，短信独特的传播优势也为高校思想政治教工作者开展隐性思想政治教育提供了新平台。高校思想政治教育工作者要借助手机短信开展隐性思想政治教育，具体而言，应注意以下几点：

第一，思想上，教育者要高度重视手机短信对高校展隐性思想政治教育所提供的新机遇。中共中央政治局常委李长春同志在中国思想政治工作研究会第八次会员代表大会上提出：“要充分发挥互联网、手机短信等新兴媒体的作用，拓宽思想政治工作的渠道和空间，不断扩大思想政治工作的影响力。”2009年12月15日出席第九次会员代表大会时李长春同志又进一步强调：“要利用大众传媒特别是互联网、手机等载体，不断拓宽思想政治工作的渠道。”可见，中共中央领导同志非常重视互联网、手机短信等新媒体对高校思想政治教育工作的影响。高校思想政治教育工作者作为高校思想政治教育工作的主抓手，一定要与时俱进，高度重视手机短信等新媒体对高校思想政治教育所带来的影响，尤其是对高校隐性思想政治教育所带来的影响。

第二，内容上，要坚持“三贴近”原则。“三贴近”原则，即贴近学生、贴近实际、贴近生活。由于学生在课余不受教室等封闭式教育地点的约束，高校思想政治教育工作者要想达到隐性思想政治教育的目的，短信的内容必须贴近学生、贴近实际、贴近生活。如教育者可以通过短信及时、准确地告知学生如学校讲座、学术报告、社团活动、新书推荐以及针对毕业生就业等方面的信息，这样不但有利于弥补纸质通知和网上通知的缺陷，还可以使学生在第一时间获得自己需要的信息。此外，教育者可以在过中国传统节时，向学生群发一些有关节日的信息，这些信息可以包括节日的由来、节日的祝福，从而让学生在快乐之余增进对中国传统文化的了解。教育者也可以通过短信及时告知学生一些国家时事的真相，让学生在第一时间了解事情的真相，从而有助于学生舆论的健康发展。关于这些方面，目前我国有些高校已经做出了有益的尝试，不但受到了学生们的热烈欢迎，加强了学生与学校之间的沟通，而且使学生完全沉浸在学校的人文关怀之下，进而使学校收到了润物细无声的育人效果。

第三，形式上，要丰富多彩。高校教育者除了可以向学生发送文字短信外，还可以向学生发送彩信，以丰富短信的形式。彩信是短信的升级延续，它最大的特色就是支持多媒体功能，能够传递功能全面的内容和信息，这些信息包括文字、图像、声音、数据等各种多媒体格式的信息。教育者可以根据彩信的这些优势，定期将这些信息以彩信的形式发送给学生，不但可以给学生以新鲜感，还可以使学生更直观的感受信息的内容。关于这方面，河南大学已做出了有益探索。河南大学青年（手机版）依托手机媒介，以原有的河大青年（简报版）和河大青年（网络版）为基础，采用无线多媒体传播技术，通过河南大学团委和中国移动通信河南开封分公司联手搭建的信息传播平台，以彩信的形式，将校园文化活动、科技创新成果以及各院系、学生组织开展的活动等相关信息和图片摘编，每周一期向河南大学师生发送。河南大学这一有益探索，不但适应了时代的新趋势，而且也为高校开展隐性思想政治教育做出了新探索。

第三节　依托新媒体创新高校校园行为文化

不同的高校有不同的校园文化，在当今社会，校园文化已经成为了高校自身独有的标志，校园和校园文化已经紧紧地联系到了一起，密不可分。除以之外，校园文化还是每所高校不断创新与发展的重要根基和血脉，例如，北京大学的求新、清华大学的严谨、南开大学的笃实，浙江大学的求是，这些百年名校都彰显着自己独特的文化品位和个性魅力。优秀的校园文化在陶冶学生的情操、净化学生的心灵、塑造学生的人格、培养学生的能力以及促进学生的发展方而都发挥着重要作用。

校园文化是立体的、开放的、丰富多彩的，高校中任何一个文化现象都是校园文化要素综合的结果。所以校园文化从不同的角度可以分为不同性质的校园文化种类。从校同文化质态构成看，校园文化分为观念文化、制度文化、物质文化和行为文化四个层次，并按相互间的支配与被支配、作用与反作用的关系，形成以观念文化为核心，向外依次是制度文化、物质文化、行为文化的同心圆结构。校园行为文化处于校园文化的最表层，主要是通过师生的活动形态表现出来，包括师生的日常言行以及开展的各种娱乐性、学术性的活动。相对于校园行为文化来说，校园行为文化具开放性、更加多元化。然而，新媒体以其先进的技术条件不但改变着师生的日常行为，而且也通过改变师生的日常行为推动着校园文化的再创造，赋予观念文化、制度文化以及物质文化新的内容和特征。因此，高校思想政治教育工作者一定要借助新媒体发展校园行为文化建设，进而推动高校隐性思想政治教育的创新和发展。

一、创新校园文化活动

活动是校园文化中最具特色的东西，不同的办学历史、不同的学科专业、不同的教师学生以及不同的思维创造，使每所大学都形成了自己独特的校园文化活动，形成了特色和个性。随着社会的发展和学生需求的变化，校园文化活动不能仅仅停留在一般的趣味性和感官的愉悦上，还应结合先进的科学技术和独特的专业文化不断开展具有高品位、高格调的校园文化活动，坚持时代性与创新性的统一，以满足学生的需要和发展。如今校园文化活动的开展要与时俱进、体现时代性，必然离不开新媒体。新媒体作为先进科学技术的主要产品之一以及其自身所独有的超便捷性和互动性为高校校园文化活动的创新提供了前所未有的条件。高校思想政治教育工作者可借助新媒体开展各种各样的校园文化活动。

第一，征集校园公益广告。公益广告集教育性、服务性及艺术审美性于一身，将直白的概念、道理的宣讲变成了情感的沟通和理性的对话，成为了一种更易于被人们所接受的宣传方式。一句出色的公益广告语，不但能被人们熟记于心及相互提醒，而且还能达到“润物细无声”的教育作用。过去公益广告大多是在电视上插播，人们尤其是大学生接受教育的时空具有局限性。如今在每一个新媒体使用者都可以成为信息的创作者的背景下，高校思想政治工作者可借助新媒体就学生的学习方面或者是维护校园的环境、卫生、公共财物等方面，多渠道的征集校园公益广告语，同时还可以借助新媒体开展广告语设计大赛、优秀广告语展览等。优秀的校园公益广告，对每个在校大学生都有极大的感染力量，而且这种力量将会长期的、持续的表现出来，直接影响大学生思想道德、学习态度及行为习惯的养成。

第二，开展短信创作大赛。一条优秀的短信不仅有艺术的欣赏性，而且还具有思想的感染性。如果将条条框框的思想政治教育的内容编辑成短信的形式，达到艺术性与感染性的统一，隐性思想政治教育将会达到事半功倍的效果。因此，在手机十分普及的背景下，高校可通过短信创作大赛来开展隐性思想政治教育。由于短信创作大赛具有一定的教育的目的性，所以大赛的开展要选择合适的时间。如，可在过端午节、中秋节等传统节日之前开展，促使学生对我国传统文化的进一步理解；另外还可以在每学期期末考试之前，开展以学生遵守考试纪律为内容的短信，提醒学生严格遵守学校规章制度。同时还可以将优秀的短信通过新媒体分享给在校师生，使全校师生在欣赏短信艺术的同时在思想上受到教育。

第三，开展简历设计大赛。如今，在人才竞争如此激烈的社会背景下，大学生在享受大学生活的同时也背负着沉重的就业压力。就业难、竞争大是每个大学生都必须面对的事实，可是如何才能使自己在众多竞争者中脱颖而出呢？简历是每个大学生在找工作时必须要制作的，简历的制作从一定程度上反映了一个大学生综合能力的水平，一份精彩的简历不但会给用人单位留下深刻的印象，还会使用人单位在无形之中提高对制作者的评价，从而为工作的顺利解决减少了一定的阻力。如果高校借助新媒体针对在校大学生开展简历设计大赛、优秀简历展览等活动，就会让学生提前积累一些经验，减少学生到毕业找工作时的一些焦虑和盲从，从而有利于减少一些校园事件的发生。

总之，高校借助新媒体开展各式各样的校园文化活动，一方面增强了高校校园文化活动的科学技术，展现了校园文化活动的时代性，推动了高校校园文化的创新和发展；另一方面又极大地调动了学生参与校园文化建设的积极性和主动性，同时学生通过参与校园文化建设，不但将自己不为人知的才华发挥得淋漓尽致，而且学生发挥才华的过程也是思想得到升华的过程，这种思想升华的结果将会潜移默化的完善学生的日常行为，进而达到高校隐性思想政治教育的目的。

二、建立和谐的教师关系

高校教师是高校思想政治教育活动的直接组织者和实施者。高校隐性思想政治教育的目标最终要通过教师来实现。一方面，教师个人的人格质、学术修养、生活态度都深深影响着大学生的思想、行为等方面，影响大学生整体素质发展。另一方面，教师与教师之间在教学、科研以及生活中的关系，也会对大学生产生潜移默化的影响。细心的同学会观察到：如果两个任课教师的关系不好，就会对彼此产生偏见，而且还极容易将这种偏见带到课堂上，在学生面前对对方进行旁敲侧击的批评，从而对学生的行为产生一些负面的影响；此外，不同班级的辅导员之间关系友好的程度，也会影响不同班级的学生之间的交往及友谊的建立。因此，高校教师之间要形成一种团结协作与良性竞争的关系状态。

高校教师之间的团结合作和良性竞争都会在学生的学习和生活中产生潜移默化的影响。就合作关系而言，这是由教师和学生两方面决定的。从教师的角度来说，学生的全面发展，是多方面教育影响的结果，任何一位老师都不可能单独实现学生的全面发展。从学生的角度来说，学生从老师那里学来的不仅仅是知识，而且还感受着教师之间微妙的关系。教师之间团结合作的关系为学生团结集体起到了示范作用，有利于学生形成具有强大凝聚力的班集体。与合作关系类似，教师之间的竞争关系对学生也具有隐性教育的作用。教师之间的竞争应是基于合作基础上的良性竞争，竞争者之间不应该相互讥讽、相互嘲笑，而应该彼此尊重、彼此欣赏，在一片融洽的气氛中进行沟通与交流。教师之间的这种良性竞争不但能提高自身的业务水平、科研能力，而且还会被学生“吸收”，从而为学生之间的良性竞争树立榜样。

过去，学生对教师以及教师之间关系的了解，无论是在时间上还是在空间上都具有一定的局限性，如今新媒体的产生为充分发挥教师关系的隐性教育作用提供了新的渠道。一方面，高校可借助新媒体开展各种各样的活动，来加强教师之间的交流与合作，促进教师之间的良性竞争；另一方面，高校思想政治教育工作者可以将教师之间一些活动的过程及结果通过论坛等网络载体以及短信的形式传达给学生，让学生在感受教师之间关系的同时能够内化为自己的思想以及转化为实际的行为。

第四节　依托新媒体完善高校管理措施

淮南子曾经说过这样一句话：“矩不正，不可为方；规不正，不可为圆”。莱蒙特也曾说过：“世界上的一切都必须按照一定的规矩秩序各就各位”。管理是人类生活中最基本、最重要的活动之一，是任何组织必然存在的、不可或缺的活动，对大学生进行有计划、有目的的管理是高校的一项基础性的工作，学校制定的规章制度以及管理措施都像一根无形的“指挥棒”，对师生的言行起到一定的作用。因此，我国高校对大学生的管理也在随着时代的变化进行着不断的探索与尝试。纵观我国教育史，大学生管理可分为初始期（1898年-1918年）、探索期（1949年～1977年）、发展期（1978年至今）三个阶段，每个阶段都对如何管理大学生以及加强大学生管理的规范性做出了有益探索，为保证大学生健康稳定的发展做出了贡献。但是与国外相比，我国对大学生的管理仍存在服务意识弱、规范性差等明显的不足之处。因此，我们必须根据时代的变化，坚持与时俱进的观点，创新大学生管理模式、拓宽大学生管理途径，不断提高我国大学生管理的质量以及缩小与国外先进教育的差距。如今，新媒体的诞生为高校完善管理措施提供了良好的机遇。

一、学校引导教育与学生自我管理相结合

高校对大学生管理的传统做法都是把学生视为客体，对其进行强制管理，如今在新媒体技术的影响下，当代大学生的独立意识空前增强，仅仅靠强化学校管理来达到教育目的，已经不能适应新形势的要求，而且现代管理学认为，高效的管理应该充分发挥人的积极性、主动性和自觉性。因此，新形势下高校对大学生的管理应是学校在给予学生适时引导的前提下，让学生进行自我管理，充分发挥大学生的主观能动性。

新媒体背景下高校充分发挥学生的主观能动性，具体而言，可通过以下方式：首先，让学生充分参与到班级的管理之中。如，可让学生以匿名的方式通过新媒体选举班委，这样避免了现场选举时有些学生采取从众的行为，从而有利于获得学生的真实意愿；此外，还可以借助新媒体就如何管理班级进行讨论，并将讨论的结果在班级中执行，这样有利于学生更加自觉地遵守班规，从而形成良好的班风。其次，充分发挥学生骨干的作用。学生骨干不但具有较强的能力、较高的综合素质，而且在学生中也具有较高的威望，同时他们也是新媒体的喜好者和推崇者，对新媒体的用途具有独特的理解和把握。他们各自活跃在学校的每个角落，通过新媒体能及时了解不同层次、不同专业的学生的动态，因此他们对学生的管理更具有针对性和实效性。因此，高校将一些本该由班主任或辅导员行使的职能

交由学生骨干来行使，并引导其建立完善的管理机制，形成一定的规范。

二、解决思想问题与解决实际问题相结合

大学生在大学期间会遇到很多现实的问题，归结起为来打学习问题、情感问题、人际关系问题、经济困难闷题、就业困惑、认知误区等，这些问题如果得不到及时、妥善的解决或指导，就可能逐渐演变成思想负担或心理障碍，进而影响他们正常的学习生活。林林总总的新媒体虽然为高校了解学生思想提供了各种各样的渠道，使高校对学生思想问题的解决更具有针对性和实效性。但是，如果只注重学生思想问题的解决，而不注重实际问题的解决，隐性思想政治教育也只会变成空洞的理论说教或许愿，同样不会受到学生的欢迎。因此，新媒体背景下，高校应在充分了解学生思想问题的前提下，进一步了解学生产生思想问题的根源，帮助、指导学生努力解决各种实际的困难，通过处理和解决各种具体问题，促进其思想和心理问题的解决。

三、危机传播管理与主动服务育人相结合

过去大学生所接触的信息主要来源于报纸、期刊等传统媒体以及教师的灌输，其内容经过层层把关，不良信息已经“过滤”。然而，如今在新媒体背景下，一人一机、开放式的信息接收方式已经完全超出了传统的高校思想政治教育可控制的范围。尽管防杀病毒、防火墙、分级过滤等技术不断创新，也无法消除所有有害的信息。所以，新媒体背景下，高校仅仅靠拦截、过滤有害信息等管理措施，采取被动应对、外围监管的管理方式，已经不能达到管理的理想效果。要想取得良好的管理效果，必须因势利导凸显服务理念，坚持危机传播管理与主动服务育人相结合，通过主动服务育人遏制有害信息的传播。具体而言，一方面高校信息主管部门要及时了解新媒体信息，对新媒体信息进行监控和引导并及时过滤有害信息，尽量为学生提供一个积极健康的新媒体环境。另一方面，高校要通过“微博”、BBS、QQ 等途径及时了解大学生关注的热点话题及形成的舆论状态，并对其困惑给予一定的解释和积极的引导。同时，高校还要通过“微博”、QQ 等新媒体及时了解和满足不同专业学生的需要，不断为学生创造良好的学习条件和生活条件，形成良好的校园文化氛围，减少学生的顾虑。

总而言之，有关高校应该坚持不懈的着手于高校管理措施的完善，使高校管理更加优质，更加服务化。长此以往下去，不仅可以使大学生的品味得到不断的提升，与此同时还能使当代高校大学生的行为、思想在耳濡目染的情况下发生改变，使当代高校大学生在潜移默化中接受思想政治教育，达到船过水无痕的效果。

第五节　加强新媒体的科学研究

发展的过程不是一帆风顺的过程，不管是何种新事物的发展，在发展途中总归会出现未知的和不确定的因素，但是又都会呈现出一定的趋势，对此我们的应对措施只能是不断地分析与预测，从而确定新事物的发展趋势，如此才能做到对症下药，熟练地的掌握和利用新事物。如今，随着科学技术的不断提高，新媒体的发展也是相当之快，高校只有不断地加强新媒体的科学研究，把握新媒体的特征，才能利用新媒体更好地开展隐性思想政治教育。科学的理论可以使实际工作不断走向科学化。隐性思想政治教育要体现时代性，隐性思想政治教育的方式、方法要随着时代的发展而发展，随着学生思想、行为特点的变化而变化。在新媒体对大学生的各方面都产生重大影响的背景下，高校只有加强新媒体的理论研究，把握新媒体发展的新趋势，依据新媒体发展的新趋势，不断地调整与完善高校隐性思想政治教育的方式与方法，才能不断地增强大学生隐性思想政治教育的时代性和实效性。此外，新媒体是不断发展壮大的新事物，高校利用新媒体开展隐性思想政治教育是一项全新的工作，新媒体如何运用以及如何防止与减少使用过程中问题的产生都需要科学理论的指导。只有从理论上解决了这些问题，才能为高校利用新媒体开展隐性思想政治教育的实践提供现实的指导，这也要求高校思想政治教育工作者要增强发现问题的敏锐性，并及时加以研究，找出对策，从而较好地实现高校隐性思想政治教育的目的。

第七章　新媒体环境下大学生思想政治教育接受效果

第一节　新媒体环境下大学生思想政治教育接受效果的内涵

（一）新媒体环境下“接受”的含义

新媒体指的是“第五媒体”，即利用数字媒体技术、互联网技术、人机界面技术、移动通信技术以及三网融合等向受众传播所需的信息。新媒体有以下两种形式；其一，网络媒体——将计算机作为输出终端，包括：搜索引擎、新闻网站、QQ、微信、微博视频以及网络论坛和社交网站等形式，比如百度搜索和腾讯、凤凰、网易、新浪、搜狐新闻等；其二，将手机作为输出终端的移动数字媒体，多采用的形式有互动杂志、电子书和数字电视等。如央视新闻、新华社发布、辕巧新闻和上游新闻等手机新闻用户端。在我们的现代汉语词典里，“接受”一词有验收、接纳、承受、认可和认定的意思。它表示对一个人或者一件事的态度、观点和立场。思想政治教育工作是一种特殊的接受活动，其中包括：作为接受主体的大学生、思想政治教育信息是接受客体、载体环境是新媒体。要实现思想政治教育接受活动的成功就要确保接受主体要充分参与社会互动，特别是在新媒体发展、大学生接受过程不断丰富发展的新时代。在新媒体的大背景下，“接受”的词义得到拓展，指的是“在信息技术迅猛发展的今天，接受过程中接受主体通常根据自身需求进行信息选择，通过对信息的理解逐步完成内化整合和外化成行为。”在新媒体背景下，信息接受主体和客体，双向互动，通过教育的手段，选择汲取思想教育内容的一种独特行为。综上所述，“接受”在以新媒体为基础和载体的大学生思想政治教育中被定义为“在学校教育中，主要是高校思政理论课教师运用新媒体教学手段，无论是课上还是课后，使向大学生传授的理论观点和价值观念更容易被接受认可，并最终能影响大学生；在社会教育中，全社会共同营造一个良好的政治经济文化环境；在家庭教育里，家长掌握一套科学高效的教育孩子方法；在自我教育中，大学生主体充分发挥个人主观能动性，按照客观规律办事。只有把这四个方面紧密结合，才能使大学生的思想政治品德不断发展，形成健全完善的人格思想，成为一个真正合格的当代大学生。”

（二）新媒体环境下“思想政治教育接受效果”的含义

随着大学生的物质生活改善，大学生热爱生活，珍惜在校的美好时光，记录校园生活的手段越来越多样，利用互联网吐露心声，表达情感，展现生活就是其中之一的方式，比如在微博上发一条心灵感悟，在微信朋友圈发一个旅行日记，在QQ空间发一条心情说说等，那么反映在大学思想政治教育接受效果上的就是对学习和生活现实的传播价值，如何有效接受思想政治教育显得十分关键。在思想政治教育学科领域，接受效果是指“接受主体的行为产生的有效结果，通过接受思想政治信息的传播，在接受者身上引起的心理、态度和行为的变化。”新媒体环境下，主要包括以计算机为输出终端的网络媒体和手机为输出终端的移动数字媒体，高校思想政治教育信息得以快速传播，大学生的接受活动，在技术上完全突破了时间、空间、速度上的限制，使思想政治教育信息的传播与接受更为快捷、时效。而思想政治教育接受效果，则是评价大学生在整个教育的接受过程中效果如何，有没有达到教育者的施教目的，同时也是对高校思想政治理论课教师教学成果的反馈和评价。综上，新媒体环境下的“思想政治教育接受效果”是指在大学生思想政治教育实践活动中，运用多媒体教学，大学生的接受活动对大学生思想政治教育的预设目标和思想政治教育主体的主观意图或目的的实现程度，它也是衡量大学生思想政治教育工作成功与否的重要标准。

第二节　新媒体环境下大学生思想政治教育接受效果的特征

（一）新媒体环境下大学生思想政治教育接受效果的广泛性

在这个新媒体的大环境下，思想政治教育接受效果一般都比较间接和隐性，而不像其它行为的效果，与此同时，新媒体环境下大学生思想政治教育接受效果的表现形态也显得复杂多样，尤其是在多元文化思潮并存、兼容并包的社会环境下。在特殊情况下，有时候大学生的行动，和自己的观念和思想会不一样。有时候大学生不一定用言语表达出自己，而是通过实际行动来展示自我。他们在表达自我，展示自我的时候，有自己的鲜明特点，张扬个性，诠释自我，呈现出90后大学生的接受效果，多样化与丰富性并存。比如在社交软件上，大学生喜欢运用生动活泼的网络语言、网络表情和网络符号进行交流。大学生的思想政治教育接受效果与大学生的健康成长和长远发展关系密切，现代大部分学生信仰坚定，都迫切期望实现自我价值，完成自己不同阶段设置的不同奋斗目标。而我国高校大学生，这里特指本专科学生，他们有着明显突出的群体特色，比如他们都处在同一个年龄段，大部分是95后；拥有共同的校内生活圈，就是宿舍、教室、食堂、图书馆和运动场的“五点一线”校内圈；还有一样的文化水平和知识结构，都是本科或者专科文凭学历。而我们的思想政治教育接受活动中最有活力、最有效率的群体就是大学生这个群体，新媒体条件下的大学生思维活跃、受各种网上的声音影响，且自我教育不足，造成认知偏差，他们需要首次的感化、二次的感化、甚至三次的感化，最后是各种情感因素合力的结果。

（二）新媒体环境下大学生思想政治教育接受效果的现实性

新媒体环境下，大学生的现实需要是有不同层次的，有较低层次的温饱实际需要，有中等的物质发展需要，还要更高层次的精神发展需要。家庭贫困的大学生需要解决自己在校的生活开销问题，不得不去做兼职，耽误学习也在所难免。家境普通的大学生通过学习上的努力，可以获取奖学金，赢得荣誉和金钱。家境殷实的大学生则更追求精神上的愉悦和生活品质的提高，更在乎除金钱外的需求，比如自身才艺素质的提高。因此，在接受思想政治教育时，他们的接受效果很实际也很直接，现实性较强。不可否认，互联网给我们提供了充足、免费的学习资源和材料，现在的大学生热衷于考各种从业资格证，他们在网上下载免费资料和视频学习，更关心未来的就业和自己手上的竞争筹码，把大量的时间花在考证上。有的同学阅读，也是功利性比较强，考试范围内的书才涉猎，其它的书籍都不看，宁愿在网上看电子书籍，网络小说，也不愿花钱买纸质书。在对国家大事的关也程度上，有的大学生比较漠视，认为与自己无关，毫不关心，错过重大热点焦点新闻的直播，宁愿在网上自娱自乐，浏览房地产信息、旅游打折信息和商品促销信息等，他们更关注自身发展，自我主体意识强烈。这些问题都是接受效果现实性的集中体现。新媒体环境下，大学生逃课在网上做兼职、微信代购商品做微商、淘宝网上开网店，自己独立赚钱，也都体现了新媒体环境下大学生接受效果的现实性。

（三）新媒体环境下大学生思想政治教育接受效果的渗透性

大学生思想政治教育是高校的传统政治教学优势，它推己及人，启迪人的思想，令人如沐春风，塑造着一批批祖国栋梁之材。我们要始终坚持明确的教育目标，时刻坚守正确引导大学生成长发展的岗位，注重细节，从细微处影响塑造大学生的思想性格、个人品质，于潜移默化中进行导向性教育。大学生对于所学内容的理解和应用以及教育者教育的用意和目的的实现，都是对大学生思想政治教育结果的最好显示。在大学生接受思想政治教育过程中，他们会对教育内容提出质疑，同时产生分歧，这种分歧最终会成为一种行为习惯表现出来，事实上这就是大学生思想政治教育的接受效果产生的影响。接受活动不会马上起到良好的作用，受新媒体环境影响，激发出效用，所以，只有具备一定条件的时候，接受行为才会发生，我们才能调查出接受效果。大学生上网是自发的，也是自愿的，没有受人指使或控制，人身在网络环境中，不知不觉就受到了影响，比如打开一个新闻网页、观看一个教学视频、下载一个学习软件等，因为网络信息的形象和直观，为渗透提供了强有力的基础。然而，对于网络思想政治教育的传播价值和渗透作用，我们要有批判性的认知态度。不能一味任由消费主义或者因为我们过分的商业化炒作而不自觉地忽视其传播价值，这其实是对大学生思想教育的错误引导，是对发展精神文明的不负责任。网络思想政治教育传播价值的核心是大众利益的维护。因此我们要正确引导网络思想政治教育传播价值的审美原则，首先就是不要让商业化的潮流左右大学生接受正确的传播价值，其次是希望大学生具有批判性的认知态度，增强识别能力，合理地看待和分析各种网络信息，只有这样，网络思想政治教育的渗透才会具备合理孕育的土壤条件。

（四）新媒体环境下大学生思想政治教育接受效果的高效性

互联网环境下的新媒体，资讯信息以其快速性、及时性、准确性闻名，大学生通过电子信箱邮件、云盘文件保存、QQ 文件传输服务、微信文章图片推送、分享和转载等载体，能够拥有较高的学习工作效率。大学生通过淘宝购物、网上支付功能、手机 APP 应用软件等，享受到便捷的生活服务。新媒体它拥有强大的存储信息能力，以快网速传输文字、视频图像和声音，不受传统的出版运输发行等方式的束缚，把你想要的信息快速展现给受教育者，在信息高速公路上，让大学生能够及时与家长、老师保持联系。因为新媒体使得大学生思想政治教育课堂变得形象、生动，饶有趣味，我们的网络页面图文并茂、声画合一、这种信息表达，可以为人们提供真实的表现效果，极具感染力。新时代的大学生正处在不断发展、成长成才的关键时期，他们具备强烈的获取知识欲望、取得成功欲望、自我表现欲望，这些都必然与现实状况形成许多矛盾，理想和现实之间有差距，这就需要对大学生进行思想政治教育，给予其指导和支持。我们运用多媒体进行教学，调动大学生的多种感官同时感知和领悟，满足了大学生的接受需要。课堂上，活泼的三维动画、精美的课件、动听的音响效果，都会调动大学生上课的积极性和主动性，提高了思想政治教育接受的效率和质量。

第三节　新媒体环境下大学生思想政治教育接收效果的类型

（一）短时间效果和长时间效果

在新媒体的大环境下，大学生思想政治教育接受的短时间效果是指通过浏览各网站网页、打开手机微信订阅公众号或者手机移动新闻用户端、腾讯自动实时新闻等方式，在较短的时间内接受到各种诸如时政新闻、文化娱乐新闻、社会新闻等信息，马上显现出来的接受反映。又比如，大学生在学校听了一堂精彩生动、触动灵魂的多媒体思想政治理论课，听了一个奋发向上、积极乐观的先进人物优秀事迹报告会，听了一场有思想、有学识的专家学者的讲座，经历了一次难忘有趣的真人秀体验等，这些行为往往能够在大学生身上产生快速的效果。当代大学生对生活充满好奇与发现，乐于接受新鲜事物，是树立正确的世界观、人生观、价值观的重要阶段。在此期间，敏感的大学生由于老师的一句重话、同窗一件微不足道的小事，谈了一场不欢而散的恋爱等，在互联网上进行非理性谩骂和人身攻击，对他们的影响在某种程度上也是不容小觑的，影响结果也是深远和长久的。因此高校思政教师要正视大学生思想政治教育的短时间结果，充分运用新媒体这个教育载体，充实教育内容，踊跃开辟新的教育渠道，将思想政治教育内容有机地融入教育实践活动中去，以获得良好的、可喜的大学生短时间接受效果。新媒体情况下大学生思想政治教育接受的长时间效果，它是作为接受主体的大学生经过循环反复的理论、实践、理论、再实践的接受活动历程，无法在短时间内显现出接受效果，需要一个长时间的观察和磨合。大学生思想政治教育接受效果的长期性是内外因相结合的结果，内因是因为大学生属于不同性格的个体，有不同的成长环境和不同的接受信息渠道，外因是大学生的接受环境复杂多样，比如社会环境的不断变化，互联网环境的推陈出新，家庭环境的转变等。新媒体环境下，大学生思想政治教育的接受活动都是从低级到高级，从量变到质变的不断变化。它的选择、内化、外化等接受环节都是不断进行思想斗争，行为转化，并在各个环节中反复进行，以取得长时间效果。人的正确认识要经历“由感性认识到理性认识，由初级阶段到高级阶段的进程，通过不断实践才能完成”。因此，新媒体环境下，从取到短期效果到长期效果，需要一个漫长的过程，我们要准确把握好大学生思想政治教育和接受的基本矛盾，建立一个接受动力反馈系统，找到科学的教育方式，知道他们需要什么样的思想政治教育，引导大学生进行自我调节，从而激发他们接受的自觉性和主动性。

（二）正面效果和负面效果

在“互联网 +”时代，大学生对思想政治教育信息的接受有正面效果和负面效果之分，也可以称作为积极效果或者消极效果。运用新媒体教学，对不同的大学生会产生不同的接受效果，学习态度端正的大学生，会通过一堂课程，接收到有效信息，比如曾经看到一句经典的励志名言，说到了心坎上；老师通过播放视频短片，分享一个奋发向上，不向命运低头的奋斗故事，引起了心灵共鸣，从而内化为自身行动，激励自己，不断前行。学习态度不端正的大学生会认为这个课程生搬硬套，枯燥乏味，不接地气，认为老师讲课不够生动活泼，从而产生消极抵制课堂的不良接受心理，产生负面效果。因此，不管是正面效果还是负面效果，都是通过思想政治理论课，反馈给不同的学生的认知、态度和行为上的接受反映。大学生对思想政治教育信息的接受，最直接的效果类型就是有效和无效，正面和负面，也是判定课堂成败的检验标准。当然，不能直接就判定我们的老师授课不好，毕竟大学生的行为规范和思想道德修养，需要时间和过程来检验。大学生拾金不昧、尊老爱幼、自强不息、遵纪守法等行为，因为这些品质上了微博实时热搜榜、百度舆情沸点等，给社会大众树立了学习的榜样，这都是我们的思想道德修养与法律基础课取得了好的接受效果。事物都具有两面性，我们分析事物要一分为二，辩证地看待问题，新媒体环境的大学生思想政治教育，提升了大学生的整体素质，提高了他们的自主性和自我学习能力，通过互联网，有目的有计划的学习，把学习变成一种生活新常态，这是正面效果。但是由于网络信息的泛滥，多种声音聚集，会导致大学生选择困难，淡化道德行为和法律意识，对自我认识的错误等，这是负面效果。正是因为有了正负两面的效果，才会敦促我们高校思政工作者不断改善教学方法，更新教学手段，给大学生更多的正面影响，把负面效果降到最低。

（三）预期效果和非预期效果

新媒体环境下，大学生的思想政治教育接受效果可以根据教学内容，获取预先的教学目标，通过网上测评结果，量化考核和定性考核相结合，我们把它划分为预期效果和非预期效果。大学生思想政治教育接受根据“反应、选择、整合、内化、外化、行动”这六个接受过程，取得预期效果，主要表现为大学生主动接受教师传递的网络思想政治教育信息，例如给思想政治理论课教师的精美 PPT 课件点赞、微信分享和收藏一篇深度好文、微博转发一条公益救助活动和 QQ 空间写一个心得感悟等，它是一个完全接受客体信息的接受活动，并心服口服，内化为自觉行动，做到知行合一。而非预期效果则分两种情况，一类是大学生主体接受客体信息时，完全排斥、抵触和否认客体信息的接受活动，主要表现为“口不服心不服”；另一类是大学生主体接受客体信息时，选择性的接受部分信息的接收活动，主要行为表现是“口服心不服”或者“口不服心服”的情形。思想政治教育接受的效果如何取决于接受主体的动力，而主体动力主要包括以社会需要为核心的外在被动力、以自身需要为核心的内在主动力以及二者的合动力。而我们的预期效果主要是达到以自我为核心的内在主动力，接受主体获得预先设定的目标，比如大学生自我修养的提高，思想政治觉悟的高涨，法律意识的清晰等。非预期效果主要是达到以社会需要为核心的外在被动力以及内外在被动力的合力，比如社会文明进步，社会稳定安全，社会风气良好等。预期效果和非预期效果，二者互为补充，联系紧密，共同构成大学生思想政治教育接受效果的类型。对大学生思想政治教育接受的预期效果和非预期效果，我们可以通过新媒体接受环境的优劣、接受客体信息内容的主题、观点、价值取向、接受主体的态度和行为等元素来评判。

第四节　新媒体环境下大学生思想政治教育接受过程中存在的问题

（一）接受主体：大学生的思想政治教育学习意识不强，积极性较低

在当今这个时代，大学生的政治学习意识不太强，更多倾向于娱乐。“娱乐至死”的年代，大学生的业余时间，会选择娱乐节目放松，但是大部分学生对时政新闻也很关注。学校的思政宣传平台，只有一半的调查对象关注，大家关注时，和朋友会讨论，但不参与陌生人讨论，绝大部分的大学生会使用中央媒体的微博、微信和手机用户端，大学生的受众接受心理更多的是强烈的情感、意见诉求心理当然也有部分人是出于看客的心理，而只有少部分人不参与也不关心。我们可以发现，高校青年思政课教师，可以积极融入新媒体教学，但是年龄偏大的老师因为思想和观念的原因，运用新媒体不是得心应手，主动参与度不高，讲课局限于 PPT 教学，影响学生的积极性。任课老师只注重大学生的试卷考试、平时作业，忽视了大学生课堂表现和日常行为表现、社会实践。因此，需要高校通过业务培训、主题讲座、实绩考核等形式，培养一批懂技术、会使用网络语言的任课教师。相关的问卷调查结果显示，大学生互联网接触率达 99.8%，参与问卷调查的南宁高校大学生，日均上网时长在 2-5 个小时之间，占比 65%；另有 12% 的受访大学生天天接触互联网的时长超过 7 小时。大学生接触的媒介不同，看待事物和处理问题的办法也不同，行为方式也因人而异，他们热爱互联网，积极接触网络社会，吸取新鲜事物。我们的传统教学以说教为主，有时候还存在形式主义、照本宣科、一味灌输的教学现象，这忽视了学生的接受心理和学生的日常学习习惯，如果思政教师队伍主动参与新媒体教学，改变教学方式，以学生的接受心理为准绳，制定出可行有效的教学方式，不断推陈出新，敢于创新，就能提高大学生的接受积极性。

（二）接受客体：思想政治教育信息过多，大学生出现不良接受现象

如今，在新媒体海洋里，当代大学生每天都会在中央主流媒体网站和五大门户网站、手机新闻移动用户端上接受到过多的时政信息，而关于大学生群体的新闻信息较少，他们对权威不再盲从，有自己的思考和态度，立场坚定，笃定自己的信仰和理想，他们的价值主体意识强烈，有很高的自我意识和自信心。90 后大学生的群体性格在互联网上，集中表现为：追求个性解放、彰显自我、自我价值实现以及喜爱新鲜事物，敢于尝试和挑战自我，对传统的，陈旧的东西存在逆反和排斥心理。传统媒体时代，学生们通常接触到的信息源主要来自报纸、电视、广播、杂志以及学校教育信息。时下，现代信息传播技术日新

月异，由于互联网监管不到位，导致网络环境恶化，非理性谩骂、网络暴力等时有出现，给大学生的影响是最直接的。比如这一两年，互联网上“网络红人”的不断出现，一方面说明了网络的开放和包容，另一方面也暴露了网络发展的严峻问题，由于缺乏有效监管，互联网上出现的不符合主流价值观的事物，因为“新奇特”，吸引眼球而迅速走红，这对价值观尚未成熟形成的大学生影响是深远的，巨大的，会导致他们认为一夜成名，一夜爆红是多么容易，只要大胆出位就行。又比如，以美国为首的西方国家因为在网络传播技术上占有绝对优势，它们利用先进传播技术在全球战略中强力推行文化霸权主义，对我国青少年的影响也是不容小觑的，比如大学生过度热衷于看好莱坞大片，看美剧，听西洋音乐，看美国明星演唱会等，认为美国的很多方面都比国内好，盲目崇拜，从而减弱了对本民族的认同感，自豪感，导致部分大学生产生崇洋媚外的心理。

（三）接受过程：校园新媒体传播平台建设不完善，接受效果不理想

在当今这个时代，我们不难发现校园新媒体传播平台和资源有限，大部分还是集中在传统的传播平台（广播、电视、报纸、杂志、宣传栏、黑板报）。新媒体传播的平台建设有待完善，需要不断增加传播平台。当前的舆论环境，是传统媒体和新媒体融合、博弈的时期，新媒体的发展是大势所趋。高校结合大学生手机和互联网的使用特征，集中财力、物力和人力，进行新媒体传播平台建设，运用校园网站、微信公号、校园微博等形式，开展思想政治教育活动，优化接受环境，打造一个特色鲜明、气氛活跃的新媒体传播校园文化圈。如今，最热门的社交软件——微信公众平台，它所发布的内容是一对多的传播，用户会选择自己喜欢的或者感兴趣的内容进行第二次传播，我们的朋友圈信息传播的路径能体现出传播者的价值取向、生活方式、行为习惯，带有浓厚的个人色彩。现在的问题是某些高校思想政治教育接受环境不理想，传播方式违背了青年大学生群体的心理特征，部分校园媒体也有着新媒体传播的碎片化、娱乐化倾向。新媒体的迅速普及和发展，尤其是近几年，它深刻地影响着大学生的阅读习惯、思维方式以及价值取向，大学生不爱看纸质书籍，偏爱电子书籍，尤其是网络小说。由于缺乏对传统文化和经典的认识和积累，因此，在大学生就业面试时，招聘的主考官询问应聘者阅读过几本经典，有的一问三不知、招聘笔试要求学生自己动手写一篇文章，部分人无从下笔。比如，当今社会上的不正之风和腐败现象等负面信息也影响着大学生的价值判断，扭曲他们的人生观。市场经济快速发展，物质主义盛行，产生享乐主义、拜金主义，忽视公平效率原则等负面效应，也一定程度上阻碍了大学生思想政治教育的接受。再加上我们共同生活的星球，东西方文化的交流碰撞，西方思潮的入侵，因为价值标准、文化观念和道德准则不同，对大学生的价值选择造成影响，出现价值选择困难症，摸不着头脑。

（四）接受环境：大学生思想政治教育的环境欠佳，影响接受效果

根据有关的调查不难发现，新媒体传播的思想政治教育环境不佳，传播方式单一，部

分学生接受度不高。媒体的传播力、公信力和影响力是媒体掌握舆论主导权的关键所在。由于信息陈杂，大学生通过互联网了解社会，缺乏判断力和辨别力，需要一个好的互联网环境，能够提供优质内容给他们。问卷调查结果显示，以南宁五所高校为例，有95%的大学生使用具备上网功能的智能手机，QQ是社交软件用户最多的群体，占89%；其次是微信，在大学生手机使用中的普及率达82%。目前新媒体发展方兴未艾，更需要提升自己的公信力，做有良心、有温度、有情怀的思想政治信息传播媒介。现在的有些新媒体沦为"标题党""图片党"，为了吸引眼球，满足受众猎奇、偷窥心理，用耸人听闻、断章取义的标题、夸张不实的新闻图片，把媒体资源过多用在娱乐新闻上，曝光明星的私生活、八卦新闻。大学生接触了这些新闻，容易被偶像明星的错误价值观误导。因此，新媒体要勇于承担社会责任，践行马克思主义新闻观，不能为了利益丧失新媒体担当和风骨，多传递社会正能量，弘扬社会正气，使得社会效益和经济效益关系变得平衡和协调。通过问卷调查结果，我们明显看到这一情况，在思想政治教育客体信息的接受上，因为信息单一，不接地气，有时候大话套话空话多，导致学生认为不切实际，降低了兴趣，接受动力不足，这主要体现在四门公共思想政治理论必修课的出勤率和抬头率上。思想政治教育内容不会带来现实的利益，有时候如果把课堂上的信息按照原则底线辅以行动之后，还容易造成个人利益的损失，从而大学生逃避思想政治教育信息需求，接受的时候消极懈怠。互联网是一个虚拟环境，容易被一些诸如黄色信息、暴力信息、垃圾信息侵扰，破坏了大学生的思想政治教育环境。

第五节 新媒体环境下提高大学生思想政治教育接受效果的对策

一、提高教育者的职业技能素质，满足接受效果，变被动为主动

（一）加强高校思想政治教育工作者的"特殊队伍"建设和扶持

新媒体环境下，作为教育主导力量的高校思想政治理论课教师是大学生思想行为动态的引领者和指导者，第一，必须要与时俱进，熟悉和掌握新媒体教学技术。各高校本着全员育人的理念，尤其是马克思主义学院或思想政治理论课教研部利用各种人力、物力、财力等资源，建设一支政治立场坚定，毫不动摇的坚持马克思主义在意识形态领域的主导地位的新媒体教学"技能部队"。加强思想政治理论课教师有关新媒体教学方法的培训与交流，不断更新教育观念。第二，各高校的所有教育者通过注册一个账号进入大学生平时关

注和喜爱的网站或者论坛贴吧，同大学生平等交流，融入大学生们熟悉的网络语境，运用网络语言，让大学生受到启发和教育。我们的教育工作者积极运用新媒体技术手段，加强大学生的社会主义核心价值观教育。第三，互联网时代，QQ、网络直播、聊天室、微博微信和论坛贴吧等传播方式以及手机 APP 应用软件，它们丰富和拓展了大学生思想政治教育的载体和手段。这就要求我们每一位思想政治教育工作者在结合学生实际情况和现实需求时，要跟上新媒体发展的步伐，及时运用新媒体提供的方法途径，有针对性地建设密切关注学生学习、生活、工作、情感等问题的网络实践平台。充分运用新媒体便捷快速的优势，及时直观地发布和交流个性化信息，使大学生思想政治教育更形象、更生动、更有效，尽可能地满足大学生的认知需求，解决大学生的思想困惑，开阔大学生的社会视野，提高大学生的综合素质。第四，要始终以学生为本，建构新媒体的传播环境，设计新媒体的传播内容和形式。教师队伍在微信、微博上与同学们互动，看似润物无声，但是点赞、转发、评论、收藏的背后都是正能量，这也是核心价值观的传播。第五，高校思想政治理论课教师要积极践行习近平总书记提出的“四个好老师”标准，切实做到有理想信念、有扎实学识、有道德情操、有仁爱之心。

在上述五个过程中也会发现，对于参与扶持的教师，进行有效的管理监督是确保能否保质保量完成任务的关键。高校思政教师管理基于新媒体传播的规划是纵向发展的，在达到一定的深度之后，需要及时引入对应的管理监督机构建设，对这个过程中的高校思政教师协调分配，进行有效的监管。而管理监督改革的建设机制是大学决策走向民主化和科学化的关键一步，也是新时期建设服务型大学的必然选择。在新媒体思想政治教育传播规划过程中，相对客观地管理监督，通过不同的方式进行大学职能建设选择，克服了我们现阶段的主体矛盾和主要的发展困境，也是确保高校扶持思想政治教育理论课教师，使之足够专业足够正确足够科学的关键一步。

（二）重视高校思想政治教育“意见领袖”和“把关人”的选拔

从传播学视角看，大学生思想政治教育属于特定的信息传播，是一个能动性的活动。在新媒体条件下，思想政治教育可以经由过程多样化的传播渠道，超出时间和空间限定无障碍传授发布，贴近大学生实际。我们的“意见领袖”人员，既可以是学校党委和主管宣传的领导同志、思想政治教育学科领域的专家教授，也可以是学校学生群体中的典型人物和先进个人。例如，精神文明先进个人，自立自强先进个人，学习进步先进个人等。在新媒体环境下，高校意见领袖队伍要在坚持课堂教学、社会实践、主题活动、志愿服务等传统思想政治教育手段的基础上，充分运用新媒体传播技术。当发生某个问题时，无论是情感生活，还是学习困惑，多与学生线上互动交流，线下约谈，及时把握学生思想动态，把实际与网络环境中的思想政治工作相结合。比如大学生对于手机、微信、QQ 等媒介利用率较高，可以充分利用手机移动用户端建立网上思想政治教育宣传阵地和主题网站，及时发布校园信息，互动交流，正确引导大学生，与学生实现有效互动，把握学生思想动态。

再比如，有条件的高校可以利用电子书籍软件，将原有的书面课程制作成电子杂志、电子课件上传到校园共享平台上，供所有大学生下载学习。也可以将党课团课、红色教育实践活动、校园的精彩比赛、专家学术讲座等具有特色的活动制作成视频，供师生观看，并交流学习。新闻传播学中的“把关”，实际上就是对新闻信息进行筛选、过滤和加工，把关的实质就是过滤和处理不良信息，寻找符合受众的信息。信息资讯丰富的新时期，传播的泛化，各类信息参差不齐，影响大学生的价值观形成。高校思政队伍，及时对思政信息把关，屏蔽掉不良信息，争取导向第一，以正面宣传为主，传播和还原客观真实给大学生，引导好大学生。

（三）高校思政教师转变教学理念，学会正确使用新媒体

新媒体技术及其运用，对于高校大学生思想政治教育工作者来说，并不陌生。近年来，网络思想政治教育不断发展，内容不断充实，形式不断创新。尤其是“慕课”的出现，受到了广大学生的喜爱和支持。因此，高校要切实加强思政队伍建设，促进高校思想政治教育者转变思维模式和创新教育理念，不断加强对新媒体知识和技术的学习，转变教学理念，开展形式多样，寓教于乐的教学活动。比如我们以广西全区思政教师“精彩一课”比赛为例，参赛教师充分运用新媒体技术，制作精美的课件，采用与教学内容相符的视频音频资料，给学生上思想政治理论课。既满足了受教育者的接受心理，也取得了令人满意的教学效果。在网络视频、慕课技术、微电影等普及的现代教育技术环境下，高校思政教师必须与时俱进，更新教学观念，转变教学思维模式，不能故步自封。由于网络信息内容真假不一，参差不齐，需要我们的思政教师过滤筛选，选择准确有效的信息，充实教学内容，丰富教学形式，提高教学手段。如何正确使用新媒体，教师需要专业的培训、自己的摸索以及不断的实验教学，总结出一套既适合自身教学特点，又适合学生学习的方法。高校教师可以通过关注微信公众号，例如时政类的微信公众号，学习小组、政事儿、共产党员等；思政教育类的微信公号，MOOC（慕课）、北科大马院、玩转慕课等；新媒体类的微信公众号，大数据、中国网信网、腾讯科技等。及时分享好文到朋友圈，提高传播力，尤其是大学生。大学生通过阅读点赞、转发，内化成自己的东西，接受和认同文章的观点，利用这个过程进行思考。此外，我们还可以带领大学生“走出宿舍、走下网络、走向操场”，运用手机计步器或者小米手环，记录每天运动量，培养大学生良好的运动习惯，使大学生拥有健康的体魄。鼓励大学生运用新媒体应用软件，比如大学生运用唱吧手机软件，与舍友和同学 K 歌，相互比拼，看谁唱得好，充实业余生活；利用小咖秀这款手机 APP，展现自己的表演才华，对口型能力；运用脸萌手机应用，制作一款属于自己的卡通造型，或者给同学朋友打造一款，既增进了同学情谊，又和谐了寝室氛围。高校教师转变了教育理念，运用互联网思维，真正培养出大学生的“四个一”：一项文艺爱好、一个运动习惯、一类志愿服务、一种表达能力，使大学生德智体美劳全面发展，做社会主义事业的合格建设者和可靠接班人。

二、增强大学生每节素养教育，提高接受效果，变无效为有效

（一）提高大学生网络道德修养

当今大学校园，信息化已基本形成，互联网已经融入大学生生活的方方面面，深刻改变了大学生的生活和学习方式。提高大学生网络道德修养，首先需要高校思想政治理论课教师把“思想道德修养与法律基础课”讲出特色和新意，教学可以分为理论和实践，先用理论充实头脑，再用实际行动来提高自身修养。可以设置情景教育，在实践中去考验大学生，例如观察大学生上网的时间、喜好和不良行为，把它们用视频记录下来，在课堂上指出来，并让学生点评，指出问题所在，从而约束自己，提高网络道德修养。然后，懂多媒体教学技术的高校思想政治理论课教师运用慕课的形式，把心理健康教育和网络道德修养教育的案例视频在课堂上播放，并加以说明，让学生查漏补缺，检讨自身平时上网的某些行为是否文明，是否违规，用规则和制度来严于律己，约束自己的不良行为。最后，组织大学生学习《全国青少年网络文明公约》，大学生自尊自爱、文明上网、严格自律，要弘扬社会新风，做好网络文明的使者，要规范操作，做好网络安全的卫士。当代大学生日常学习生活，离不开个人电脑、手机、Ipad 等电子设备，怎样利用好这些高科技产品，用于自己的学习和生活，需要大学生提高自身的网络道德修养，合理、正确、健康使用它们。大学生面对一些社会热点事件，不盲目跟风、快速站队、理性分析客观事件、拒绝非理性谩骂，不要进行“道德绑架式”的谴责、刁难，文明上网，维护网络社会的和谐。

（二）加强大学生新媒体法律法规教育

互联网进入我国以来，我国的网络化和信息化取得了显著发展成就，但同时也存在不少问题，例如网络安全，网络暴力，网络产权等。近年，习近平主席在出席多次重要国际会议中，提出要打造全球“网络命运共同体”，国际社会要共同治理网络空间，维护好网络安全。因此，我国要以身作则，敢于承担责任，拥有大国担当，相关立法部门要抓紧制定立法规划，完善互联网信息内容管理、关键信息基础设施保护、产权保护等法律法规，依法治理网络空间，维护广大网民合法权益。执法部门要按照法律法规，严格执法，对网络犯罪零容忍，绝不姑息。高校将与新媒体相关的法律法规做出有效整合，法学院可以研究一个有关新媒体法规的课题，调研大学生使用新媒体的常规做法和不良行为，运用科学数据，把内容整理好，减少理论灌输，多配以案例、图片和表格，整理出书。按照这本教材，设置一门选修课安排在大学生的教学中，由专业教授法学的老师授课，让大学生知法、学法、守法、懂法，增强法律意识，提高思想政治教育接受效果。具体措施还包括高校要联合有关执法部门，不定期组织和引导大学生观看网络安全宣传教育片，听取专题讲座。大学生进行自我教育，自觉抵制互联网上黄色、暴力、低俗的内容，拒绝黄赌毒，不传黄贩黄，不造谣生事，不听信不法分子煽动挑唆，规范自身言行，文明上网。

（三）引导大学生合理正确地使用新媒体

当代大学生处在信息透明化、共享化、全球化高速发展的社会。大学生要选择正确的方式来对待有网络伴随的生活、学习和工作。第一，大学生要提高自身的自控力，自觉抵制诱惑，让自己成为新媒体的主人，把新媒体变成自己的学习工具。第二，合理安排上网时间，正确对待网络娱乐资源，劳逸结合、寓教于乐。“学习有时，娱乐有时”，适度娱乐能缓解生活学习压力。第三，正确对待网络，调整好心态，要有戒备心，提高自己的自制力和判断力，把网络的作用发挥好，使网络成为大学生的得力助手。第四，大学生要充实自己的精神世界和现实世界，让自己有忙的地方、内容和时间，比如多参加社会实践活动、各种形式的校园活动等。第五，有条件的高校可以成立一个新媒体研究院，及时发布网络舆情，尤其是高校突发事件，正确引导大学生使用新媒体。具体做法有，我们可以通过新华网、人民网、央视网等央媒网站，组织学生观看运用动画技术，Flash 制作的宣传党的政策方针的动画短片，新颖有趣，利于接受，例如火遍网络的“习大大和彭麻麻”动漫视频、运用多国语言制作的十八届三中全会重要讲话短片等。我们也可以通过鼓励学生拍摄思政类的微电影，选材包括理想信念教育、“三观”教育、生命价值观教育、心理健康教育、大学生职业设计和规划教育、形势与政策教育、思想道德修养与法律基础教育和社会主义核心价值观教育等。在拍摄过程中，一个学生团队分工合作，制片人负责全盘工作的统筹协调、导演负责整个微电影拍摄，编剧创作出好的剧本，摄像师负责现场拍摄，演员演好戏，剧务组挑选服装、道具，用好灯光，后期组负责剪辑和配音，上字幕等，在整个接受过程中，大学生真正体会到其拍摄内容的思想内涵和精神实质，真正入心入脑，提高思想政治教育的接受效果。

三、加强新媒体校园文化建设，营造接受氛围，变一般为良好

（一）加强高校红色主题网站建设

高校红色主题网站，既是思政信息的传播平台，也是思想政治教育的网上教师，必须高度重视。近年来，一方面，高校的网站建设发展迅速，如高校官方网站、网上团校、校园媒体网站等，各高校都有自己的版块进行主流价值观教育，有思想性和艺术性。而我们的高校网络思想政治教育必须始终坚持正确的舆论导向，以正面宣传为主，以社会主义核心价值观为根基，辅以弘扬中华民族优秀传统文化。比如元宵节时，大学生可以在网上猜灯谜，字谜和成语，感受传统节日的魅力和文化内涵；在清明节时进行网上祭祀活动，对革命先烈和亲人致以哀思，要明白我们现在的幸福生活是革命志士抛头颅、洒热血换来的，来之不易，要倍加珍惜；在中秋节，如果不能回家团圆，就在网上与家人视频聊天互动，感受亲情的温暖；在国庆节，点一下鼠标，升起一面国旗，给人民英雄纪念碑献上一朵鲜花，表达对祖国的热爱和眷念等。另一方面，加大对红色艺术的宣传，开展红色文化旅游、

红色主旋律教育、红色经典传承等活动，线上线下联动进行。在这一方面，广西大学结合师生实际，做得很到位，值得借鉴。我们以广西大学为例，该校现已开通“团学小微”“广西大学学生会”“广西大学”等一批微博、微信公众号，并有粉丝 10 万余名。530 多个团学组织微博，90 多个团学组织的微信公众号，60 多个各级各类团属网站。这些平台已逐步建立起校园内全覆盖、立体式的新媒体信息传播体系。这些平台的建立让社会主义核心价值观的传播有了立足点，青年大学生拿起手机，共青团中央团学小微、西大团学小微、共青团广西区委、共青团广西大学、广西大学学生会等团学组织就在大学生身边，拉近了与大学生的心理距离。刷新微博，点击微信公众号，“社会主义核心价值观”、“四个全面”、“党的新闻舆论宣传工作重要讲话”和“两学一做”等正能量信息就能即时走进青年人的学习生活中。为了运用好新媒体，提高思想政治教育接受效果，广西大学为此组建了一支 800 名思想政治素质过硬，熟练掌握新媒体传播技术，热衷于参加学生活动的青年学生网络宣传员队伍。为了帮助宣传员们用好新媒体，提高思想政治教育接受效果，学校与多家互联网企业合作，开设专门课程，对宣传员进行培训。企业提供的丰富培训内容、新颖的培训方式和实际的上手锻炼机会，让他们对新媒体的本质以及运用新媒体弘扬社会主义核心价值观的重要意义认识更为透彻，对新媒体吸引粉丝关注、提升核心价值观正面信息的点击率和播放量等实际运用技术掌握更为娴熟，而且他们每个人都有大量的微博粉丝、微信好友，这为青年大学生提供正面指导的信息，通过他们的转发在新媒体这一舆论场上形成较大声势。

（二）增强“新媒体意识”，加强组织管理

新媒体时代，媒介素养不仅针对新闻工作者，同时也适合高校管理者的培养。何为媒介素养？它是“通过一定的教育途径和生活经历逐渐建立起来的获取媒介信息和独立判断信息价值的知识结构，是对复杂的媒介信息的选择、理解、质疑、评估、表达的能力及创造和制作媒介信息的能力。”通过具体的分析和实际的理论调研中可以发现，媒介素养体现在时时处处的细节之中。加强高校管理者的媒介素养教育对培养大学生的社会责任感有至关重要的意义，同时也充实了新媒体时代思想政治教育的内容。当代大学生媒介素养的养成，非一日就能完成，这需要高校设置有效的信息监督机制。因此，高校宣传部门首先要充分加强新媒体信息的传播监管和舆情引导工作，做到早发现、早处理、早引导，从而建立起高校思想政治教育信息监督机制，净化新媒体教育环境。新媒体时代，大学生过度依赖网络，容易产生系列心理问题，高校要多创造条件为学生提供面对面交流沟通的机会。面对高校的突发事件和安全事故，党委宣传部门首先要管控好舆论，杜绝谣言产生，以免以讹传讹，弄得师生人心惶惶。高校应重视自身在舆论引导中的权威性和主导性作用。然后，建立一整套完整有效的高校系列新闻发布有效机制，尤其是应对突发事件，化解舆论危机，比如邀请当地主流媒体记者参与新闻发布会、新闻吹风会等，客观公正报道校园新闻。再次，校园媒体人要敢于担当责任，报道事实真相，让师生了解事件的具体情况。一

要掌握好事件的舆论特点，利用校园微博微信及时发布事情公告，对大学生行为、思想进行引导，正确引导舆论。二要提高实效性，立即作出情况反映。三要拓展报道范围，了解事件的前因后果，来龙去脉。最后，高校可以通过人性化的服务，做公益活动等方式树立良好的学校形象，消除负面影响。

（三）创新校园文化内容，增强吸引力和凝聚力

当前大学生在不同的网络平台上学习、娱乐、休闲，因平台的差异互动方式也是各不相同，这种环境恰恰给思想政治教育活动营造了更加开放、多元且互动性强、集群性好的接受环境。大学校园生活丰富多彩，不同的学校根据自身的条件，所处的地域和环境，打造有本校特色的校园文化活动，吸引大学生的注意力，增强爱校护校热情。抛开陈旧老套的文化活动框架，创新活动模式和内容，借鉴热门的综艺节目模式，加入正能量元素，同时融入地方特色，增强校园活动的魅力和吸引力，打造校园活动品牌。我们以广西大学的品牌活动，一年一度的“荷花节”和国际学院“东盟国家留学生节”为例，因为学校地处南国，风景优美，气候适宜，利于种植荷花，且花期长，围绕这个主题，开展系列活动，如诗歌朗诵、歌手大赛、厨艺大赛、辩论比赛等。每年四月，广西大学校园内会举办泰国、越南、老挝、新加坡和马来西亚等东盟国家留学生的本民族传统节日，在各个活动分会场，我们可以感受到异国习俗，见识到异国的传统节日，极具异域风情，这当然也吸引了大批中国学生围观。我们还可以用网络游戏、手机热门 APP、微信运用、QQ 新功能等为手段，有针对性、有计划性地干预学生网络行为，潜移默化地影响大学生价值取向，促进大学生人格养成和价值观塑造。现实大学校园，90 后和 95 后的大学生群体需要知心朋友和灵魂导师一样的老师，辅导员，为他们成长答疑解惑，添砖加瓦。我们要科学、合理、创新、适度的应用新媒体，例如校团委通过建设“校园新媒体中心”，营造开展网络思想政治工作的良好舆论环境，教育者和受教育者双向互动，亦师亦友，平等交流。如何把网络思想政治教育融入校园文化，把主题网站做得有声有色，具有吸引力和凝聚力。我们相关部门必须以学生用户体验为中心，及时反馈使用讯息，运用互联网思维，处理好内容、平台、渠道、用户、市场这五个关系，占领大学生市场，获得大学生欢迎和喜爱。再比如我们可以组织开发一款提高大学生思想政治教育接受效果的网络游戏，这款严肃游戏能为大学生提供时政信息，知识学习，考核考评，生活常识，安全意识等，学生、班级、辅导员以及学生工作处都将是参与者、评价者，共同体验成长的乐趣。在比如，鼓励大学生拿起手机、Ipad 和摄像机拍摄记录身边的典型，身边的感动，传递正能量。借助手机微视视频用户端，举办高校主题宿舍文化节活动，打造校园寝室文化氛围。通过大家一起重新整理布置温馨的生活环境，拍摄制作的小型宿舍宣传片上传到用户端，在网上一晒有了比较，不仅一起动手改善了环境，更增进了同宿舍室友之间的友情。

四、完善大学生使用新媒体的监管机制，拓宽接受渠道，变单一为多元

（一）社会要加强对新媒体的监管，尤其是要净化网络环境

要净化网络环境，破除网络谣言，首先教育部门必须督促和加强学校信息公开工作，增强工作透明度，让大学生有知情权；其次是加强学校网络监控管理，不断完善网络谣言预警与处理机制；最后要提高网民媒介素养，疏导社会公众负面情绪。提高媒介的公信力，净化新媒体环境，培育健康向上的网络舆论环境。新媒体已经成为大学生认知的主要渠道，大学生对新媒体产生了一定程度的依赖，有的甚至不能自拔，但大学生对新媒体的信任度仍有待提高。如今电视荧屏上和互联网上，综艺节目泛滥，尤其是真人秀节目，游戏类的、音乐类的、婚恋类的、旅行类的、亲子类的等，这些节目水平参差不齐，节目同质化严重，太多节目为了收视率和点击率，获得网络热度，拼明星阵容，拼故意炒作，拼眼球效应，而大学生是综艺节目的主要受众，拥有广泛的市场，他们通过互联网、新媒体等渠道收看。社会有关部门（国家新闻出版广电总局、各地宣传部部门、文广新局）要加强对电视台综艺节目的监管，内容的把控，清除“庸俗、媚俗、恶俗”的“三俗”节目，鼓励电视台多生产有思想力和影响力的节目，多打造文化类的精品节目，形成节目品牌，创作文艺作品在注重经济效益的同时，不要忽视了社会效益。比如文化类节目《中国汉字听写大会》、《中国成语大会》、《中华诗词大会》，公益类节目《等着我》，都获得了观众的点赞和认可。让大学生不要被娱乐圈的浮躁、名利等风气感染，多创作些弘扬社会正能量、传递人间真善美的文艺作品。在优化思想政治教育接受环境方面，社会需要加强对政治、经济、文化三个环境的综合治理和建设。政治方面，有关部门要加大腐败惩治力度，加强廉洁观教育，使官员不敢腐，不想腐，多为老百姓办实事，营造风清气正的政治环境；经济方面，要加大对食品药品安全，市场不公平竞争、违法交易等破坏市场经济的行为，予以坚决打击，提高经济发展水平，既要金山银山，又要青山绿水；文化方面，要切实发展互联网网络文化，用社会主义核心价值观引领社会思想，大力弘扬中华民族优秀传统文化，推动社会主义文化大繁荣大发展。

（二）学校要加强舆论引导，创造向上向善的文化氛围

我们常谈的思想政治教育素养，主要是指“广泛吸收而又不拘一格地运用教育素材进行的再次创作和升华，以反映大学生思想政治教育的现实情况。”因此思想政治教育艺术有着更贴近生活的感情基础，但跟社会接触的越亲密便越有社会习气的存在，思想政治教育艺术的发展值得我们去关心建言。而高校作为思想政治教育的主阵地，要加强舆论引导，积极营造向上向善的文化氛围。通过举办学生品牌活动、各种才艺大赛、体育活动等，打

造一张有自己特色的高校文化品牌。结合国家大政方针，时事热点，组织形式多样，内容丰富，生动有趣的活动及时宣传，扩大宣传队伍。利用优秀的文艺作品进行社会主义核心价值观教育，随着改革的不断深入和市场经济的日益成熟，人们的信仰缺失，人与人之间的信任危机加大，我们也需要榜样楷模的人物引领，多学习先进人物的事迹，多讲“身边的感动”故事，多报道校园的“好人好事”，创造向上向善的校园文化氛围。这一方面广西大学做了有效尝试，值得借鉴。在移动用户端方面，广西大学充分运用网络技术，建立了广西大学手机报，分本科版和研究生版，及时发布校园讯息、通知公告，方便了大学生的生活。在校园网站建设方面，广西大学以人为本，建立了学生自主的广西大学雨无声网站和广西大学空谷校园网站，其中的思政平台板块，及时关注时事动态，结合大学生实际，进行思想政治教育，受到了西大学子的广泛好评。学校主页网，也专门开辟了“党的群众路线”、“共筑中国梦”、“培育和践行社会主义核心价值观”、“三严三实”、“网络安全宣传”等专题网页，成为了思想政治教育宣传的有效阵地。在自媒体建设上，广西大学充分运用微博微信平台，建立了广西大学团学小微微信公号、广西大学官方微博，发布校园故事，传播正能量；贴近大学生生活实际，发布服务信息，全心全意为学生服务。而新媒体时代的高校校园文化建设，应将校园文化与媒介文化二者有机结合，把校园网络文化、校园手机文化、校园寝室文化等在内的高校文化建设纳入到和谐校园文化建设的总体格局中，充实校园文化内容，拓展校园文化内涵，延伸校园文化功能，线上线下，双向互动，提高思想政治教育接受效果。

（三）发挥大学生新媒体技术优势，推动良好家风的形成

被新媒体包裹的青年一代，家长应该清晰认识到，新媒体对大学生价值观的培育和人格的完善也发挥着积极的正面作用，这就要求我们必须重视家庭教育。那么，我们应该怎样树立好良好的家风呢？第一，要提高认识。我们要弘扬优秀的中华民族传统家风文化，坚持对“仁、义、礼、智、信”这些传统伦理观念的现代化更新。对优秀家风要有传承的意识，并努力践行。传统家风主要通过家训、对联、家族族规、家长言传身教等方式对子孙产生影响，达到教育目的。比如“家和万事兴”的家风，需要我们整个家庭在遇到困难时能够团结一致，拧成一股绳，共克时艰，有福同享有难同当。第二，树立自信。树立对家风文化的自信，家庭成员要承认家风传承的必要性。只有意识到家风传承的重要性，才能激发对家风的重拾和保护。家庭成员要树立对传统优秀家风的文化自信，并不是意味着我们要对传统家风无条件地接受或机械地复制，而是在对待传统优秀家风上应坚持科学的态度。以客观、科学的态度敬重家风、评价家风，从头树立对家风的自信。比如“快乐、团结、向上”的家风，需要一家人开开心心，整整齐齐，拥有和谐愉快的生活氛围，一家人天天向上，热爱生活，共同奋斗。第三，教育方式要形成系统，保持一致。家长在教育孩子时在教育方式上应要求一致形成系统，在制定教育目标时，要结合孩子身心发展和可接受程度，教育思想不可过分超前，也不可太落后，要与时俱进，因材施教。长辈和晚辈

可以是朋友关系，也可以是师生关系，晚辈耐心教会长辈新媒体应用和手机使用，长辈传递人生经验和智慧给晚辈，互相学习，教学相长，共同进步。

第八章　新媒体环境下思想政治教育话语创新

新媒体给高校思想政治教育提供了全新的环境，它的发展使思想政治教育主体的信息优势丧失、某些传统方式方法失灵，话语权也发生了变化。因此，加强对高校思想政治教育话语研究，系统探讨高校思想政治教育话语的变化，实行高校思想政治教育的话语变革，是高校思想政治教育工作者的一项迫切任务，也是增强新媒体时代高校思想政治教育有效性的新手段。

第一节　新媒体时代高校思想政治教育话语的特征与功能

一、新媒体时代高校思想政治教育话语的内涵

（一）话语的内涵

何谓话语？目前学术界还没有给出一个统一的定义。诺曼费尔克拉夫在《话语与社会变迁》一书中说：“话语是一个棘手的概念，这在很大程度上是因为存在着如此之多的相互冲突和重叠的定义，它们来自各种理论的和学科的立场。在语言学中，‘话语’有时用来指口头对话的延伸部分，以便与书写‘文本’相对照。”据曼弗雷德·弗兰克在《论福柯的话语概念》中考证：“Discourse”（话语）源自拉丁语的discursus，是表达、谈论与述说的意思。从目前来看，尽管对话语没有统一的定义，但据学者们的研究（郭毅然，2007），对于话语的解读大体有三种观点：第一种是言语说。此说来源于索绪尔的语言和言语的区分，他把作为语言符号和规则的具体运用的日常话语称为言语，而话语则是连接的言语或者社会文化语境中的一种语言使用形式。第二种是内容（形式）说。此说认为话语更重要的是其内容及其表现形式，称话语包括语言使用、思想传递和社会情景的交际三方面的内容，或者说话语就是具体的某个会话或某篇文章。第三种是互动说。此说认为话语是社会文化语境下的互动过程的产物或者是一种交际事件或言语交际活动。尽管对话语的界定有多种说法，但其共同之处在于认可话语在某种程度上是一种工具性的独立体系。

（二）思想政治教育话语的内涵

何谓思想政治教育话语？目前国内针对思想政治教育话语的定义有几种不同的观点，概括学者们的研究，大体有以下三种：

第一种观点认为，思想政治教育话语是思想政治教育活动主体在思想政治教育实践中通过一定方式表达出来的指向一定思想政治教育目的的话语。思想政治教育话语是思想政治教育得以实施的中介，是思想政治教育活动得以完成的必要手段，是影响思想政治教育有效性的重要因素。同时还指出了思想政治教育话语的三个特征，即思想承载性、主体主导性和内容契合性。

第二种观点认为，思想政治教育话语是思想政治教育活动主体在思想政治教育实践中以口头或书面方式表达并指向一定思想政治教育目的的话语，提出思想政治教育话语有控制式、劝导式和对话式三种形式，并逐渐从控制式和劝导式转向对话式，突出思想政治教育话语的人文关怀和以人为本的宗旨。

第三种观点认为，思想政治教育话语是指在一定社会主导意识形态支配下，遵循一定的话语规范、规则和规律，并在特定的话语语境里，思想政治教育活动过程中的教育者和受教育者用来交往、宣传、灌输、说服，以及描述、解释、评价、建构思想政治教育内容和主体间思想观念、价值取向和行为表征的言语符号系统。

（三）对新媒体时代思想政治教育话语的新定义

基于新媒体时代思想政治教育的形式、内容等诸方面均已发生了重大变化，其话语的定义应当是：

新媒体时代思想政治教育话语是指思想政治教育活动主体运用新媒体技术，以跨界思维为逻辑起点，通过多形式、多模态的信息传播而展开的沟通活动，包括说话人、受话人、文本、沟通、语境等要素，以达到指向一定思想政治教育目的的言语符号系统。对于这个定义，其内涵体现了以下三点：

1. 新媒体时代思想政治教育话语已超越了作为社会符号的语言

传统意义上的话语，可以理解为是一种社会符号的语言，而在新媒体时代，话语已超越了作为社会符号的语言，成为使用两种或者多种符号资源（语言、图像、空间等）完成意义建构的社会实践。本来语篇是指任何不完全受句子约束的一定语境下表示完整意义的自然语言，但在新媒体时代，语篇的含义也从传统的静态文字语篇扩展到了动态多模态语篇。因此，思想政治教育活动主体只有适应这种变化，以跨界思维推动思想政治教育话语的建构，才能更好地完成思想政治教育目的的社会实践。

2. 新媒体时代思想政治教育话语传播呈现多形式、多模态

新媒体时代，由于信息的传递过程是双向的，信息的发送者既是发送者也可以成为接收者，因而大大改善了传统媒体传播信息过程中受众的被动地位。正因为如此，话语在新

媒体时代呈现出多形式、多模态，基于此，思想政治教育话语唯有通过这些新的形式以及不同的模态才能得以体现。

3. 新媒体时代思想政治教育话语沟通更具人性化和契合性

新媒体时代的话语具备了很大的开放性，不仅使大众从单纯的受众变成媒体的主体，具有了更大的主动性，而且信息的获取也越来越快捷、方便、自由。因此，在新媒体时代，突出思想政治教育话语的人文关怀和以人为本的宗旨，是实现思想承载性、主体主导性和内容契合性的保证。

二、新媒体时代高校思想政治教育话语的特征

与传统高校思想政治教育话语特征相比较，新媒体时代高校思想政治教育话语特征是有所不同的，主要有四个特征。

（一）思想开放性

话语具有多种话语方式，任何一种话语方式都承载和传递着一定的思想内容；离开了这种“表达方式”，就不会有任何思想体现。传统高校思想政治教育所传播的思想，主要是通过话语来实现的，无论是表达者还是接受者，都是首先通过话语方式来表达和理解语言信息的，但这种话语表达方式，往往受到时间、地点的限制，带有某种程度上的封闭性。而新媒体时代却使这种“表达方式”发生革命性变化，新媒体在传播时间、内容和方式上都表现出了极大的开放性。由于新媒体的信息传播突破了时空界限，成为真正意义上的“全天候媒体”，尤其是新媒体所带来的海量信息，实现了“资讯无屏障”，使网络用户可以获取的信息“永不枯竭”。因此，新媒体时代高校思想政治教育所传播的思想，必须体现极大的开放性，它应当善于借助这种“开放性”的“表达方式”来承载和传递着一定的思想内容；可以说，离开“开放性”话语，思想政治教育活动主体的教育思想既无法表达，也无所依附。

（二）主体交互性

传统高校思想政治教育话语，通常是以思想政治教育者作为教育的主体的，所采用的控制式和劝导式话语方式与思想政治教育者在思想政治教育实施过程中的主体地位是相适应的，表现为“实施主导性”。新媒体时代的一个显著特点是，新媒体的传播方式是双向的，传播者和受众在信息交流过程中都有对等的控制权或主动权，每个人既是传播者，又都是受众，传播信息和接受信息几乎可以同时完成。由于在新媒体空间里每个主体都以相互区别的代号平等存在、平等对待、平等交流，要求高校思想政治教育话语的对话双方都必须拥有平等的话语权，教育者与受教育者可以采取自愿、自由的方式展开对话，并且这种对话不是封闭式而是开放式的，不是控制式或劝导式而是交互性的。施教者只有充分认识到思想政治教育话语主导性的变化，不断调整自己、完善和发展自己，才能更好地发挥

自己在新媒体时代高校思想政治教育中的教育和引导作用。

（三）形式多样性

传统高校思想政治教育话语形式比较单调，主要通过课堂、讲座、报告会等形式来实现。新媒体时代，由于新媒体技术的广泛运用，话语表现形式丰富多彩，它们巧妙地绕开现有结构的控制，使得人们对信息的获取越来越快捷、方便、自由。新媒体所具有的多样性话语形式，不仅超越了报纸版面、电视时段、地缘等方面的限制，更突破了高校课堂、讲座、报告会等话语形式的局限，大大改善了传统媒体传播信息过程中受众的被动地位，在时间和空间两个维度都极大地提高了话语传播的可能性和有效性。因此，新媒体时代高校思想政治教育话语必须切实掌握这种“点对多”“多对多”等话语形式，只有这样，话语意义才能通过这些新的形式以及不同的模态得以体现。

（四）内容个体性

传统高校思想政治教育话语的内容历来强调两点：一是思想政治教育话语必须与受教育者的日常生活及利益、需求相契合，具有相应的联系；二是思想政治教育话语的表达要与受教育者的接受能力和接受特征相适应。但是在实际操作时，由于受到各种因素的影响，效果不明显，尤其是对有个性化需求的更难以有效。新媒体技术的运用，也为高校思想政治教育话语带来了两个革命性的变化：一是对等，即强调教育者与受教育者之间对等的关系、对等的权利。由此带给我们的是高校思想教育主客体关系本质的变化。二是点对点，即强调“个性化”的解决问题。由此带给高校思想政治教育的是对传统的、相对粗放的工作模式的变革，是注重每个大学生的个性需求，强调大学生的主观能动性，更新固有的工作理念和方法的变革。新媒体时代高校思想政治教育应当注重话语内容的变革，融图形、文字、声音、动画等为一体，为大学生提供“点对点”的话语传播服务，尤其是针对不同需要的大学生提供个体性的服务，使得思想政治教育话语内容更具契合性和实效性。

三、新媒体时代高校思想政治教育话语的功能

新媒体时代高校思想政治教育话语的功能，概括起来主要有 6 大功能。

（一）辩护功能

辩护功能是高校思想政治教育话语的学科本源功能，在新媒体时代辩护功能尤显重要。随着新媒体的发展，当代西方新自由主义的思潮也通过网络直接影响了大学生的价值取向，消解了部分大学生对马克思主义的信仰；在价值取向上割裂了个人与集体的关系，消解了部分大学生对集体主义道德观念的信赖与遵守；后现代主义“放逐理想”的价值取向，也导致了部分学生精神状态上消极、颓废，思想道德上空虚、败坏，对政治的冷漠，远大理想的缺乏与信仰的缺失，消解了他们对国家、民族的责任心与自豪感。面对当前网络上社

会思潮的多样性、价值观念的多样性、意识形态的渗透与反渗透等现象，要充分发挥高校思想政治教育话语的辩护功能，否则高校思想政治教育学科的设立就没有必要。这种辩护功能，既要体现对境外意识形态话语的渗透、对境外的不良话语的深刻批判和揭露，同时也要体现对社会主流意识形态的辩护和巩固，尤其是对社会主流意识形态话语的捍卫。当然，这种批判和辩护，主要是通过充分运用新媒体的多种形式，潜移默化地讲授马克思主义基本理论，教会人们用马克思主义的观点和立场分析现实问题，从而使大学生从各种社会思潮话语的“迷宫”里走出来，认清事实、了解真相、辨别真伪，以树立正确的人生观和价值观。

（二）导向功能

导向功能是高校思想政治教育话语最主要的功能，随着新媒体的出现，使得高校思想政治教育话语的导向功能更为显现。新媒体时代，由于传播信息的扩展和传播速度的加快，使得社会信息传播方式大大丰富起来，现在人们借助新媒体的各种传播形式，可以通过文本、多媒体播件传递各种信息，还可以发送音频、视频信息等等，其形式变得越来越复杂多样。由此传统的思想政治教育的单向灌输话语不再可行，取而代之的是思想政治教育导向话语，通过思想政治教育的导向话语营造主流话语氛围。所以，思想政治教育话语的导向功能是时代所要求的基础功能，而其功能的体现必须借助新媒体才能实现。为体现高校思想政治教育话语在价值、目标和行为导向方面的功能导向作用，思想政治教育工作者可以利用新媒体即时性的特点，将学生感兴趣的思想政治教育素材发布到网络空间，促进高校思想政治教育学习的即时性；还可以利用新媒体的开放性、随意性特点，将自己在道德观、人生观、价值观方面的观点，通过简单凝练而富有哲理的文字形式发布到微博空间，对学生进行教育，从而提高思想政治教育的针对性。在新媒体环境中，当网络上出现大量不同议论、争辩激烈时，应发挥“意见领袖”话语的导向功能作用，加强对舆论的正面引导。“议程设置”是大众传媒所具有的一种为公众设置“议事日程”的功能，指的是传媒在新闻报道和信息传达活动中，可以通过赋予各种“议题”不同程度的显著性的方式，影响人们对事件重要性的判断。在新媒体环境下，虽然信息发布者的话语为公众设置议程的影响力因舆论主体分众化、舆论内容多元化而大打折扣，但网络媒体议程设置的话语仍然存在，如果巧妙运用，同样能够发挥其话语的导向作用。

（三）互动功能

思想政治教育是一个双向互动的过程。新媒体改变了人际沟通的模式，使人际沟通与互动的广度和深度达到了一个新的层面。网络将私人空间与公共空间结合起来，给人们的沟通提供了前所未有的便利。这是一种心理与科技结合的渐进革命。在网络人际沟通中，个人以局部参与互动，实际上是个人自我认同的互动，但参与者共同组成的社会，支撑着互动的进行，个人甚至有时也援引在真实世界中的身份来推动这一互动过程。网络所有的多媒体特性都隐含了互动的功能。新媒体变革了以往人际传播是“点对点”的“对话式”双向传播、大众传播“点对面”的“独自式”单向传播的形式，代之以电子“交互式”的网络传播形式。这种话语的传播形式既综合了前两者的特点与优势，又不是简单的整合和延伸，而是一种全新的沟通互动功能的创造和体现。

从某种意义上说，新媒体时代高校思想政治教育话语是一种特殊的远程信息传播或通信、一种情感传播的过程，其话语的互动功能主要表现在：有助于高校思想政治教育工作者能够按照一定的教育目的要求，选择合适的思想政治信息，通过有效的媒体通道，把知识、观念和技能等远程地传送给教育对象，在教育者和受教育者之间实时地进行双向话语交流活动。同时，也有助于发话者在话语互动的过程中，立足话语接受者的实际，结合接受者自身特点，充分尊重个体差异，从接受视角出发，合理满足话语接受者的话语需求，优化表达语境，准确表达教育信息，及时提取反馈信息，从而使接受者在话语的互动中积极主动地接受教育，并通过内化、外化形成良好的思想道德品质和品德行为。因此，可以说新媒体时代高校思想政治教育话语所具有的互动功能，是一种网络思想政治文化传播，一种在时间和空间上拓展人的语言和情感的融政治性和思想性为一体的网络双向互动行为（陈渊、朱品，2007）。正是从这个意义上来说，新媒体时代高校思想政治教育话语传播的主体不仅是教育者，还是受教育者，教育者往往同时又是受教育者，而受教育者往往又是教育者，是他们双方共同的行为和作用促成了话语传播的进行。教育者和受教育者的关系是两个主体相互依存、相互制约的互动过程。

（四）渗透功能

所谓渗透功能，指的是新媒体时代高校思想政治教育工作者在进行思想政治教育的过程中，通过采用新媒体技术，将思想政治教育的话语渗透到受教育者实际生活的各个方面，从而使受教育者在渗透功能的影响下，潜移默化地接受这种思想政治教育话语并将其内化为自己的符合社会需要的思想观念、政治观点、道德规范的一种教育形式。新媒体时代高校思想政治教育话语的渗透功能主要体现三个方面：

1. 利用校园网渗透高校思想政治教育话语

校园网是大学生经常登录的网站，高校思想政治教育工作者应当重视利用好这一途径。在校园网上，大学生会对各种新闻、观点和主题进行自主表达意见和评论，这些会对一些大学生的话语造成不同程度的正面或负面的影响。但对多数大学生面对众多话语两难选择时，高校传媒的文化与意识形态领域的渗透方式应当注意更加潜移默化、令人难以觉察。通过采取这种潜移默化的渗透方式，改变大学生的观念、思想和舆论，从而使功能发挥的方式更具有隐蔽性，在渗透中可以实现教育功能。

2. 借助新媒体的隐匿性渗透高校思想政治教育话语

新媒体技术的匿名性、隐蔽性等特点，使网友的性别、年龄、身份、地位等社会角色得到屏蔽，网络在线的每一个人，只用符号就可以实现畅所欲言。新媒体技术的这一特征，在一定程度上缩小了人际交往的心理距离，去除了先入为主的交往恐惧，可以使人在精神完全放松的情况下交流认识和思想，这有助于教育者了解大学生的思想动态，获得真实而有价值的信息，解答大学生在成长过程中出现的困惑，并针对他们的各种问题及时准确地加以引导，提高思想政治教育话语渗透的有效性。同时，也可以通过互动互助的论坛、交友、电子邮箱等形式，引导大学生对学校的发展、管理等自己感兴趣的话题发表自己的观点，在话语的碰撞中充分发挥出新媒体“渗透式”隐性教育的功能。

3. 把握新媒体的广泛性渗透高校思想政治教育话语

作为高校思想政治教育新载体的新媒体具有覆盖无限空间的功能。新媒体突破了以往大学生思想政治教育受场地、时间限制等时空局限，使得高校思想政治教育话语传播得以进一步的发挥，更具有广泛性和影响力。随着思想政治教育话语渗透功能的拓展，渗透到组织规范制定和管理过程之中，可以让思想教育在大学生学习、生活的多个角度不知不觉地展开，对教育对象的思想、行为将会产生潜移默化影响和塑造作用。同时，由于这种渗透功能有意识地将思想教育话语渗透到人们的各种活动之中，可以使过去与思想教育无关的部门、单位、人员和活动领域成为思想教育的载体，进而形成多种社会因素和多方面人员参与的教育合力的功能，从根本上改变高校思想政治教育话语传播的有限性局面。

（五）规范功能

所谓规范功能，是指主体在运行过程中需要实现的目的功能。高校思想政治教育话语的规范功能，就是思想政治教育工作者按照思想政治教育的既定要求，运用教育者的话语权力，对受教育者的政治意识、道德意识等进行规范，以保证高校思想政治教育的目的得以实现。

高校思想政治教育话语在传播的过程中离不开话语“权力”，但“权力”的运作必须受特定的话语控制才能发挥其作用，没有话语，“权力”就缺少运行的重要载体。同样，任何话语的形成及其实践也是“权力”运作的结果，“权力”能够让一些人的话语成为主流话语，也能够让另一些人的话语隐匿消解。很显然，高校思想政治教育话语应具有这种“权力”，并且它的规范功能就是依靠这种“权力”才得以实现的。鉴于此，为使高校思想政治教育话语的规范功能得以充分发挥，应牢牢掌握三个方面的“权力”：

1. 掌握网络话语“以快制快”的主动权

新媒体时代，信息传播速度之快是空前的，高校思想政治教育工作者应当利用新媒体的快速反应能力，针对网上出现的倾向性问题，抓住问题实质，第一时间向大学生“即时播放”信息，传播思想政治教育话语，把问题解决在萌芽状态。

2. 掌握网络话语的“把关”主动权

首先是“时机把关”。思想政治教育话语权运用的最佳时机，就在于能否及时、有效地扼制问题话语的产生，并且对初露端倪的热点话语给予有效引导，制止有害话语的传播。其次是“内容把关”。高校思想政治教育工作者要精心设置话语内容，突显思想政治教育话语引导的根本任务和重要内容，始终以党的创新理论、社会主义核心价值观作为大学生的话语导向。再次是“网络把关人把关”。高校网络把关人是由网络主管机关、网络管理机构、网络管理者和论坛版主等组成的，需要各方相互协调、通力合作，共同起到“把关人”的作用。

3. 牢牢掌握第一时间的话语主动权

新媒体是把双刃剑，往往话语传播的快慢都可能给不良话语留下传播空间。因此，高校思想政治教育工作者必须在第一时间与网络保持亲密接触，有针对性地传播思想政治教育话语，使高校思想政治教育话语的规范功能得以充分发挥。

（六）评价功能

所谓评价功能，是指对主客体工作运行过程的结果所进行的全面评价。高校思想政治教育话语的评价功能，就是指对思想政治教育工作者实施思想政治教育既定要求的情况和思想政治教育话语传播的效果进行评价，这种评价包括对他者和自身的两个方面评价，对思想政治教育话语效果的评价实际上就是话语的自我评价。

新媒体时代，高校思想政治教育话语的评价功能主要体现在三个方面：

1. 正效果评价

高校思想政治教育话语的正效果评价，主要是指思想政治教育话语传播思想政治教育内容的是否具有积极效果，也即是有效结果。其表征：一是描述有效，是指高校思想政治教育工作者利用新媒体快捷传播的技术，使思想政治教育话语能够准确、恰当、及时地描述思想政治教育内容。二是传播有效，是指高校思想政治教育话语在描述有效的基础上，适时地将思想政治教育内容传播到大学生中间去。三是灌输有效，是指高校思想政治教育工作者充分运用新媒体交往引入的特点，使有形的思想政治教育内容通过无形的方式实现灌输目标。

2. 零效果评价

所谓零效果评价就是没有效果，是指在高校思想政治教育活动过程中，思想政治教育话语传播的思想政治教育内容失效。思想政治教育话语失效，就意味着思想政治教育话语失去存在的依据。导致思想政治教育话语失效的根本原因：一是话语与话语内容不同步，使得思想政治教育话语无法对思想政治教育内容进行描述和传播。二是话语与时代发展不同步，使得思想政治教育话语难以在教育者和受教育者之间进行有效沟通。

3. 负效果评价

高校思想政治教育话语的负效果评价主要是指思想政治教育话语传播的思想政治教育内容所产生的消极效果，对思想政治教育正效果是一种消解和阻滞，它表明思想政治教育话语已经异化。这种情况在正常的思想政治教育活动过程中一般不会发生，只是出现在特定的历史时期。

总之，要重视和发挥思想政治教育话语的评价功能，扬长避短、趋利避害，不断增强思想政治教育话语的正效果评价，从而更好地推进新媒体时代高校思想政治教育话语发展。

第二节　新媒体时代高校思想政治教育话语权的转移现象与成因分析

一、新媒体时代高校思想政治教育话语面临的新机遇

在新媒体时代，高校思想政治教育话语发展面临许多新的机遇，主要体现在以下几个方面：

（一）新媒体拓展了高校思想政治教育话语的新空间

传统高校思想政治教育话语，主要基于地缘、职缘的交往范围，以点对点交往的形式来实现的，由于受话语随着新媒体的普及和高速发展，高校思想政治教育话语的拓展已成为迫切需要。首先，新媒体所创造的网络世界、虚拟空间等一系列的交往方式日益受到大学生的青睐，这就为高校思想政治教育话语向网络世界、虚拟空间拓展提供了新的机遇。一方面新媒体为大学生提供了一个相对自由的独立空间，使他们能够在网络世界、虚拟空间里不再被任何话语权威所控制，他们可以在不同价值取向的比较中进行选择，培养自己的独立人格。另一方面在新媒体所创造的网络世界、虚拟空间里，高校思想政治教育工作者超越了基于地缘、职缘的交往范围，为大学生提供了全方位、多层次的思想政治教育话语传播的机会。其次，新媒体所具有的即时、简明、快捷、时代性强等特征，使得许多网络的话语形式、话语内容和话语方式为高校思想政治教育话语发展注入了新的血液和动力。再次，由于高校思想政治教育话语的宏观领域已经无法满足虚拟世界的需要，这就迫使思想政治教育话语向微观领域拓展，从一定程度上来说，唯如此才能形成真正的思想政治教育话语体系。因此，对高校思想政治教育话语的拓展来说，是一个难得的机遇，必须紧紧把握住方可大有作为。

（二）新媒体创新了高校思想政治教育话语交流互动的新范式

传统高校思想政治教育话语的交流范式，主要是“面对面”的直接交流，不仅形式比较单一，更重要的是受教育者处于比较被动的位置，难以达到交流互动的效果。新媒体创新了思想政治教育双方的交流范式，它把传统的思想政治教育中主客体间的“面对面”直接交流，演变为双向交流模式，隐去了每个人先天赋予的各种自然条件和后天形成的社会地位差别，提供给每个人以平等的机会。这种交流范式，有利于加强教育者和受教育者之间的沟通，有利于主体在交往、沟通中不断丰富高校思想政治教育话语的内涵，有利于主体共同成为高校思想政治教育话语实践活动的参与者和建构者。简言之，正是由于高校思

想政治教育主体间话语的丰富性和创造性，在他们的交流与互动中给高校思想政治教育话语发展提供了良好的发展机遇。

（三）新媒体促进了高校思想政治教育话语适应构建和谐社会提出的新要求

构建社会主义和谐社会，不仅要求高校思想政治教育要与构建和谐社会相适应，而且要不断促进人与人、人与社会、人与自然的和谐以及人的心灵和谐。在诸多和谐中，心灵和谐是人与人关系和谐的基础、是人与自然和谐的前提。新媒体时代，来自网络的各种信息会对人的心灵和谐产生影响，这种影响既有正面的也有负面的，而负面影响往往会有害于人的心灵和谐。高校大学生的心灵和谐，是实现全社会和谐的重要组成部分。高校思想政治教育话语必须发挥正能量的作用，以光大正面影响，规避或消解新媒体所带来的负面影响，这不仅是高校思想政治教育话语自身应有的要求，也是构建社会主义和谐社会提出的新要求。为此，高校思想政治教育话语应通过新媒体的途径和方式，走进大学生的内心世界，对他们的内心进行充分的评估，并采取相应的对策，对他们的心理机制进行干预、对他们的心灵世界的混乱秩序进行梳理，通过潜移默化的影响和作用，使得大学生的内心达到一种和谐的状态。由此可见，高校思想政治教育话语在构建社会主义和谐社会中的作用尤为突出，这也是高校思想政治教育话语向微观拓展所面临的难得机遇。

（四）新媒体提供了高校思想政治教育话语与全球化话语接轨的新机遇

美国社会学家罗伯森认为：“作为一个概念，全球化既指世界的压缩，又指认为世界是一个整体的意识的增强。”简单地说，全球化就是两种反向趋势的巧妙融合。一方面，对每个个体而言，人们的生活世界在扩张，区域性的、本土化的、民族性的各种因素不断地向全球范围内延伸，人类的社会活动在经济、政治、军事、技术、文化等各个层面上都日趋深广；另一方面，对整个世界群体而言，随着人类不断跨越在空间、制度、国家、文化等方面的障碍，日益加强在全球范围内的信息沟通和人际关联，人们所面临的发展困境也越来越趋同，现实焦虑也日趋集中。前者体现了世界在物质层面上的扩张性，后者体现了世界在意识层面上的集中性，所谓“全球意识”或“世界意识”的形成，就建立在这种看似相反、实则同质的社会发展基础上。这种“世界意识”就是一种“全球化话语”，其本质就是一种共识，就是要自觉超越国家、区域、民族、种族等的界限，消除种种政治壁垒的限制，从全人类或全世界的角度出发来思考社会问题。

全球化话语内涵极为丰富，视域极为宽阔，远远超出了高校思想政治教育话语理论乃至整个思想政治教育话语理论的边界。在新媒体时代，高校思想政治教育话语与全球化话语不应完全相排斥，可以相互沟通、相互吸收，这就为高校思想政治教育话语发展提供了新的契机。但同时我们也应当注意到这样一个现实：由于传统高校思想政治教育话语的滞后性，全球化话语对高校思想政治教育话语的冲击是客观存在的，导致高校思想政治教育话语出现失语、失效等现象也是不可避免的。因此，在全球化话语的大背景下，高校思想政治教育话语必须借助新媒体技术，去获取更多、更加丰富的世界各民族文化话语资源话语，才能够不断拓展自身的话语理论，搭建好高校思想政治教育话语与全球化话语接轨的平台，从而在国际舞台上获得更加广阔的发展空间。

（五）新媒体激发了高校思想政治教育话语理论更新的新自觉

当前，由于高校思想政治教育话语在微观领域中的解释退隐或者匮乏，从而使得思想政治教育话语吸引力和战斗力不强，是一个不争的事实。高校思想政治教育话语所面临的现状，迫切需要高校思想政治教育工作者进行理论反思，在反思中逐渐实现理论自觉。这种理论自觉，既是争夺在新媒体世界中的话语权的需要，也是高校思想政治教育话语理论自我评价的需要。当今网络话语集文字、声音、图像、影像于一身，打破了时间限制和地理隔阂，成为一种全方位的立体式的话语体系。高校思想政治教育工作者应当把握新媒体所提供的新机遇，努力促进思想政治教育话语理论自觉，以此激发思想政治教育主客体之间的创造性，以适应思想政治教育向微观世界拓展的需要，从而为高校思想政治教育话语自觉提供了广阔的发展空间。

二、新媒体时代高校思想政治教育话语权的转移现象

新媒体时代高校思想政治教育话语在面临发展新机遇的同时，也面临着新挑战，这种挑战主要表现为话语权转移，概括起来存在如下转移现象：

（一）新媒体“海量共享”的特性解构了高校思想政治教育的话语权威和信息优势

在传统高校思想政治教育的话语传播过程中，由于高校思想政治教育工作者掌握着稳定可靠的信息来源，他们在思想政治教育中始终占据主动权，拥有无可争辩的话语权威。而新媒体的广泛应用以及所呈现出的“海量共享”特性，极大地拓展了大学生获取信息资源的机会和渠道，教育者不再是主要的信息源，大学生可以直接从新媒体中获取大量的信息，甚至是教育者所不曾掌握的信息，无形中形成了与教育者的对峙，使得教育者的话语权威不再现。这是不以人的意志为转移的客观事实。在这种教育者和受教育者面临同样的信息环境中，高校思想政治教育工作者应积极采取相应的对策和措施，尽快适应新情况和新变化；否则，高校思想政治教育的权威性和话语权势必会失去更多的影响力。

（二）新媒体“信息传播无屏障”的特性削弱了高校思想政治教育话语的调控力

高校思想政治教育工作者的调控力是其发挥主导作用的关键因素，调控力的下降也就意味着思想政治教育工作者话语权的丢失。在传统高校思想政治教育中高校思想政治教育工作者的话语权是建立在一定控制力基础上的，尽管大学生也会受到来自社会上的不良影响，但在总体上高校思想政治教育工作者还是能够对大学生接触的信息具有较好的可控性。

而在新媒体时代，由于“信息传播无屏障”特性，任何观点、思想在网络上的传播都不再有限制，这使得高校思想政治教育工作者对信息源的掌控显得越发力不从心，随着作为“把关人”的话语调控力的削弱，思想政治教育工作者的话语权也将无从谈起。新媒体信息的多元化使多种思想和文化并存，在一定程度上给大学生的思想造成了混乱，更需要高校思想政治教育工作者发挥调控力。高校思想政治教育工作者必须加强话语的调控力，否则其话语权的削弱也会遇到不可避免的冲击。

（三）新媒体“全天候即时互动”的特性降低了高校思想政治教育话语模式的吸引力

与传统高校思想政治教育以“灌输”为主的教育模式相比，新媒体所具有的“全天候即时互动”的特性，凸显了传统思想政治教育手段的乏力。新媒体的优势主要表现在：它能够随时随地发散潜移默化的影响，这是有限的思想政治教育教学难以企及的；它能够即时扩展互动内容的深度和广度，调动大学生的参与度，起到提升人性的作用，这是传统高校思想政治教育手段单一、方法简单的教育模式难以达到的。这无疑调动了大学生的主体意识，从根本上改变了他们的认知方式，由此教育者依靠角色权威控制思想教育话语优势的景况也将不再。面对新媒体时代的新变化，高校思想政治教育工作者必须及时转变居高临下的角色和传统的教育方式，努力探索思想政治教育话语传播的新形式，否则其话语模式失去吸引力也将成为一种必然。

（四）新媒体“个性鲜活”的特性影响了高校思想政治教育话语的实效性

语境的严肃性、话语的规范性、语辞的固定性、叙事的宏大性，是传统高校思想政治教育话语的一大特点。这种思想政治教育话语有其规范、严谨、逻辑性强等优点，但缺点是教育语言缺乏个性、审美特征和生活化。新媒体时代，网络话语的新鲜、新潮和新颖，深深地吸引着大学生们去模仿、使用且参与创造话语，内心萌发出对传统思想政治教育话语的排斥、渐生出对教育者的反感。当前，在新媒体环境下，传统的高校思想政治教育的“说教”方式遭遇传播瓶颈，思想政治教育工作者的工作陷入了信息不对称、交流不畅通的困境。一方面，一些教育者对于大学生富有个性特征鲜活、精神需求丰富、态度观点各异的网络表现不赞成，或者难以适应，或者不以为然，更不能主动利用网络语言与大学生交流。

另一方面，网络话语的迅速更新，使教育者的话语很难融入大学生所熟悉的文化语境，甚至可能与他们所认同的网络语言和文化心理产生激烈冲突。这种情况发展下去，如果思想政治教育工作者不能有效地了解并利用网络语言，必然会造成其话语权某种程度的旁落，影响高校思想政治教育话语的实效性。

（五）新媒体“碎片化”的特性呼唤高校思想政治教育话语传播的组织方式更新

“碎片化”是新媒体时代信息生产、传播的一个典型特征。它的主要表现是：在“时间就是金钱”“时间就是生命”的理念作用下，人们应用新媒体的时间越来越零碎，高频率、短时间即可成为互动的常态；随之人们对信息的关注与需求越来越发散，逐渐形成了志趣相投的或者利害相关的“小众部落”。所谓“小众部落”是指有相同爱好人的聚合圈子。在“小众部落”的圈子中，人们不仅能够找到共同关注的热点话题，更重要的是能够找到有着共同话语的伙伴，大家自由交流，宣泄情绪，成为网络知音。高校思想政治教育工作者必须适应这种变化，主动融入大学生的新媒体世界，成为他们的“粉丝”、“好友”，才有可能了解和掌握大学生的即时动态，进而为在新媒体环境下传播思想政治教育话语奠定基础。

三、新媒体时代高校思想政治教育话语权转移的成因

新媒体时代，高校思想政治教育话语权的转移是客观存在的现象，究其原因主要是：

（一）从话语传播形式上来说：滞后于思想政治教育的发展和要求

现阶段，高校思想政治教育话语并没有完全突破原有的形式，尤其是理论课话语体系的主体依然是政治话语、文件话语、权力话语等等，甚至从教材上呈现的文本到教师课堂讲授的语言都是用以上对下的姿态来传达党和国家对受教者的要求和规定的。随着新媒体时代的到来，作为教育者和受教育者的话语传播形式传统交往关系已经发生了深刻变化。这种变化主要体现在：随着话语的传播和获得表现出极大的开放性，人际交往呈现多元性，每一个人既是话语的传播者又是话语的接受者，尤其是独立意识、民主意识、自我意识明显增强，他们在更大程度上具备了改变自我的从属地位的现状，力图在更大范围上获得更多的话语权。但在实践中，一些高校思想政治教育工作者仍然固守传统的“传授—吸收”关系，把大学生单纯视为一个被动的话语接受者和行动者，从而忽视了他们的平等主体和自我建构，甚至于作为平等参与主体的权利和机会。由于话语传播形式远远滞后于思想政治教育的发展和要求，导致思想政治教育话语出现断裂乃至失效，使高校思想政治教育难以取得预期效果。

（二）从话语传播内容上来说：疏离于大学生的生活世界

以互联网为代表的新媒体已经影响并且深刻地改变着我们的现实生活，创造了一个新的空间—“虚拟空间”或“虚拟世界”。在观念变化、人际变化和现实社会感知变化上，虚拟空间已经介入到人们常态生活之中，而随着新兴媒体技术的不断进步，虚拟空间与现实空间的互动性不断增强，相互作用、相互影响。信息传递与现实行动间的时间差急剧缩短。今天，新媒体的触角已经伸到了世界的几乎每一个角落，信息在网上的流通已经不再受到时间和空间的限制。新媒体技术带给了大学生较之传统社会更为丰富的生活资讯，带来了巨大的便捷，不管是任何地方的信息，都可以使用网络以最快的速度获得进行分析整理，从而做出对自己有利的选择；新媒体技术帮助大学生更为快捷地掌握了生活技能和对

各种难点问题的分解，新媒体已深深地扎根在大学生的生活世界之中。然而，反观高校思想政治教育话语内容传播的现状；或者注重方向性，缺乏时代性、层次性和生动性；或者有意规避现实生活中有争议的热点和难点问题，由此导致受教育者在社会生活现实价值冲突面前无所适从，引发对思想政治教育话语的质疑。尽管多年来我们一再强调要理论联系实际，加强社会实践活动，但由于我们的高校教学是从“理论世界”出发来观照生活世界而不是相反，所以很难使大学生对思想政治教育话语内容传播入脑、入心。由于高校思想政治教育话语传播存在过度理想化和过度封闭化倾向，造成思想政治教育内容与生活世界的高度隔离，不与大学生的生活世界发生联系，学校对大学生生活世界中的公共话题不掌握话语权或者缺乏有效介入，致使大学生陷入了面对课程文本无言可说，面对有话可言的现实生活却又无处可发的“失语”困境。

（三）从话语传播视域上来说：主客体之间话语共识域缺乏

新媒体时代，由于高校思想政治教育工作者一时难以适应话语传播的新视域，往往出现教育者和受教育者集体失语的状态。从教育者的角度来看，出现了三种场域：一是一些高校思想政治教育工作者习惯于用极其刻板、封闭的教学方式传播思想政治教育话语，用严厉、高压的手段控制着大学生的言行，完全成为大学生心目中的“他者”而非可以交心的朋友，从而消解了大学生的表达欲望与探索批判精神。二是一些高校思想政治教育工作者以为自己就是政府与社会的代言人，而代言人的角色决定了他们将自己的话语自觉地隐藏或限制在制度许可的界限内，成了行政话语运用和实现的工具。三是还有一些高校思想政治教育工作者不善于用通俗易懂的语言传播思想政治教育内容，他们所传播的与生活世界相隔离的话语，只能使自己沦为自己的“他者”，使自己由一个思想政治教育话语传播的“在场者”变成“缺席者”。高校思想政治教育工作者的话语权就是在这三种场域中被虚化乃至消解。从受教育者的角度来看，在思想政治教育过程中，或者他们对思想政治教育的话语内容兴趣不大、冷漠，以至抵触；或者他们的话语空间会受到特定的情境、内容和方式的限制，最终处于失语和缺席状态。由于主客体之间话语共识域的缺乏，教育者和受教育者都陷入了“无我”言说的境地。

（四）从话语传播手段上来说：理性话语结构失衡

从本质意义上来说，在高校思想政治教育过程中，教育者和受教育者之间是民主交往关系，但由于工具理性的扩张与宰制，造成了在思想政治教育领域理性话语结构失衡。所谓工具理性，是指人们排除价值判断或立足价值中立，以能够计算和预测后果为条件来实现目的的能力，或是为达到一个明确的目的考虑和使用一切最有效的手段所体现的特质。工具理性所造成的理性话语结构失衡，主要表现在两个方面：一是思想政治教育交往实践在很大程度上撇开了思想政治教育主体之间的交往关系，使思想政治教育话语传播单一化，将思想政治教育本真存在的“主—主”关系介入“主—客”关系，导致了教育者和受教育者之间的关系异化为权威服从关系。二是由于理性话语内在结构的失衡，使得作为独立人格的受教育者对于思想政治教育文本和自身道德行为进行理解、表达、解释和反思的权限受到漠视，加剧了思想政治教育者话语权的垄断和受教育者话语权的缺失。

在新媒体时代，思想政治教育话语传播的格局已经发生了重大变化。与传统话语相比，网络语言与传统的交往话语有着较大的不同，大学生们崇尚自由、开放的网络环境，习惯于在新媒体语境中对话、思考、寻求自我精神的提升。但是，有些思想政治教育工作者并没有及时地了解大学生的这一特点，甚至有的教育者故步自封，刻意回避新媒体所带来的这一新的变化。在这种情况下，高校思想政治教育话语场域如果放任工具理性的无限扩张显然是不合时宜的，其结果势必在教育双方之间形成理解差异，不仅思想政治教育的价值取向无法彰显，而且丧失思想政治教育话语权也成为一种必然。

（五）从话语传播趋势上来说：思想政治教育主导话语权受到解构威胁

新媒体时代，以往那种在相对封闭条件下形成的一元化意识形态控制的主文化“话语优势”受到多元文化的冲击，从而造成对高校思想政治教育主导话语权的解构。这种主导话语权的解构威胁主要指向三个方面：

1. 主导话语的权威受到挑战

近年来，社会中尤其是网上流行的对传统的、经典的、权威的话语或文章的任意拆解和“恶搞”现象，从某种意义上可以说是一些大学生对主导话语权威的一种反叛和挑战。从行为层面看，这种反叛性又多表现为以一种符号化象征显现出德国学者沃尔夫·林德内尔所称的“风格化反抗”。例如发型、服饰、流行语、网络语言等象征符号，不仅成为大学生获得身份认同的标志，而且透露出一种“个性化”的文化意蕴。在这种文化氛围中，大学生们相互影响，容易形成共识，以致在“集体无意识反抗”的作用下产生对主导话语权威的拒斥或反抗心态.使教育中的沟通出现心理上的隔阂。

2. 主导话语的价值受到消解

高校思想政治教育的主导话语所传输的内容，本质上是一种社会主文化要求的“规范的规则”或“游戏规则”，它有利于帮助大学生形成一种“做人”或“为人”的规范，有利于帮助他们确立正确世界观、人生观、价值观、法律观和道德观。但是这些年来，一些大学生对主导话语价值表现出消解倾向，加上大众传媒有意无意地抵消了主导话语价值，推波助澜地迎合了青年文化的反叛性，促使青年文化走向了世俗化甚至庸俗化，加速了高校思想政治教育主导话语价值的消解。

3. 主导话语的教化方式受到抗拒

从文化传播的视角来看，高校思想政治教育话语也属于一种文化传承的教化方式。这种文化传承的形式，主要是通过长辈和老师的言传身教来实现的。新媒体时代，由于实现了信息在全社会、全球共享，青年有可能在一定程度上“绕过”成人权威，自主接受文化传承。正是凭借着新媒体技术，年轻一代逐步成为文化变革和创新的主体，从而在文化创造中获得成人社会的认同与新的权威，使文化传承出现长辈、老师向晚辈、学生学习的方式。因此，面临当前复杂的信息化、网络化的社会环境，我们既要尊重青年文化所形成的双向式、参与式和主动式的新社会化方式，又要努力去改变主导话语权落后的教化方式，在教育中建立一种新的为受教育者所接受的、体现其学习的主体地位和自主学习方式的话语模式。否则，就必然会遇到青年文化的抗拒。

（六）从话语传播者自身来说：应用新媒体技术能力欠缺

新媒体时代对高校思想政治教育工作者的媒体素养提出了高要求，可以说若不具备新媒体操作能力和控制能力，就无法占领新媒体思想政治教育的阵地；若不善于利用网络发布思想政治教育信息和控制网络上的有害信息，就无法向大学生传播正确的思想政治教育话语。而现实情况是，一些高校思想政治教育工作者由于缺乏应用新媒体技术开展思想政治教育的自觉和能力，再加上有的教育者往往受到年龄、精力与固有思维模式的影响，在信息占有上甚至不及教育对象，以至于限制了自身话语的威信。面临这种情况，高校思想政治教育工作者如不主动适应、化解矛盾，不仅会弱化思想政治教育的效率，进而还会弱化思想政治教育工作者的话语权。

第三节　新媒体时代高校思想政治教育话语变革的基本原则与要素

一、新媒体时代高校思想政治教育话语变革的基本原则

新媒体时代高校思想政治教育的话语变革，应遵循以下基本原则。

（一）政治性原则

所谓政治性原则，是指高校思想政治教育话语创新，要把握好社会主义意识形态性，突出话语的政治性。新媒体时代，由于网络社会的复杂性，高校思想政治教育必须坚持政治性原则，不仅不能削弱，反而应当加强。首先是要提高鉴别力、判断力，应对来自网络媒介的干扰，坚定马克思主义的话语立场。在新媒体背景下，面对各种社会思潮和五花八门的理论主张，高校思想政治教育工作者如果立场不坚定、政治性不强，就容易眼花缭乱，陷入理论迷茫，也就不能很好地担负起传播思想政治教育话语的重任。其次是要理直气壮地把马克思列宁主义、毛泽东思想、邓小平理论、“三个代表”重要思想和科学发展观作为思想政治教育的主导思想和话语内容，同时要坚持不懈地对大学生进行中国特色社会主义理论、中国革命、建设和改革开放的历史以及基本国情、形势政策等方面的宣传教育，

使大学生逐步确立社会主义核心价值观，坚定社会主义理想信念，不断提升自己的政治觉悟和思想境界。

（二）主体性原则

所谓主体性原则，是指高校思想政治教育话语创新既要巩固教育者的主体地位，同时也要尊重受教育者的主体地位，共同提高对思想政治教育信息和环境的选择、判断、内化和践行的能力。新媒体时代使得大学生的独立意识、民主意识、自我意识进一步增强，高校思想政治教育话语创新必须要突出学生的主体地位，尊重学生的网络自主话语权。

（三）人本性原则

所谓人本性原则，是指高校思想政治教育话语创新要坚持以学生为本，既要坚持教育人、引导人、鼓舞人、鞭策人，又要做到尊重人、理解人、关心人、帮助人。新媒体时代，高校思想政治教育话语的传播，要坚持以人为本，采取平等、自由的对话式话语，站在对方的立场展开置换式思考和沟通。要通过积极营造融洽的话语言说场景，真诚地尊重、关爱和激励大学生，将积极的情感因素融注到思想政治教育话语中去，用实际行动来感动人、说服人、教育人、引导人，从而调动学生内在的积极情感，实现双方有效的交流与沟通。

（四）现实性原则

所谓现实性原则，是指高校思想政治教育话语创新要坚持从实际出发，贴近实际，服务现实，服务生活，以此作为思想政治教育话语传播的落脚点。贴近现实、服务生活，是思想政治教育话语创新的时代性要求，是思想政治教育话语生存的根基，也是坚持思想政治教育话语现实性原则的深层体现。因为思想政治教育话语只有贴近现实，从现实出发，才可以帮助人们实现思想认识上的飞跃；同时，思想政治教育话语只有服务现实，在服务现实的过程中经受社会实践的检验，才能真正体现出思想政治教育话语传播的效果，使大学生能在这种话语的熏陶中获得更多的对生活的真正感悟。

（五）与时俱进原则

所谓与时俱进原则，是指高校思想政治教育话语创新要坚持时代性，能够超越传统话语的束缚，不断创造适合时代需要的新话语。新媒体的快速发展，对思想政治教育话语创新提出了创新需要，这就要求我们要不断与时俱进，通过理论创新推动实践创新，使思想政治教育话语充满生机和活力，更好地发挥思想政治教育话语传播的最大功效。

（六）开放性原则

所谓开放性原则，是指高校思想政治教育话语创新要坚持以开放性为基本取向，在话语传播方面要立足国内，放眼全球，形成开放的体系。新媒体是开放的，这就要求新媒体背景下高校思想政治教育话语传播要把握时代脉搏，密切关注网络文化的发展变化，善于从网络话语中汲取新话语，从而丰富高校思想政治教育话语的内容。同时，还要求高校思想政治教育工作者要积极探索运用新媒体技术传播思想政治教育话语的新方式和新手段，以增强高校思想政治教育话语传播的效果。

（七）价值性原则

所谓价值性原则，就是指高校思想政治教育话语创新要把握时代发展脉搏，体现与时代发展主流相吻合的价值导向。新媒体所传播的海量信息中，其中有些信息会使大学生难以把握，容易产生价值混乱。对此，高校思想政治教育话语创新必须考虑一定社会主流价值观的导向性，使大学生的价值取向符合时代发展的要求。

（八）有效性原则

所谓有效性原则，是指高校思想政治教育话语创新既要体现专业性，也要符合大学生的话语接受方式。一方面，高校思想政治教育话语与其他话语要有一定的区别和联系，不能用其他学科话语体系来代替；另一方面，高校思想政治教育话语也要体现时代性，把握大学生的话语接受方式，以提高高校思想政治教育话语的有效性。

（九）统一性原则

所谓统一性原则，是指高校思想政治教育话语创新，必须坚持体系内部话语的统一性和一致性，应尽量做到协调、统一，减少重复、交叉。在高校思想政治教育话语传播过程中，只有做到内部一致的话语体系，才能表达统一的内在思想。如果在话语的运用上破坏了统一性原则，什么时髦用什么，表面上看可能很新鲜，也颇能迷惑一些人，但实质上往往会造成话语传播上的混乱和矛盾，很难发挥话语对人的正确引导作用。另一方面，在属性话语的运用中所发现的新话语，即新话语主词、话语观点或新题材提炼的有应用价值的话语，尽管与原有的思想政治教育理论观点不完全相符，甚至从现象上看是矛盾对立的，但是，伴随着思想认识的不断统一，这些话语可运用事物发展的对立统一原则加以论证，从而得出符合马克思主义哲学命题下的思想政治教育新话语。

二、新媒体时代高校思想政治教育话语变革的基本要素

新媒体时代高校思想政治教育的话语变革是一项系统工程，需要把握好以下基本要素。

（一）尊重大学生的话语权，加强高校思想政治教育者的平等对话意识

针对目前高校思想政治教育话语权的现状，需要切实加强高校思想政治教育工作者的平等对话意识：

1. 建立新型的平等主体交往关系

新媒体时代，高校思想政治教育的主客体关系发生“两个必然性”变化：一是作为受教育者的大学生逐渐通过新媒体掌握了话语的主导权，占据主导地位，成为一种必然；作为教育者的高校思想政治教育工作者由传授型的对话关系转变为互动型的对话关系，也成为一种必然。在这种情况下，消除身份、地位的差异，建立新型的平等主体交往关系，不仅是新媒体时代对高校思想政治教育工作者提出的新要求，同时也是创新高校思想政治教育话语的迫切需要。唯有如此，高校思想政治教育话语才能真正成为联结教育者与受教育者交往双方的桥梁，教育者才能从一个控制者、支配者转变为一个真诚的对话者。

2. 突出学生的主体地位，尊重学生的网络话语权

高校思想政治教育工作者要学会充分理解并认同大学生的网络话语权，允许他们表达自己的不同思想观点；同时，要通过旗帜鲜明地支持和弘扬正确的思想观点，反对和批评不正确的观点，引导大学生理性运用话语权，避免话语权的滥用。

3. 转变话语方式，从控制式和劝导式转向对话式

当前，高校思想政治教育话语传播方式由控制式、劝导式转向对话式，需要做好两个方面：首先要把对话建立在开放的基础之上。开放是相对封闭而言的，只有教育者与受教育者双方都能敞开各自心扉，进行开放式的真诚交流，才能使相互之间达成真正的理解与共识。其次要展开置换式思考。在教育者与受教育者双方的对话中，教育者既要对大学生话语内容的真实性、正确性和真诚性进行反思，也要对自身权威进行反思，在反思基础上通过对话与讨论，为大学生提供可资信服的理由，引导和促进他们的自我觉悟与反思，使他们在看到自身与社会要求不相适应的同时，能够主动接受并积极地超越这种不适应。

（二）关注生活维度，实现高校思想政治教育话语向大学生现实生活的回归

1. 要在思想政治教育理念上回归生活世界

面向大学生，面向大学生的生活实际，是新媒体时代对高校思想政治教育话语创新提出的要求。受社会大环境的影响，传统高校思想政治教育比较偏重于满足社会的即时需要，容易造成追求近期效果、偏离生活实际的倾向。新媒体时代的话语来源现实生活，是与生活世界紧密相连的，尤其是大学生在网络上所传播的话语，更是源自于他们实际生活的生动写照。为此，高校思想政治教育话语必须深深地根植于大学生的生活世界，更加贴近大学生的现实生活，并善于从大学生的生活世界中吸纳和选择思想政治教育的话语内容，使高校思想政治教育话语更加贴近大学生的思想实际和生活实际。

2. 要在价值取向上关注思想政治教育话语的生活维度

高校思想政治教育话语应将大学生的日常生活作为价值起点，重视日常生活中的价值建构。这是因为人是生活世界中的主体，思想政治教育话语的传播不能仅仅从政治需要的角度出发，只有真正回到个体生活世界，真正尊重人的生命意义和生命价值，思想政治教育话语的传播才会有价值。同时，思想政治教育话语传播只有以大学生的日常生活作为价

值起点，努力使思想政治教育话语在价值取向上体现尊重个体的生命体验，并且重视日常生活中的价值建构，才能使思想政治教育话语传播真正起到提升人的思想境界的作用。当然，强调高校思想政治教育话语回归日常生活世界，并不意味着思想政治教育对日常生活世界的沉沦和妥协，而应该是一种建基在对日常生活世界有深刻了解、理性反思基础上的有条件的超越。这也正是高校思想政治教育话语重塑的一种审慎的反思态度，一种有所超越的理性态度。

3. 要在话语内容上更加贴近生活世界

一要善于转化语言。高校思想政治教育工作者不能简单地做党的方针政策或历史文献的传声筒，应当通过自己的学习理解，转化为适合大学生的话语，为他们所乐于接受。二要善于从大学生生活中提炼新话语，以此作为高校思想政治教育话语回归大学生生活世界的重要内容。三要从网络世界中汲取新话语，充实和丰富高校思想政治教育的话语体系。四要关注虚拟化生存。针对新媒体所带来的积极和消极的双重影响，高校思想政治教育工作者既要为虚拟化生存的规范化提供思想道德文化的支撑，同时在话语内容上也要恰当而生动地传播中国的传统文化和中国化的马克思主义，使大学生在新媒体环境下通过网络文本的选择与解读接受规范传递与价值引导。

（三）借鉴网络话语，积极拓展高校思想政治教育话语资源

善于借鉴网络话语，不断丰富话语资源，努力创造新话语，是新媒体时代高校思想政治教育话语生存发展的关键。为此，高校思想政治教育工作者要充分利用新媒体技术，在积极拓展高校思想政治教育话语辐射空间的同时，要大胆借鉴网络中的一些健康、有益、良性的话语，借鉴一些符合大学生群体的话语形式和话语内容，以此丰富高校思想政治教育话语的内容。同时，还要密切关注新媒体文化的发展变化，善于把握时代脉动，了解当今大学生的审美取向，分析他们的观赏心理，采用大学生常用的话语修辞手法，采撷和创造出更多表现时代和事物特征的新鲜话语，实现思想政治教育工作话语的再创造。

（四）注重人文关怀和心理疏导，通过主动服务增强高校思想政治教育话语的感召力

1. 坚持人文关怀和心理疏导，增强话语的人文关怀

首先，应从理念上明确高校思想政治工作实际上是做“人”的工作，必须注重对大学生的人文关怀，并把这种关怀融进话语当中。其次，应充分尊重和理解大学生的情感和需求，努力营造温馨舒适的话语氛围，从而使大学生真正认同教育者的话语理念，进而内化于心，形成独立的道德人格。再次，应加强对大学生的心理疏导。高校思想政治教育工作者可在网上开设心理知识宣传栏、心理咨询室、心理门诊室等板块，倾听大学生的情绪宣泄，挖掘大学生的内在心理需求。通过双向交流，激发大学生的心理潜能，缓解大学生的焦虑、压力等负面情绪，促进大学生健康发展，从而增强自身的感染力和话语权的影响力。

2. 营造融洽的话语言说场景，在话语内蕴上融注更加积极的情感

情感在高校思想政治教育交往中扮演相当重要的角色，在某种程度上，它可以直接影响到高校思想政治教育话语传递的效果。同时，由于情感表达和感受的不同，也会造成教育者与受教育者之间的相互理解与解释出现障碍，难以达成相互理解与形成共识。因而，高校思想政治教育工作者要积极营造融洽的话语言说场景，将积极的情感因素融注到思想政治教育话语中去，从而调动大学生内在的积极情感，实现双方有效的交流与沟通，为思想政治教育话语的顺利传播提供不可或缺的推动力。

3. 发挥大学生的主体性，加强思想政治教育者的服务意识

确立"服务育人"的理念，是新媒体时代高校思想政治教育话语有效传播的不可或缺的着力点。确立这样的理念，它要求高校思想政治教育工作者必须实现由"传达信息—宣传教育"向"传达信息—推销自我"的转变，真正从大学生的立场出发思考和表达，使大学生从思想政治教育话语中真切感受到教育者真诚的关爱与帮助。这种充满关爱的思想政治教育话语，能够增进大学生对生命意义与生活价值的理解，提升高校思想政治教育话语传播的效果，在这一过程中，思想政治教育工作者也才会重塑话语威信。

（五）倡导立体化引导，提高高校思想政治教育话语的管理水平

1. 充分发挥多种媒体之间的协同作战，以形成话语引导的合力

在新媒体时代，高校的校园报刊、广播、电视等传统传媒，在信息的权威性、受众的广泛性等方面仍然具有一定的独特优势。在高校思想政治教育话语传播中，思想政治教育工作者应当借助传统媒体对受众的话语共识的形成所具有公信力和权威性，充分发挥多种媒体之间的协同作战，以高校思想政治教育话语引导的合力效应。

2. 建立网上权威的思想政治教育话语体系

一是要正确处理好话语传播中的"疏"与"导"之间的关系。所谓"疏"就是要把握好动态，实施网上疏导，澄清错误言论，及时公布正面信息。所谓"导"，就是要坚持主动出击，因势利导。只有正确处理好两者之间的关系，始终坚持"疏堵结合，引导为主"，通过澄清和批驳错误的观点和言论，大力弘扬时代主旋律，才能更好地引导高校思想政治教育话语传播沿着正确的方向发展。

二是要在大学生中积极开展媒介素养教育，重点是增强他们的网络责任意识和自律能力。

三是要建立一支既懂思想政治教育又懂网络技术和网络文化的队伍，用富有教育性、感染力、学生喜闻乐见的方式引导话语传播，以增强高校思想政治教育话语传播的影响力。

四是要高度重视网络管理工作，形成一支专兼结合、反应灵敏的网络评论员、管理员队伍。要加强网上评论工作，以普通网民、平等方式参与网络讨论，挤压有害信息的传播空间。要加强对网络信息技术驾驭能力的培训，提高思想政治教育话语传播的生动性和形象性，增强对大学生的吸引力和感染力。与此同时，还要提高网络监控和有效预防能力，不断推进网络建设的规范化健康发展。

3. 积极建设服务大学生发展要求的绿色网络载体

门户网站、专业网站、主题网站等，是大学生最常用的网络载体，在他们的学习、生活和娱乐中发挥着积极的作用。要遵守网络法规和社会道德，正确使用网络载体，共同维护网络载体。要加强技术创新，推出科技含量高、使用便捷性强和适合青年学生特点的绿色网络载体。

4. 营造适合大学生身心特点的绿色网络场所

要对于网络话语的存在形态，如发跟帖、论坛、博客、视频等的管理，倡导网络文明公约，安装合格的过滤软件，防止不良信息对青年学生的伤害，建设有利于青年学生的上网场所。要制订规范和标准，推出促进青年学生成长发展的绿色网络场所。开展多种形式的网络竞赛活动，发现并积极举荐各类青年网络人才，培养更多的绿色网络人才。

（六）提升思想政治教育工作者素质，增强话语创新能力

提升媒介素养，驾驭新媒体技术，是新媒体时代对高校思想政治教育工作者提出的迫切要求。所谓媒介素养是指公众接触、解读、使用媒介的素质和修养，包括三个环节：接触媒介、获取信息；解读媒介、批判地接受媒介信息；利用媒介工作和生活，通过媒介发出声音并维护自己的利益。高校思想政治教育工作者媒介素养的提升，主要反映在三个方面：

1. 要具有驾驭新媒体技术的能力

高校思想政治教育工作者要通过学习培训，熟悉网络文化和网络语言，熟练掌握新媒体的使用技术和操作技巧，唯如此方能够与大学生群体建立信息上的沟通和交流，从而实现有效的语言表达形式对传递教育信息的帮助，取得思想政治教育话语传播的成功。

2. 要提升对信息的分析、鉴别、筛选、评价和引导能力

“说服”和“传递”信息，这是思想政治教育话语传播的基础素养，相对来说，只有具备分析、鉴别、筛选和评价能力，才能真正做好思想政治教育话语传播的引导工作。

3. 要增强思想政治教育话语的创新意识

高校思想政治教育工作者要积极探索话语创新规律，扩大语汇范围，以构筑一种适应新媒体时代要求的全新的话语体系。同时，为适应思想政治教育话语的创新需要，要求高校思想政治教育队伍建设，既具有较高思想政治理论素养、熟悉大学生成长规律、熟悉思想政治教育基本规律，同时又能精通和熟练掌握新媒体技术。只有这样，才能更好地发挥在高校思想政治教育话语传播中的主导作用，重建起自己的有效话语。

（七）健全新媒体信息监管机制，增强高校思想政治教育话语传播的实效性

目前，高校对新媒体信息的监管，虽然只能局限于校园网的监管，但要做的工作仍然是很繁重的，为此：

1. 要建立健全网络信息管理机构

其任务：一是对校园网进行全天候的监控，及时抵消消极信息对大学生的影响。二是做好网络舆情的分析工作，及时对网上的内容进行收集和整理，制定相对应的措施。三是建立审查、把关制度，对网络上发布的信息、包括校园网络的链接要一一检查通过，规范师生上网的安全规定和网络言行规范，真正营造一个积极、健康的校园网络环境。

2. 要研究和运用科学技术手段为网络筑造“防火墙”

高校思想政治教育工作者应该积极主动地利用一定的网络软件技术手段，加强对网络不良信息的防御和过滤，来保证校园网络的纯净。

3. 要运用法律的手段维护网络的安全

要通过大力宣传《文明上网自律公约》《中国互联网网络版权自律公约》、《互联网站禁止传播淫秽、色情等不良信息自律规范》《全国人民代表大会常务委员会关于维护互联网安全的决定》等已颁布的法律法规，增强大学生的网络法律意识、责任意识和安全意识，规范大学生的网络行为，倡导健康、积极的高校网络态度。

（八）坚持话语创新发展，努力构建高校思想政治教育新话语体系

当前，推进高校思想政治教育话语的创新发展，应着力做好以下三个方面的工作：

1. 加强理论研究

随着新媒体对社会的影响不断深入，新媒体必然会给高校思想政治教育工作者带来更多更新的课题。对高校思想政治教育工作者来说，首先要加强对新媒体理论的研究，从理论与实际的结合上弄清楚新媒体的特征、规律和影响，加深和强化对新媒体的理解和运用。其次是要加强新媒体对大学生影响的研究，以激活思想政治教育话语系统，开辟新媒体时代高校思想政治教育话语传播的新路径。再次是要加强对思想政治教育话语内容的创新研究，通过对思想政治教育的言论和素材的归纳提炼，形成理性化、通俗化和生活化的思想政治教育新话语，构建马克思主义中国化理论语境下思想政治教育话语新体系。

2. 加强思想政治教育话语整合

加强思想政治教育话语整合，是构建高校思想政治教育新话语体系的当务之急。从当前高校思想政治教育话语整合乏力的现状来看，需要着力加强两种整合：首先要加强网络话语与思想政治教育话语的整合。网络话语生动形象、富有个性化和时代感，大学生比较认同和接受；相比较，思想政治教育话语严谨、规范富有逻辑性，高校思想政治教育工作者应当将两者有机整合，使高校思想政治教育话语的传播更有成效。其次要加强实践话语与研究话语的整合。实践话语，一般来说带有经验性，优点是比较务实、管用，缺点是比较具体、琐碎，无法形成具有影响力的话语体系。研究话语，注重学理化的演绎和抽象，话语具有思辨性，缺点是容易忽视思想政治教育的实践性。高校思想政治教育工作者应当将两者有机整合起来，使它们相互补充，互相作用，共同推进高校思想政治教育话语的传播。

3. 加强话语系统的协调性

首先要加强教育者与受教育者话语系统的协调融合。当前，由于话语系统权力主体话

语信息重叠率较低，语境严重影响到高校思想政治教育话语传播的效果。因此，应加强教育者与受教育者话语系统在认知基础、价值取向和目的设计等方面的协调融合，不断消除双方在话语系统中信息传递和交汇的阻力，积极寻找和促成教育者和受教育者实现话语系统融合的途径。

其次要加强教育话语与教育环境的协调融合。新媒体所传播信息的多元化，带来了人们价值、信仰与利益的多元乃至相互之间的冲突，因此高校思想政治教育话语传播不可能脱离这个大的教育环境，它的传播必然会受制于这个特定语境。而在这一过程中，高校思想政治教育工作者必须加强教育话语与教育环境的协调融合，努力实现主流话语与非主流话语的协调，传统话语与现代话语、后现代话语的协调，文本话语与网络话语的协调，全球化话语与地方性、民族性话语的协调。

总之，提出加强话语系统的协调性具有极为重要的现实意义。高校思想政治教育话语系统必须适应新媒体时代的要求，主动进行话语创新，尤其是通过话语内容方面的创新，努力实现从偏重政治和意识形态话题向政治、经济、文化、社会与个人生活并重转变，不断拓宽思想政治教育话语传播的渠道，从而形成以科学的“真”为基础、以人文的“善”为内涵、以艺术的“美”为形式、以技术的“实”为手段的新话语系统。

第九章 新媒体背景下高校思想政治教育载体建设

在当今新媒体技术被广泛应用的背景下，新媒体的开放、虚拟、互动的特点深刻地改变了学生们的学习和思维方式，使传统的思想政治教育模式产生了诸多的困境，传统的较为单一的思想政治教育载体已经不能很好地适应新媒体时代大学生们的要求，普遍存在形式主义严重、教育效果不佳、学生逆反心理较重等问题，所以，当前大学生思想政治教育必须紧跟时代形势，不断地创新思想政治教育载体的形式，使之更加贴近大学生的生活实际、契合大学生身心发展规律和学习特点，只有这样，才能切实保证思想政治教育工作的效果。

第一节 新媒体背景下思想政治教育载体建设的原则

在新媒体技术飞速发展和广泛应用的背景下，如何利用好网络的优势、消解网络的不利因素，实现高校思想政治教育工作局面革新、实效提升，必须把握好以下几个原则：

（一）发展创新和继承传统相结合原则

思想政治教育载体不可能墨守成规，必须开拓创新、推陈出新、与时俱进，使之具有强烈的时代性特征。发掘新的载体，一方面在于利用人的新活动方式，例如在新媒体技术背景下，我们要发掘利用网络载体，利用新媒体平台开展思想政治教育；另一方面还应该对已有载体加以改善，又称载体嫁接。载体嫁接是通过把一种载体嫁接在另一种载体上，形成一种复合载体发挥作用。这是不同于载体间互动的。例如将传统的课程载体和现代的网络载体进行嫁接，形成新的载体；将网络载体与心理咨询载体进行嫁接，开展网络心理咨询等活动。这样一来我们就可以在不断发展创新思想政治教育载体的同时良好地继承传统的思想政治教育载体手段。

发展的基础是“去其糟粕，取其精华，”高校思想政治教育在长期的探索实践中，已经形成了一些实用有效的载体，如两课课程载体、日常行为规范管理载体等，这些载体在高校思想政治教育中发挥了不可或缺的重要作用，都应该合理继承。也有一些传统载体如政治学习以及传统的班级管理在新的形势下，出现了不适应或者不全面等情况，这时不能草率地否定它们，需要的是去其糟粕，加以适当的修改和优化，使它们重新拥有价值。当然，载体更迭过快也会带来诸多问题。例如近年来，高校思想政治教育载体出现了飞速发展的势头，涌现出多种的新载体。载体变换速度明显加快，但载体的持续作用时间偏短，甚至出现只求形式不重内容的现象，这不仅使思想政治教育者应接不暇，而且令大学生无从适应，这些情况无疑在客观上减弱了载体运作的实效性。

（二）形式多样和系统统筹相结合原则

思想政治教育的载体多种多样，在具体的工作中，教育者应该解放思想、不拘一格，努力开拓新的思想政治教育方式，采用不同的方法和手段开展思想政治教育，使思想政治教育百花齐放。但是因为思想政治教育效果怎样的决定因素在于各种载体的合力，所以在此过程中，我们也要坚持系统性原则，就是要把思想政治教育载体视为一个系统，并力将其组成要素按某种方式建构成整体大于部分之总和的有机体。因此，必须整合各种载体资源，通过改进优化或设计创新，充分发挥载体的综合效应，通过建立起不同载体间的密不可分、相互作用、相互联系的有效机制，从而使载体系统产生更大的效应。

实践结果表明，不同思想政治教育载体的功能也各有区别，承载传播教育内容与有效信息有的是显性的，有的则是隐性的；有的是详细具体的，有的则是简单泛化的。在进行载体整合的过程中，应实现不同载体功能的有机融合，相互作用，相互配合，以达到共同作用于教育客体的目的，并最大程度地形成整合载体的功能优势。以新媒体思想政治教育载体为例，各种新型媒体层出不穷新媒体平台多种多样，而且不断更新升级换代。我们在尝试使用这些平台的时候并不能为了使用而使用，不能为了一味地求新求异或是为了跟风。在具体操作的时候，各项思想政治教育教育载体也不能各自为政，要努力把各项载体统筹协调起来综合运用，以发挥各种载体的最佳效果。根据新媒体的特点以及不同学习阶段、年龄阶段的学生特点，然后在统筹考虑的基础上对各项教育载体善加利用，形成一种综合效应，通过这种综合效应更加积极地发挥各项载体的合力，促使思想政治教育效果最大化。

（三）大胆尝试和谨慎评价相结合原则

思想政治教育是否成功，各种教育载体的设计和运用是否成功，关键都在于学生是否真正受到了教育。我们在对各种思想政治教育载体进行大胆尝试的过程中，必须要对各项载体的使用状况、成效大小进行小心、细致、严谨的评价，在客观条件基础上建立起一整套科学的评价体系和评价机制，使我们能够对思想政治教育的效果随时进行比较准确的评估，为下一步的改革提供依据，避免载体建设中的形式主义，即只管跟风求新、不求实用有效地建设新的载体，或者开展了某些意义不大的活动，然而实际上却是“穿新鞋，走老路”，完全忽视教育的实际效果。

（四）虚拟性和现实性相结合原则

网络为人们的实践活动提供了一个虚拟空间，与现实空间之间具有一定的差异性，同时，网络与现实社会之间存在着联系性和互动性，这种联系性和互动性统一于共同的实践主体。高校的思想政治教育网络阵地只有和现实成功对接，才有可能真正起到帮助广大青年学生健康成长的作用和效果。构建高校思想政治教育网络载体必须充分考虑虚拟性与现实性的互动关系，所以要努力开展校园文化的建设，营造良好的现实学习交流环境，保证学生不至于长期的沉溺在网络虚拟环境中，以至于导致现实学习生活中出现不良反应。教育者要注意科学有效地利用现实生活中的一些积极因素，使虚拟的网络和真正的现实之间能够和谐的交接转换，“把网上的虚拟和网下的真实有机地结合起来，形成网上网下育人合力，让大学生的道德认知和道德情感在一种浓厚的网上网下氛围中潜移默化、不断升华，将单纯灌输教育转变为受教育者主动接受教育营造良好的环境和氛围。”

（五）科学精神和人文主义相结合原则

马克思主义人学理论的本质和核心是人的全面发展，这也是思想政治教育载体的具体要求和体现。马克思认为：人始终是主体。人的主体性体现于人在创造自己历史的活动中所表现出来的自主性、能动性和创造性。其中，自主性是核心，能动性是内涵，创造性是表现。人的发展从本质上说就是确立人在实践中的主体地位，发挥人的主观能动性和主体作用。马克思历来主张把人当作主体来看待，反对蔑视人，歧视人，只把人当作某种手段。因此，思想政治教育载体在运用的过程中必须要贯彻以人为本的原则，提高人的主体意识，加强受教育者的参与程度，发展教育者与教育对象的互相联系与互动，保证载体作用的更好发挥。

从马克思主义的人学理论出发来看，以人为本的核心在于从本质上确立人在实践中的主体地位，对人的主体地位以及人性给予充分的肯定，最大力度地调动人的积极因素，运用到大学生教育中就以学生为本，从学生的角度去看问题，支持并解决学生的正当利益诉求，改善那些不能适应学生成长需要、不能满足学生正当需求、不能适应时代发展需要的部分载体。载体的设计和选择应尽量贴近现实、贴近生活、贴近校园，不断提高思想政治教育的针对性、实效性，增强思想政治教育的号召力、感染力、吸引力。例如，增进管理载体的人性化，提高服务性，注重人文教育，将管理变为柔性管理，改变过去简单粗糙的管理方式，强调依法办事、以德服人，注重把管理和服务相统一，法制化与人性化紧密结合。在重新树立以人为本的理念后，需要采取的一个关键措施，就是提高学生的自主能动性，依靠并相信学生，拓展载体形式，创造并保证一种最佳的自主参与前提。

第二节 继承创新，加强传统思想政治教育载体建设

传统思想政治教育载体在长期的教育实践中，有很强的教育优势和教育效果，但随着社会的发展和形势的变化，在教育过程中出现了某些环节和方面不适应或者不够用。应针对实际情况，对传统教育载体加以完善，在内容、形式和安排环节上优化，使之符合教育者的接受规律。实际上，优化本身就包含了创新元素，一些传统教育的载体，如集中学习、听讲座、研讨、课堂教学等都应该合理继承，但在教育内容、环节及其手段上，应该避免重复和单调。

（一）深化思想政治教育理论课教学改革

中共中央1994年8月《关于进一步加强和改进学校德育工作的若干意见》(以下简称《意见》）指出："学校政治理论和思想品德课是系统地对学生进行马克思主义理论教育和品德教育的主渠道和基本环节，要重点进行内容和方法的改革。"国家教委1995年10月份印发的《关于高校马克思主义理论课和思想品德课教学改革的若干意见》指出，对青年学生进行系统的马克思主义基本理论和思想品德教育，是社会主义大学的本质特征之一。高校"两课"是高校思想政治教育的主渠道和主要阵地，是每个大学生的必修课程，"两课"教学为培养德、智、体等方面全面发展的社会主义事业的建设者和接班人，发挥了不可替代的功能和重要作用。把思想政治教育理论课程定位为主渠道体现了社会主义的本质特征，是每个大学生的必修课程，是高校思想政治教育实践的主要阵地。

《意见》重申："高等学校思想政治理论课是大学生思想政治教育的主渠道。思想政治理论课是大学生的必修课，是帮助大学生树立正确的世界观、人生观、价值观的重要途径，体现了社会主义大学的本质要求。"该《意见》在新的历史条件下，进一步明确了高校思想政治教育课程载体在大学生思想政治教育中的地位与作用。

与其他思政教育载体比较而言，高校思想政治教育课程载体具有载体形式稳定、教育者主导性强、教育内容具有科学性与体系性、作用于人的理性认知等突出特点，是高校对学生进行思想政治教育工作最基本、最重要的载体。在当前新媒体技术飞速发展并广泛应用的背景下，要充分加强思想政治教育理论课这一主渠道建设，必须做好以下几点：

第一，重点解决高校大学生深层次的思想认识问题。在当前改革开放的大潮中，各种思潮不断涌现，对广大青年学生的思想认知造成很大的影响和冲击，不少大学生产生较多的思想迷惑与理论困惑。这种较深层次的思想问题如果单纯地依靠大学生自主开展的一些活动或者普通的教育手段肯定是解决不了的，必须要依靠具有一定理论深度的系统的课程教育来对大学生进行正确的引导，用科学的理论武装人，用深刻的道理说服人，帮助大学

生正确运用马克思主义理论解决现实生活学习中遇到的种种问题，促使大学生透过现象看本质，树立坚定崇高的政治信仰和正确的世界观、人生观和价值观，能够自觉抵制一些西方的不良社会思潮的影响。

第二，创新高校思想政治理论课的教学方法和手段。当前青年学生的思想普遍比较活跃，传统的满堂灌填鸭式的教学方法很难再吸引住学生的注意力，让学生对教育的内容感兴趣，所以，思想政治教育理论课的教学方法必须要进行改革和创新，要由以往的输入、封闭、被动型教学，转为指导、开放、主动型教学。在课堂教学中，思想教育者要针对学生的身心发展特点和认知特点，结合不同时期、不同阶段学生所面临的不同问题，开展有的放矢的教育，以便更好地激发学生的学习兴趣；可以通过举办各种形式的演讲朗诵会、辩论赛、分组讨论、撰写论文等等形式，使学生在充满兴趣、积极思考的氛围中掌握所学知识。在高校，一般基础教学或专业教学除了传授知识以外，也应有机融入思想政治教育内容。如在专业课程中，适时加强辩证法思想、团队精神、科学精神及创新思维的教育渗透，以及教师人格魅力的展示，使思想政治教育的潜在教育功能更具有现实性和说服力。

另外，在教师方面，要努力通过精准的语言，形象地表达对高校思想政治教育理论课程的基本原理、基本论点进行多角度解释、分析、论证，引导学生扩宽思维活动，使学生获得丰富的马克思主义理论知识。因为抽象的理论只有通过高校思想政治教育课程教学过程中教师生动形象，深入浅出的讲解，才能够确保学生能够深层次的理解与运用到现实生活与学习中去。

第三，通过第一课堂的教学，有意识地培养学生的新媒体素质、提高学生网络自律性。网络功能的主流是积极向上而又科学健康的，它为高校的大学生们打开了通往各个领域的大门，快捷迅速地传播科学文化等多方面的知识，在增加大学生的知识储备方面起着不可或缺的作用。与此同时，我们还要认识到，由于高校大学生仍然处于“准成人”阶段，世界观、人生观和价值观尚处于成形时期，因此一些自律能力差的大学生在迈入网络世界后，其自我约束力不足的问题便显露出来，网上的一些消极颓废、带有色情甚至是包含反动的信息非常容易造成大学生价值取向紊乱、道德判断力削弱、自我约束力的降低和自由意识的泛滥，最终必然导致大学生价值观畸形、道德选择迷失，甚至冲击了大学生对传统价值观念及道德观念的认同。

面对来自于网络的挑战，高校思想政治教育工作者们必须积极主动地去面对。高校思想政治教育课程载体作为思想政治教育的主渠道，在学生的人生观念引导方面具有很大的优势，可以通过课堂有意识地设计关于媒介素养方面的知识介绍，提升大学生的网络素养和分辨能力，养成健康的上网习惯，让学生自觉地抵御网络的负面影响。同时，我们还可以通过高校思想政治教育理论课程对大学生进行马克思列宁主义、毛泽东思想、邓小平理论与“三个代表”重要思想等社会主义科学理论教育，坚定大学生独立的观点和立场，培养他们运用辩证唯物主义去分析问题与解决问题的能力，让大学生能够正确理智分辨网络上的各种言论，引导大学生自觉地把自己个人的理想信念融入国家利益之中，积极地为建设有中国特色的社会主义现代化目标而奋斗终生。

可以说，每一种高校思想政治教育载体的运用中，课程载体的运用随处可见。高校思想政治教育课程载体作为一种与现代高校思想政治教育载体相对应的传统高校思想政治教育载体形式，它仍然起着不可或缺的作用。在高校思想政治教育载体不断革新的今天，在新的高校思想政治教育载体不断涌现的同时，课程载体也在不断地整合创新。无论哪一种载体的使用，都离不开教师耐心及时的讲解、归纳和总结，因此，其他高校思想政治教育载体只有与课程载体相结合，才能形成整体效应，弥补其他高校思想政治教育载体的诸多不足。

（二）进一步发挥哲学和社会科学的育人功能

党中央和国务院颁发的《关于进一步加强和改进大学生思想政治教育的意见》在重申思想政治理论课主渠道作用的同时，还特别强调“高等学校哲学社会科学课程负有思想政治教育的重要职责。哲学社会科学中的绝大部分学科都具有鲜明的意识形态属性，对于帮助大学生坚定正确的政治方向，正确认识和分析复杂的社会现象，提高思想道德修养和精神境界具有十分重要的作用。”

在高校中从事哲学社会科学的教育工作，必须坚持以马克思主义为指导，用马克思主义的理论方法来统领教学，自觉地、有效地把马克思主义的立场、观点和方法贯穿到教学的各个环节，保证哲学社会科学的教学沿着正确的方向发展，把教学与育人有机结合起来。每门课的教师都要结合所授课程的内容和特点，深入发掘课程中的育人资源，找准课程内容与大学生思想政治教育的结合点。另外，要充分发挥好哲学社会科学的思想政治教育功能，在具体教学和科研过程中，就必须做到三个结合，即理论和实践相结合、继承与创新相结合、传授知识与思想教育相结合。

第一，坚持理论和实践相结合。通过理论指导实践，通过实践检验和发展理论。哲学社会科学的教学不能简单地从理论到理论，我们在进行学科理论研究、阐述、分析的同时必须要紧密结合我们中国特色社会主义实践，展开论述讨论，这样才能更好地激发学生的共鸣，引起他们的兴趣和关注，同时提高教育的实效性。

第二，坚持继承与创新相结合。任何学科的建设和发展都必须体现出与时俱进的特点，否则终将失去生命力和存在的价值。哲学社会科学在坚持马克思主义基本方法指导的同时，也必须紧跟时代发展的步伐，根据中国特色社会主义建设的需要，努力推动学科的发展，保持哲学社会科学的时代活动。

第三，坚持传授知识与思想教育相结合。学校的根本任务是育人，终极目标是促进学生的全面和谐健康地发展，成长为有责任感、使命感的合格公民。任何专业课程的开设都不能仅仅局限于为了传授知识而传授知识，而应该是为了促进人的发展而传授知识，所以，在开展哲学社会科学的专业教学过程中，必须要努力探索专业教学和思想政治教育的结合点，把专业教学和思想政治教育紧密结合起来，使学生在接受专业知识的过程中受到潜移默化的影响，帮助学生树立社会主义的政治信念和正确的人生观、价值观。

除了哲学社会科学之外，《关于进一步加强和改进大学生思想政治教育的意见》中也强调："高等学校各门课程都具有育人功能，所有教师都负有育人职责。广大教师要以高度负责的态度，率先垂范、言传身教，以良好的思想、道德、品质和人格给大学生以潜移默化的影响。要深入发掘各类课程的思想政治教育资源，在传授专业知识过程中加强思想政治教育，使学生在学习科学文化知识过程中，自觉加强思想道德修养，提高政治觉悟。要坚持学术研究无禁区、课堂讲授有纪律，严格教育教学纪律，切实加强教材管理，在讲台上和教材中不得散布违背宪法和党的路线方针政策的错误观点和言论。"

（三）充分发挥学生社团的育人功能

大学生社团是由高校中具有相同或相近兴趣爱好的学生自发组成并经由学校相关部门批准成立的学生群体组织，是继承和弘扬校园文化的主要载体，也是提升学生专业素质和实践能力的平台，是大学生进行自我教育、自我管理、自我服务以及自我实现的重要场所。《共青团中央、教育部关于加强和改进大学生社团工作的意见》（中青联发〔2005〕5号）中指出"高校学生社团活动是实施素质教育的重要途径和有效方式，在加强校园文化建设、提高学生综合素质、引导学生适应社会、促进学生成才就业等方面发挥着重要作用"。大学生社团以学生自主开展教育活动的学习实践模式在很大程度上契合了当代大学生的思想性格以及专业学习的特点，对于开展大学生思想政治教育工作具有十分重要而又特殊的意义和作用。

当前，许多高校思想政治教育工作者都认识到了学生社团在思想政治教育中的重要作用，并采用了组建学生团队，培养先进典型，激发学生自主学习的积极性和主动性，借以营造氛围，带动周边同学学习和接受思想政治教育的模式。例如，河南师范大学的大学生中国特色社会主义理论学习研究会，依靠河南省邓小平理论和"三个代表"重要思想研究中心的帮助和理论支持，由学校党委和校团委进行指导，以"传播时政信息，学习先进文化"为协会宗旨，始终把邓小平理论和"三个代表"重要思想作为自己的行动指南，把组织广大同学学习、研究、宣传邓小平理论和"三个代表"重要思想以及党和国家的方针、政策作为主要任务。该社团曾先后开展了"欢庆党的十七大，共建和谐新校园"、"学习两会精神，争做时代先锋""为中国喝彩""纪念改革开放三十周年""弘扬奥运精神，投身师大建设""认真学习、全面宣传党的十七届三中全会精神"等一系列丰富多彩的主题活动。在这种团队学习的方式下，教育者退居幕后，把学习主动权交给学生，由学生来唱主角，教师在学生学习的过程中只是起到主题引导和适时协调的作用，所以这种方式也广受学生的欢迎，学研会在十七大之后逐渐发展为指导老师和名誉顾问达余位，会员达万余人，影响十分广泛的理论学习型社团。

经过研究，我们发现，高校学生社团在大学生思想政治教育过程中至少具有以下几种主要作用：

第一，在团队分工中增强学生集体协作意识。目前，大学生社团主要是由高校团委指导，由社团联合会负责日常管理，一般的社团往往依托于各个学院，并由相关学院中选聘配备指导老师，基于校园文化建设的需要，高校学生社团的管理逐渐趋于制度化和规范化，社团内部分工逐渐细化，各负责同学的任务相对明确，比如一般的大学生话剧社往往就有社长、副社长、办公室、表演部、化妆部、剧务部、外联部等等部门，并且建有自己的团支部，在开展一些大型的社团活动时，就需要社团内部成员作出合理的分工，彼此团结协作、密切配合，才能最终保证活动的成功组织和顺利开展。在团队合作中，不仅可以锻炼学生的组织管理能力、人际交往能力，而且可以培养学生的分工合作能力，增强大学生的集体意识，培养他们的集体责任感和荣誉感，并且，成功的社团活动的开展，也可以满足大学生自我实现的需要。

第二，在社团管理中培养学生组织纪律观念。大学生想象力丰富，对外界刺激敏感，情绪比较容易受外界环境的影响，表现出明显的“情绪化”和“感性化”的特点，特别是高校的一些艺术类大学生，普遍存在着生活作风散漫、学习纪律松弛、法纪观念淡薄等问题，并且在日常的行为规范管理以及文明养成教育中学生抵触心理较重，一般的批评说教实效性不强，在一般的综合性大学中，往往艺术类学生比其他专业的学生难于管理，思想政治教育工作难度相对较大。这就要求我们“艺术的学生艺术管理”，积极探索大学生思想政治教育的新途径、新办法。

社团活动有利于提高大学生思想政治教育工作的实效性，对于培养学生组织纪律观念具有非常重要的作用。据有关的观察发现，当前不少高校都有学生上课迟到现象，并且少有学生因为上课迟到产生愧疚自责心理，而且部分学生对于老师的批评不放在心上，甚而有逆反心理和态度，但是在社团组织集体活动时，如果有社员迟到或者是所负责工作没有按时完成或是因为自身纪律问题对集体活动产生影响时，学生往往会产生明显的自责和内疚心理，经常会主动检讨或是道歉并且能诚心接受批评。这种现象似乎很难让人理解，但也正契合了艺术专业学生漠视权威说教、尊重个体目标和群体目标具有一致性的集体活动的心理。所以，如果能够牢牢把握和抓住学生这一心理特点，适当引导和教育，推彼及此，将很好地培养学生的组织纪律观念。

同时，由于学生基本上都是基于个人兴趣爱好而参加社团，所以对于社团活动往往比较热心、专注和认真，在从事社团活动时表现出极大的主观能动性，并且很在意自己在社团中的表现，所以，社团活动对于抑制和消除学生自由散漫的不良习气具有很好的作用。随着各高校社团管理的进一步规范化，学生社团内部章程、制度和纪律条例的进一步完善，大学生社团将成为大学生自我性格磨砺和提升的重要阵地。

第三，在朋辈交流中促进学生心理健康发展。不少大学生往往由于太过自信，多数学生自我认知不足。大多表现在不能正确看待竞争中面临的困难和挫折，出现问题不从自身找寻原因，抱怨、寻找其他理由，甚至怨恨，自暴自弃。自身的优越感又使得他们盲目自信，并不能正确地认知和看待自身能力在某些方面存在的不足，对自身知识的构架和能力全面性认识不足。

在大学生中，学生们之间的相互影响非常大。“学生社团是大学生基于共同目标组建而成的学生群体，具有自愿性、兴趣同一性等特征”，所以，学生社团的形成特点以及活动方式使得社团成员之间往往具有比较多的共同话题，彼此之间交往交流也较多，社员之间更容易成为亲密的朋友和伙伴，加之一些社团为加强社团的凝聚力，也会经常举办一些素质拓展训练活动，这对于培养学生的人际沟通协调能力、提高学生情商指数、充分发挥大学生心理健康朋辈咨询的力量具有非常重要的意义，因此社团群体对大学生的心理健康教育功能不容忽视。

第四，在社团文化的熏陶中促进学生人文素养的提高。社团文化是“大学生社团在实践活动中所创造的精神财富、文化环境、心理氛围以及承载这些精神财富、文化环境、心理氛围的活动形式和内容，是高校社团物质形态和意识形态的总和”。优质的学生社团首先必须具有优秀的社团文化，不论是书法、美术、音乐、舞蹈方面的社团，还是体育、影视、话剧方面的社团，甚至包括一些爱心社团，正常情况下只要社团建设成型，不管是社团的管理者也好、社团的指导老师也好，或是社团的负责人、社团成员等都会主动地考虑社团文化建设问题，除了开展专业实践活动之外，还会开展一些理论学术方面的交流讨论活动或是邀请在相关专业具有一定理论水平和层次的老师开设讲座，以借此提高社团成员的理论水平以及社团活动的层次。社团文化的熏陶不同于第一课堂的苍白无力的说教，只要社团组织合理，就能取得“润物细无声”的效果，可以有力促进大学生人文素养的提高。

第五，在社团社会实践活动中促进学生成功社会化。大学阶段是学生向职业人、社会人转变的一个重要阶段，个体的社会化是人生发展的重要组成部分，学生个体能否成功地社会化也是衡量一个学校思想政治教育工作是否成功的标准之一。由于大学生社团组织结构的特点，使得其在学生社会化培养方面具有不可替代的作用，特别是为大学生施展手脚、纠正社会认知偏差、更加成功地社会化提供了重要的阵地。个体在社团中“既是学生角色，又由于组织内部的分工扮演了职业角色。他可能是领导者，又是追随者；既是管理者，又是实践者；既是发动者，又是响应者。通过多重角色互换和体验，增强大学生理解他人态度和意向的能力，形成客观的自我观念，并且完成社会行为的模仿和认同，在处理角色冲突中，推进社会化的进程。”

总之，学生社团在高校大学生思想政治教育中具有极其特殊的作用，是大学生思想政治教育的重要载体，是第一课堂的重要补充和延伸，对于继承和弘扬校园文化、拓展学生综合素质具有不可忽视的意义和作用，当然，目前高校大学生社团也存在一些诸如社团管理体制不够完善、一些学生不能正确处理第一课堂和社团工作的关系、社团指导老师缺位、社团干部素质差异大、社团活动经费不足等一系列问题，但是我们相信，只要加强组织管理，充分发挥党团组织在社团工作中的作用，合理调控、正确引导，就一定能使大学生社团成为大学生思想政治教育的坚实阵地。

（四）精心组织开展社会实践活动

中共中央、国务院《关于进一步加强和改进大学生思想政治教育的意见》中指出："社会实践是大学生思想政治教育的重要环节，对于促进大学生了解社会、了解国情，增长才干、奉献社会，锻炼毅力、培养品格，增强社会责任感具有不可替代的作用。"高校的社会实践活动载体主要有大学生暑期"三下乡"志愿者服务活动、专业社会实践活动、大学生勤工助学活动、大学生创业实践活动等。"改进与加强大学生社会实践活动是一个系统工程，需要社会各方面的共同支持与关心，包括从制度安排、条件保障、环境创造、有效指导等方面下功夫。"

第一，做好大学生社会实践活动的制度保证。为了进一步改进与加强大学生社会实践活动，各大高校要注意鼓励大学生参加社会实践活动，同时出台相关的激励和保护措施，以保证大学生社会实践活动的安全顺利有效开展。同时，对于一些对学生实践能力要求比较高的专业院系提供必要的经费支持，并把学生的实践活动纳入到培养方案中，提高实践训练课的学分比重。"要建立大学生社会实践保障体系，探索实践育人的长效机制，引导大学生走出校门，到基层去，到工农群众中去。高等学校要把社会实践纳入学校教育教学总体规划和教学大纲，规定学时和学分，提供必要经费"，为大学生社会实践保驾护航。

第二，保证大学生社会实践活动的资源支持。"积极探索和建立社会实践与专业学习相结合、与服务社会相结合、与勤工助学相结合、与择业就业相结合、与创新创业相结合的管理体制，增强社会实践活动的效果，培养大学生的劳动观念和职业道德。"高校可以通过和人力资源与社会保障部门的配合，开展相关的实践活动推荐活动，积极做好大学生和社会实践用人单位的对接，为需要实践机会的大学生获得更多的平台，鼓励社会相关用人单位、人才市场为大学生提供更多的锻炼机会。

第三，建设大学生社会实践活动基地。实践基地可以优化大学生社会实践的环境，"重视社会实践基地建设，不断丰富社会实践的内容和形式，提高社会实践的质量和效果，使大学生在社会实践活动中受教育、长才干、做贡献，增强社会责任感。"大学生的社会实践基地的建设需要多方的共同努力，单纯依靠高校的力量是远远不够的，所以在大学生社会实践活动基地建设方面需要更多的政府、企业和高校的协调配合。在政府方面，可以通过出台相关优惠政策鼓励支持一些社会上企业、公司等参与到大学生社会实践活动中来，为大学生的实践活动提供场所。在学校方面，可以通过自己在科研、创意等方面的人才资源优势帮助社会上的一些困难公司企业提供智力支持，加大和社会用人单位的联系和合作，为学生的社会实践活动提供平台和其他方面的保证。与此同时，也要做好大学生的思想教育，让他们明白社会实践的重要意义，在实践的过程中要注意发扬吃苦耐劳精神，注意维护学校的形象，充分体现出当代大学生的素质和青春活力，切实在活动中发挥自己的所学，把理论和实践紧密结合起来。

第四，加强大学生社会实践活动的指导。在当前的高校中，大学生的社会实践活动的负责老师一般是辅导员，特别是大学生暑期“三下乡”志愿者服务活动，基本上都是统一由高校团委负责组织，各院系专职辅导员老师负责带队开展活动，但是由于现在的高校辅导员招聘基本上都是由各高校的人事处和学工部负责，然后按照各院系的需求进行人员安排分配，这就出现很多辅导员和所在院系专业不一致的情况，比如学习文学的被分到理工科的院系中，或者学习理工的被分到文科的院系中，这样一来，容易出现的问题是辅导员在具体组织学生开展社会实践活动的时候，由于专业受限，在指导力度上存在不足。所以，在开展大学生社会实践活动方面，高校应该探索建立以专业教师为主，专业教师和辅导员共同指导的机制，充分调动和发挥专业教师的积极性和主动性，鼓励他们到学生社会实践的第一线，及时给予学生专业方面的指导。在组织管理方面，应该成立专门的社会实践活动领导小组，专门负责大学生社会实践的组织、管理、活动效果评价等工作，督促各学院认真做好大学生社会实践工作。

总之，实践载体的教育内容和形式，符合学生接受规律，在活动中更能为学生潜移默化地接受，从而较好地实现教育与自我教育的统一。

（五）加强谈话咨询载体建设

由于谈话咨询载体是一种讲究教育者和受教育者双向互动的载体形式，所以特别注重教育者和受教育者之间的共同努力和默契配合。教育者在互动的过程中处于一种主导的地位，通过谈话咨询的方式可以深入了解学生的所思所想，对于增进教育的效果具有非常大的作用。加强谈话咨询载体建设需要注意以下几点:

第一，特别注重人文关怀，重理更要重情。由于谈话主要是针对受教育者个体进行的一种面对面式的教育活动，所以这种方式不仅只是一种思想上的互动，它还包含有情感上的交流，要想使谈话交流更加深入、更加有实效，就必须要建立起一种良好的情感交流氛围，而在这种氛围的营造过程中，教育者必须要放下平时的比较严肃的教师面孔，更多地以朋友或亲人的身份和学生交流，通过恰当的语言、贴切的语气以及一些身体语言（例如一个眼神、一个动作等）表达对学生的关注和关心，使他们能够真心吐露出自己的问题，以便于正确的评估学生的思想状况，并提供合适的建议和帮助。另外，和平时的课堂教学不同，个别谈话除了要晓之以理外，更侧重动之以情，实际上，很多学生的思想和心理问题简单地说理效果并不好，但是如果教育者能够真切地表现出对于学生的关心关爱，使学生在情感上受到触动，那么很多问题都可以迎刃而解。

第二，尊重教育对象，保护学生隐私。尊重教育对象，一方面要求教育者要平等地与学生诚恳地交流，不摆架子，不居高临下，尊重学生的人格，不说贬低嘲笑学生的话，要站在学生的角度多给予学生理解和爱护等。另一方面也要求教育者要闭紧自己的嘴巴，能够守得住秘密，对于学生所说的一些可能比较敏感的事情不要随便透露出去，尊重学生的隐私，否则，学生就极有可能对教育者产生不信任感，甚至出现严重的逆反心理。

第三，把握谈话时机，讲究语言艺术。在谈话咨询过程中，教育者要注意察言观色，能够把握住恰当的时机，善于寻求思想政治教育的突破口，及时向学生传达正确的教育信息。在谈话的语言上，要使用比较通俗、比较简单明了的家常式谈话语言，要保证谈话语言措辞准确、说理深入浅出，明白晓畅，抛却那些假大空的官话套话，拉近与学生之间的距离。

虽然在今天新媒体技术广泛应用的背景下，师生之间以及同学与同学之间有很多交流是通过新媒体技术平台实现的，但是这些交流永远不能代替现实中的面对面的谈话交流，因为现实的交流不仅可以传递理性的信息，它还可以传达虚拟交流平台传递不了的感性信息，而正是这种感性信息对于培养大学生的正确的人际认知和健全的自我意识具有重要意义。

（六）多种平台互动结合，创新思政教育形式

新形势下，我们必须努力创新思政教育形式，打造丰富多彩的思想政治教育项目，使多种教育平台互动结合起来，例如信阳师范学院的“德育五个一工程”，“五个一”即：一校（青年共产主义理论学校）、一班（新生干部培训班）、一刊（思想政治教育材料选编）、一团（德育讲师团）、一库（思政教育影音资料库），分别从不同的角度、不同的平台，以不同的组织形式多管齐下、环环相扣，紧紧围绕一个目的和宗旨构成了一个全方位、立体化的思政教育模式，起到了良好的教育效果。

思想政治教育并不意味着仅限于严肃的政治材料的学习和讨论，也不应该是狭隘地为了教育而教育，通过对河南省部分高校学工部、团委网页的调查后发现，这些网页在专栏设计中都有意加入了很多可以凸显人文关怀的内容，例如郑州大学学工部网站中就设计有特色服务专栏，服务内容包括天气预报、城市地图、公交线路、休闲购物、娱乐美食、火车票查询、手机号码所在地区查询等。这些内容虽然表面上看来好像与学生的管理和思想政治教育没有太大关系，但是却在无形中为这个思政教育网络阵地平添了诸多亮色，使得我们的思政教育更能贴近人心、深入人心、温暖人心。

除此之外，依托大学生专业学习实践，通过大学生综合素质训练和专业技能的培养平台，把思政教育巧妙地融入其中也是一种不错的方法，例如河南师范大学思政教育项目“师范大学生竞争力培育工程”“师大圆月初上时桨声灯影外语岛”等正是从这一角度做出的有益尝试。’而且，高校也可以通过定期召开学生家长交流会，共同探索大学生教育的有效途径，努力构建大学生思想政治教育新模式。例如高校可充分利用新生报到以及每年的国庆、“五一”长假举办家长座谈会，通报学生在校期间的各方面表现，同时介绍学校的人才培养特色和学生教育管理工作以及学校各方面的改革措施，以达到确定学生生涯规划的制定等方面与家长进行探讨并达成共识。并通过学校和家长的互动、沟通与交流，探索社会、学校、家长三位一体的人才培养新方案，更好地帮助在校大学生建立起正确的价值取向，使他们更好地学会为人处世，促使学生在学校和社会之间安全平稳，即将迈入社会之前达到实现平稳过渡，为学生的成长和发展奠定一定基础。以家长会为基本形式的学校和家庭以及学生本人联系沟通的新机制，能够真正建立起社会、家庭、学校共同育人的立

交式网络。合理利用寝室文化载体。强化寝室的育人功能，营造一个文明、和谐、优雅的学习生活环境，可以促进大学生文明行为习惯的养成，树立良好的人文精神面貌，提高大学生的自理及自控能力，成为高素质的人才。

思想政治教育具有很强的理性色彩和政治特质，具有较强的刚性需求，带有一定程度的强制灌输，在思想政治教育中必然有其较大的存在价值。从教育的潜在特质看，无形的渗透也是不可或缺的。《道德经》上说："上善若水，水善利万物而不争。"最善的人如水一样，善于滋润万物而不与万物相争，这正是优秀教育载体本身品格特有的力量。对学生衣食住行的关注也好，对学生专业学习实践的关注也好，目的都是使传统的思政教育脱去僵化呆板的外衣，使学生在一种和谐、轻松、快乐、自主、自由的氛围中受到实实在在的教育；不凭借外在的强力，不停留于一般的说教，而是春风化雨、润物无声，入心入脑，化成天下，这给了教育载体创新以很多启发。

第三节　与时俱进，加强新媒体思想政治教育载体建设

新媒体技术的广泛应用是目前社会生活的一大主流趋势，作为高校的思想政治教育工作者，正视传统思政教育模式的不足，积极主动开辟思想政治教育新途径，探索挖掘大学生思想政治教育与新媒体技术的结合点，主动争取和抢占新媒体阵地，使思想政治教育借助新媒体的技术优势更加广泛深入地传播，更加方便快捷地为大学生服务，真正地为当代大学生所喜闻乐见，真正地深入大学生的内心，切实起到净化大学生心灵，推动大学生思想行为的良好转变的作用。

（一）加强校园网建设

首先，学校应该充分利用网络媒体，开设校园网，为大学生们查阅资料、信息共享、经验交流、互助学习提供平台。"主动占领网络思想政治教育新阵地。要全面加强校园网的建设，使网络成为弘扬主旋律、开展思想政治教育的重要手段。要利用校园网为大学生学习、生活提供服务，对大学生进行教育和引导，不断拓展大学生思想政治教育的渠道和空间。"校园网作为校园的主流媒体，显然有着不可或缺的重要作用，在当今的信息时代，利用校园网进行思想政治教育已经成为了一种最为方便快捷的思想政治教育渠道。学校应该充分调动各方面力量，努力建设和完善校园网，力求使校园网成为一个既具有知识性又具有趣味性、同时包含思想性和服务性的服务功能强、覆盖面越来越广、信息量越来越大的思想教育平台。大学生们可以从校园网上获取他们生活、学习所必需的讯息，从而愿意花费更多的时间逗留在校园网上，这样，校园网不仅可以充实大学生们的精神文化生活，

而且可以为网络平台充实先进思想，如此一来，校园网就真正能够成为学生思想政治教育的重要渠道。

校园网建设主要是针对在校大学生，只有及时更新网络信息资料，积极补充网络资源，才能真正加强和完善网络的服务功能。要积极建设包括教学软件库、素材库、网络课程库等网络教学资源在内的具有极强综合性、鲜明学科特点、鲜明校园特色的网络资源库明确“以学生为本”的服务理念，利用网络平台，在校园网上开展针对学生的学习生活、心理咨询、就业指导等方面的网上交流，同时可以借助网络媒体开展网络学术交流、科技交流、娱乐活动、艺术探讨等丰富多彩的校园活动。校园网致力于为师生之间的学习交流互动搭建一个便利的平台，切实拉近师生之间的距离，帮助老师省时高效地发现和解决学生的相关学习生活问题和心理问题。

校园网建设并不仅仅是学校方面的事情，学生作为校园网的主要服务对象，也应该积极地参与到校园的建设中去。学校应该充分调动学生积极参与校园网建设的创造性和积极性，积极鼓励大家完成自主建设、自主管理、自我参与、自我维护。培养学生参与校园网建设的激情与热情，旨在达到一种利用网络资源对学生进行思想政治教育，反之用学生的聪明才智推动校园网建设向多方面、全方位、高层次的方向发展。关于校园网的内容建设，高校应该致力于以“校园生活为主、社会生活为辅、充分展示学生学习生活同时描绘学生课余生活”为主要内容的校园网的建设。利用校园网这一媒介，为大学生提供交流学习生活、关注校园文化、把握就业动态的平台，帮助大学生从身边人、身边事中发现精神闪光点，在潜移默化中完成思想政治教育，以实现大学生自我教育、自我学习、自我关注、自我改善、自我成才。

第二、建设校园思想政治教育红网，开辟思想政治教育网络专栏。只有专题性质的网站才能够提供更加专业的思想政治教育。第一，专题网站要结合党的基本理论、基本路线、基本纲领和基本经验，并把这些内容引入对大学生的思想政治教育中，在唱响主旋律的同时，可以通过活泼的案例，引导大学生树立社会主义理想信念，让他们知荣辱、明是非，弘扬正义正气。第二，专题网站要有针对性，还要有艺术性，要有足够的看点，贴近实际、贴近生活、贴近学生，引人入胜，只有这样，才能办出品牌、办出特色、办出权威，才能更好地促进大学生健康成长、成才。

例如郑州大学学工部网页的红旗在线专栏、郑州大学团委网页的网上团校等，都充分反映出当前思政教育工作者的网络阵地意识，收集、整理和开发网络资源，形成规模和品牌，发挥和利用新媒体在大学生思政教育方面的优势。

第三、掌握校园网舆情，积极引导网络舆论。“要密切关注网上动态，了解大学生思想状况，加强同大学生的沟通与交流，及时回答和解决大学生提出的问题。”网上舆情和舆论对大学生的思想影响很大。新媒体在大学生中的应用极为广泛，互联网上舆论的传播速度也很快速，面对这一现状，高校应该做到时刻关注网络动态，及时把握校园网舆情，了解和分析其未来的发展趋势，以引导校园网的舆论方向，对于负面的不良信息要努力消除影响，避免对大学生的思想造成腐蚀，影响其健康成长。其次，还应积极建设校园网专题评论组，捕捉校园热点，关注校园新闻动态，围绕焦点展开评论，发表贴文，及时把握舆论方向，引导学生进行科学讨论。

第四、充分运用包括法律、行政、技术在内的各种手段对校园网进行严格的管理。“要运用技术、行政和法律手段，加强校园网的管理，严防各种有害信息在网上传播。”“极高的开放性、极强的交互性、传播多媒体化”这些都是网络最为鲜明的特点，正是这些特点，使得网络媒体的管理变得十分复杂，面对困难，作为培养21世纪接班人的高校更应该迎难而上，积极予以严格的管理，积极学习国家关于互联网管理的各项法律法规、各项规章制度，对校园网进行科学的统一管理，对校园网用户进行系统的统计，随时保持高度警惕性，以防止有害言论和不良信息在校园网内出现和传播。定期开展校园网的整治工作，最大范围地在学生之间开展安全网络教育，最大力度地对网络犯罪分子进行惩处，最大限度地保证校园网信息的健康、安全，切实为大学生营造一个健康、安全的网络环境。

第五、建设高水平的网络思想政治教育团队。“加强网络思想政治教育队伍建设，形成网络思想政治教育工作体系，牢牢把握网络思想政治教育主动权。”在网络媒体上开展思想政治教育工作是一项新的尝试，从事大学生思想政治教育的工作者必须要具备坚定地政治信仰、良好的新媒体技术知识、正确的现代媒体认知态度以及高尚的媒介素养，只有这样才能够更加驾轻就熟地利用好新媒体，更加容易和大学生们打成一片，深入认识和了解大学生的内心世界，捕捉大学生的思想状况，发现问题及时给予有效引导和纠正。

为适应形势和工作的需要，要注意同时从传统思想政治教育的队伍和专业的网络人才中选拔骨干力量和优秀人员，进行强化培训，组建起一支政治信仰坚定、思想觉悟高、有一定学生管理经验、熟悉学生特点的网络思想政治教育队伍，主动占领、坚持把守网络思想政治教育阵地，围绕热点问题主动撰写文章，有效引导网上舆论，这是当前加强和改进大学生思想政治教育的一个重要方面。要培养网络思想政治教育队伍成员具有政治上的敏锐性和工作方法上的艺术性，在网上做好一个聆听者、讨论者、询问者、解答者、整理者、服务者、建设者和联系网络与现实的沟通者，主动提高运用网络开展思想政治工作的能力，以适应新形势下高校思想政治教育发展的需要。还要充分调动大学生的积极性和主动性，让他们在新闻宣传或热点评论中崭露头角，培养一批网络教育的大学生骨干。

在当前形势下，校园网建设是高校思想政治教育者走进网络、走近学生的一项重要工程，思想政治教育者要主动学习和探索网络思想政治教育的规律性，充分发挥校园网络阵地的作用，有效引导大学生成长成才成人，把高校校园网打造成为弘扬主旋律和传播先进文化的重要平台、加强大学生思想政治教育的重要阵地和全面服务大学生的重要渠道。

（二）加强手机、微信建设

当今时代是一个网络时代，当人们惊叹于互联网的强大功能和作用时，手机媒体也如雨后春笋般悄然崛起，显然，它的力量并不亚于网络媒体，手机媒体以方便快捷的优势迅速渗入学生生活之中，进入了大学校园，如今，手机媒体俨然已经成为了校园的主流媒体，手机微信的方便快捷更是使得其迅速占领了校园的各个角落，海量的信息承载量和功能的多样化使之成为校园信息的新宠。没有谁可以忽视它的影响力，甚至有人说，手机微信正在以一种潜移默化地方式改变着大学生的思维方式、生活态度、交流方式甚至是人生观和价值观。有人认为手机是当之无愧的第五媒体，而手机微信无疑是这一媒体中最为重要的模块。

微信的出现打破了原有的时空观念，突出了手机微信在时空性和快捷性上无可比拟的优势，让学生之间的交流更加方便和快捷，大大提高了手机微信和手机的使用率和使用方位，通过手机微信，我们可以切实实现信息零时间、零距离的交流。但是，从普通短信到微信，手机微信在自身发展的同时使得大学生对手机短信的依赖愈发严重，甚至于引发了“手机焦虑症”等一系列的心理疾病。手机微信，为思想政治教育工作提供了新的机遇，但是，同时也带来了新的挑战，如何把握机遇应对挑战成为思想政治教育工作者面临的巨大问题。

第一，手机微信的用户庞大，信息承载量大，传播速度快，传播范围广。通过手机微信的方式，思想政治教育者可以随时随地对学生进行思想教育，随时随地与学生进行交流，及时把握学生的思想动态，了解学生的思想问题。

第二，手机微信开展思想政治教育的方式具备一定的超时空性。高校传统思想政治教育手段如班会、谈话、谈心活动会受到场地、学校作息时间等一系列因素的影响和限制，但是建立在移动通信平台上的微信业务圆满弥补了传统思想教育手段的不足，它不但可以涵盖大学生校内校外的生活，而且可以时刻对大学生展开思想教育工作，有效地丰富了高等院校思想政治教育工作人员的工作手段、时间和形态。其次，由于微信具有比较隐秘、无形的特点，与传统人际交往模式相比，更加容易消除师生之间的心理距离，实现了真正意义上的交流平等，让学生更容易接近老师、接受老师传授的思想教育内容。另外，手机微信的简单便捷、易操作性和无限移动性，突破了思想政治教育工作的时间和地点限制，避免了网络思想教育对工作者的技术要求，最大限度地提高了思想政治教育的方便性。

第三，作为思想政治教育新载体，手机微信具有传播速度快、传播范围广等特征。特别是微信的出现，大大加快了交流沟通和信息传递的速度。由于微信可以由电脑和手机两个用户端登陆，能够实现文字信息、语音等多种沟通方式的综合通信，所以，科学使用微信作为思想政治教育手段，在显著提高思想政治工作针对性以及有效性的同时，也有效地降低了思想政治教育工作者的工作量和通信费用等。

高校思想政治教育工作者必须充分利用好手机短信这一新型平台，为大学生思想政治教育工作创造主动权。要建设并利用好手机微信这一新兴的思想政治教育载体，必须做好以下几点：

1. 以手机微信为媒介推动高校校园文化建设

面对这一新型的高校校园文化，高校政治教育工作者要对其进行正确的定位。各个高校要充分调动学生参与建设微信文化的积极性，激发大学生对建设高等微信文化的热情，鼓励大学生开展各类微信比赛活动，为大学生校园文化氛围的构建提供强有力的平台。

2. 积累校园媒体建设经验，完善各种校园媒体的宣传教育功能

移动互联网媒体作为新兴媒体与网络媒体有相似和相通之处，我们积累的有关网络思想政治教育工作的经验，可以批判地引入到手机媒体的建设中来，创造健康的微信文化，营造良好的微信文化氛围。

3. 构建手机微信息交流服务平台

通过学校微信交流平台的建立，把师生紧密地结合在一起，共同以手机微信的形式进行咨询和交流，将各类资源、信息共享，可以快捷、准确地使师生相互了解、及时沟通；利用手机微信私密性强的特点，便于开展一对一的思想政治工作以及心理辅导工作。尤其是对于一些特定的群体如学习后进生、网络成瘾生、心理障碍生、特困生等，通过微信交流，避免了面对面谈话的尴尬和害羞，有利于他们敞开心扉，能使心理辅导等收到更好的效果。思想政治教育者通过在线与大学生进行交流，使大学生更容易接受这比传统教育方式更加新颖的沟通方式。同时这也是思想政治教育者对现在大学生特点，以及生活现状了解的一个好机会，有利于对大学生开展正面的引导和全方位的沟通交流。

传统思想政治教育方法有显而易见的缺陷，由于其覆盖范围较小，使得那些暂时离开大学校园的应届毕业生成为孤立于思想政治教育之外的群体。通过微信手段可以轻松跨越空间距离，对这部分大学生进行正常的思想政治教育；另外，思想政治教育工作者可以利用手机微信把就业动态和就业信息及时地传播给应届毕业生，及时有效地给予他们相关的指导和帮助。

手机微信作为现代信息传播的先进媒介，本着尊重学生、关心学生、理解学生的原则，以一种民主交流、平等对话的方式给学生们提供了全新的交流渠道，在师生之间构建了一座平等交流、互动合作、共同学习、共同进步的平台，潜移默化中对学生进行了思想政治教育，以一种“润物细无声”的方式把思想政治教育工作深入到学生中去并落到实处。同时，手机微信的方便快捷，时尚个性，经济实惠等一系列特点，都为手机微信成为思想教育的新载体提供了有力的保证，思想政治教育载体所需要的时代性，多样性也与短信的特点不谋而合。所以，在这个新媒体技术大力发展的时代，从事学生工作的老师们都可以充分利用手机短信随时随地与学生沟通、及时有效地完成对学生进行思想政治教育工作。

（三）加强网络论坛建设

BBS 是英文 Bulletin Board System 的简称，意为电子公告板，它是在计算机网络上设立的一人或多人参与的网络论坛系统。目前，几乎所有高校都已经有自己的校园 BBS，一些著名高校的 BBS 在本校乃至全国都具有很大影响力。以河南省为例，河南省各大高校都先后建立起了自己的 BBS 论坛，并且投入了大量的精力和技术支持，对论坛进行维护、加工和充实，同时努力使论坛保持一种自由活泼的氛围，使其成为同学们发表意见、抒发

生活感悟、探讨学习心得、交流思想感情的重要载体和渠道。例如，河南省高校中比较出名的论坛就有：郑州大学的眉湖泊月论坛，河南工业大学的凝荷望月论坛，河南财经政法大学的财子佳人 BBS，河南科技大学的科大洛枫站，信阳师范学院的道可道论坛等。高校 BBS 以其天然的亲和力和吸引力在大学生中逐渐成为汇集校园意见的新平台，成为师生们表达利益诉求的一个新渠道，成为了解师生最新思想动态的窗口，同时也是新时期各大高校开展思想政治工作的重要风向标和参考。

高校网络论坛包含内容广泛、功能强大，充满知识性、趣味性，是广大师生经常驻足畅怀的“网络社区”。校园 BBS 极大地丰富了大学生思想教育的资源，使思想教育工作手段走向现代化，收效也更快速、明显。但是，任何事物都是一把“双刃剑”，校园 BBS 也不例外。运用得当就能为有力地推动大学生的思想政治工作的创新和发展做出巨大贡献，反之，束手束脚或放任自流地对校园 BBS 进行管理就会使思想政治工作的进展受到阻碍。BBS 具有平等性和隐匿性，它与传统思想政治教育中师生间“你讲我听”的模式完全不同。在 BBS 上，大学生扮演着双重的角色：他们既是网络信息的接受者，同时也是潜在网络信息的生产者和传播者，既可以是思想政治教育的客体，同时也可以是网络宣传的主体。但是，对于校园 BBS 上面一些苗头性、倾向性的思想认识如果置之不理，很可能就会对校园安全稳定起负面效应。而且，高校 BBS 与社会现实的相互交融，并且所折射出的社会舆论的方方面面，以及网络游戏、网络沉溺等一旦渗透到高校 BBS 中将会对大学生的人格塑造、心理健康等方面造成极大的负面影响。因此，在继续保持思想政治教育工作的传统优势的同时，确保思想政治教育覆盖面和影响力不被弱化，显得尤为重要。因此，要正确认识这把“双刃剑”，同时要积极强化高校 BBS 的阵地建设，务必将其提高到一个新的水平，这是高校思想政治工作所应努力的责任和目标。

1. 对校园 BBS 加以监管，形成 BBS 网络的管理体制

校园 BBS 实名制并不意味着高校 BBS 就可以放之任之，完全避免了网络舆情危机的发生。高校首先要构建校园 BBS 管理的技术的平台，这要求我们不但要充分地利用其学科以及技术优势来独立的开发或与相关领域的一些企业机构合作研发出有效的网络信息的监控平台，同时也要及时地发现和控制有害信息的源头，以促进校园 BBS 良性发展。除此之外，还要建立和健全校园 BBS 的规章制度，严格其审核会员身份，同时明确发布信息的规定和要求；形成严格的监控机制，能够快速地删除虚假信息和有害信息，并且及时发现 BBS 反映出来的热点问题、焦点问题和意见诉求等；建立健全网上应急处理机制的同时采取相应的措施来快速的反应处置；尽快形成一个网上网下的联动机制，学校各相关部门之间要形成合力密切配合，及时采取相应的措施来回应网上诉求，以尽快地化解舆情危机。

2. 要建立一支专业的网络评论员队伍，以达到充分有效发挥舆论领袖引导作用的目的

加强正确的舆论引导的同时要组建一支懂技术、懂理论、懂管理的专业网络评论员队伍，还要牢牢地掌握网络思想教育的主导权、话语权和主动权，强化导向。有的学生发表的讨论不深入、政治理论水平不高、有时只能看到问题的一些表面现象，因此会在学生中

引起不良的影响，这就需要有专门的一些管理人员来负责这个管理交流的平台，及时解决学生提出的有针对性的问题，对学生思想进行正确的引导，密切地关注网上的舆情，及时地了解校园网上的思想动态，认真分析其产生的原因以及发展趋势，敏锐地捕捉倾向性、群体性、苗头性的问题，努力消除一些负面影响，积极扩大正面影响。这支评论员队伍由学校各学院党总支书记、职能部门负责人、思想政治教师、分团委书记以及一些素质高的资深网友组成，这些网友文字要有很强的表达能力、问题分析能力以及有独特的见解，在校园 BBS 有较高的人气，甚至他们其中有些已经成为 BBS 的版主，这些网友的发言往往比较能影响其他网友的看法，然后引导 BBS 的舆论的走向，由他们来引导的网上舆论，比较容易强化主流言论，从而形成一个积极稳定的网络舆论环境。

3. 要努力掌握科学引导舆情的方法，以形成舆论强势

众所周知网络“舆论场”的影响力在日益强大，它具有扩散化、聚合化、实事化的特点，一旦发生了大规模、全校性的舆论便可以在很短的时间里迅速地扩散，一旦引导不善，负面的网络舆情将会对学校安全稳定形成巨大的威胁。网络环境下的当代大学生网民参与意识与参与主体则更强，对网民发表意见和观点采用堵、塞、删等形式的“硬控制”是行不通的，要因势利导、顺势而为，采取科学的方法对其引导，让同学们对问题形成一个理性的认识。对于 BBS 上发表的一些意见和传达出的情绪，教育者要认真反思背后隐藏的深层次的问题，及时有针对性地开展教育工作。

另外，还要完善舆情信息上报制度，及时将师生思想、意见、情绪和诉求报告给学校党委和有关部门，供决策参考；建立舆情研判及预警机制，准确把握 BBS 舆情走势。同时还要加强师生的网络教学互动，开辟教师网络在线答疑专栏，促进教师和学生通过网络实现面对面地学习交流，同学们在学习上有什么不懂的地方可以在这里向老师提出问题，然后由老师给予解答，并将答案发布在网上，使学生能够得到及时的指导，以促进新形势下的教学相长。

总之，高校校园 BBS 作为校园网络文化的重要组成部分，已经成为高校师生学习生活的“第二校园”，肩负着高校师生的教育、管理工作。随着高校信息化建设的进一步加深，校园的 BBS 平台在师生交流中将占据更加重要的位置。因此，在继续发挥高校思想政治工作的优势和作用的同时，还必须加强高校 BBS 的阵地建设与管理，做到对校园网络舆论有先见、发先声、掌先机、居先导，以进一步增强大学生思想政治工作的针对性和实效性。

（四）加强微博建设

当前，微博作为广泛的自媒体平台，受到网民的强烈推崇，博客一经申请注册即成为博主私人的网站，在博客上发表东西基本上没有什么限制。通过博客，可以简易、快速、便捷地在网络上发布自己的各种信息，还可轻松与他人交流。因此，博客被称为“零技术、零编辑、零体制、零成本、零形式”的“五零”新出版方式，因此，微博用户人数近年来呈现出“爆发”式增长趋势。微博之所以受广大学生欢迎是因为它内容丰富有趣，版面设

计活泼，更新速度快，而且能将社会关注热点加以提炼，能满足学生的多种心理需求，与之相比下的校园网就显得样式落后、死板了。天津师范大学新闻传播学院2005级硕士研究生朱珊采用随机抽样方法，在天津市选取了天津大学、南开大学、天津师范大学、天津理工大学、河北工业大学和天津体育学院，共六所高校。总计发出调查问卷600份，回收的有效问卷共586份，样本回收率97.7%。在回收的有效样本中，其中有291人已经开始写博客，大约占总样本的49.7%。越来越多的大学生热衷于写博客，在网络上与人交流。川大学生博客风潮的掀起给高校辅导员的网络思想政治教育工作带来了新的挑战和机遇。

第一，鼓励辅导员利用博客开展工作，创新工作方式、拓展工作平台。《普通高等学校辅导员队伍建设规定》第二章第四条明确要求："辅导员工作要注重运用各种新的工作载体，特别是网络等现代科学技术和手段，努力拓展工作途径，贴近实际、贴近生活、贴近学生，提高工作的针对性和实效性，增强工作的吸引力和感染力。"

博客作为一种网络的发布个人信息平台，只要知道博客地址就可以随时随地互访博客，进行交流学习、经验分享和研究探讨。通过博客，辅导员工作可以在网上实现常规化和长效性，既提高了工作效率、拓展了工作空间，又提升教育效果。辅导员在博客上可以发表自己的心得体会和生活感悟，和学生一起分享。这样可以加强学生和辅导员之间的亲近感，拉近彼此的距离。

另外辅导员博客的开通也为学校与家长之间架起了一座快速、便捷的交流桥梁。把博客做为思想政治教育的载体，比传统的网络思想政治教育载体更加具有时效性。因此，要研究制定相关规章制度，鼓励辅导员、班主任和专业教师，利用博客开展思想政治教育。辅导员是高校思想政治工作的重要力量，大学生写博客、读博客，辅导员自然也要走进博客，不仅关注学生的博客以了解其思想动态，还要开博客，写博客，拓展思想政治教育的空间，创新工作的方式，利用博客有针对性地开展学生思想政治工作，把握网络思想政治工作的主动性，使思想政治教育工作更贴近学生、更具丰动性、针对性和前瞻性，使网络新媒体带来的挑战转化为机遇。

第二，经常浏览关注学生博客，通过对大学生思想的了解，掌握学生动态，加强思想引导。经过调查，大学生博客的作者所写作的博客内容有76%以上都是记录生活经历和一些私人感情的，其他内容依次为学习和自我提升、沟通亲情和友情、沟通社会等。对于网络上其他博客文章的关注多以娱乐消遣为目的，经常浏览的对象较多的是影视体育明星的博客、同学亲友的博客等，对于知名学者博客、新闻博客等的关注排名比较靠后。由此可见，大学生博客仍较专注于私人领域的记录和交流，对公共领域的关注尚显不足。博客是个人性和公共性的结合体，其精髓不是主要表达个人思想，不是主要记录个人日常经历；而是以个人的视角，以整个互联网为视野，精选和记录自己看到的精彩内容，为他人提供帮助。作为思想政治教育工作者，一方面要把博客作为了解学生群体舆情、认识学生内心世界的一个窗口，掌握学生动态信息；另一方面就是要重点加强引导，使博客真正发挥其深度交流沟通、学习获取知识和信息，进行自我提升的工具。

（五）加强 QQ 群建设

QQ 群是腾讯公司推出的多人聊天交流服务，是为 QQ 用户中拥有共性的小群体建立的一个即时通讯平台。群主（QQ 群管理员）在创建群以后，邀请朋友或者有共同兴趣爱好的人到群里聊天、交流思想、谈论共同感兴趣的话题。在群内除了聊天之外，腾讯还提供了群空间服务，在群空间中，用户可以使用群 BBS、相册、共享文件等多种方式进行交流。简单地说，QQ 群就是一群人基于某个共同话题和兴趣的一个群聊工具，是一个聊天、交流的平台。

由于 QQ 群是基于共同兴趣爱好或者相互间关系联系较为紧密的群体建立起来的交流平台，所以，和飞信、微博等相比，群交流除了具有直观性、虚拟性、及时性、平等性等特点外，还具有以下两个突出的优点：

第一，QQ 群中的成员具有某些共性特点，彼此间共同话题较多，相互间的交流便于形成资源信息共享，有利于群成员的学习成长。例如一些班级群、考研群、社团群、学生会群以及各种文学、艺术、体育爱好者群等，在这些群空间里，同学们可以把各自在浏览、学习中发现的相关图片、新闻、音乐、研究资料、视频等上传至群空间，和具有共同兴趣的朋友进行分享。在班级群中，班级干部还可以把为大家的服务也网络化，如把老师的课件、课程表、辅导员老师推荐的讲座和书籍、小组的作业等放在上面。同学之间还可以通过 QQ 群相互鼓励，相互理解。QQ 群拥有固定教室没有的很多优点，可以实现群体之间更便捷的交流，使同学们在一起共同成长。作为年轻人在一起讨论的公共空间，QQ 群可以起到很好的学习交流平台作用。

第二，QQ 群则为师生提供了表达自我和争论的活跃空间。由于在课堂或开班会时时间的限制，不能每一位同学都进行发言，也不能保证每一个同学发现的问题都能和老师取得及时沟通，QQ 群提供了一个二十四小时全天候运作的平台。学生可以把自己的意见观点、自己的作品等放上去，供大家点评，老师们也可以突破时间和地点的限制更好更及时地对学生提出的意见进行反馈、对学生的作品进行有针对性的指导。

另外，大学四年是人的一生最美好的一段时光，大学里有着同学们的青春风采和青春激情，是非常值得人们留恋回忆的时光，通过群可以上传学生时代的种种图片、视频，为人们创造了非常便捷的记录空间，这样，一个同学、一个宿舍、一个班级、甚至是一个年级成长历程都可以被详细准确地记录下来，群可以伴随他们从象牙塔走向社会。群在记录的过程中，自然而然也会形成一种独特的文化。

运用 QQ 群开展大学生思想政治教育工作做好以下几点：

第一，做好 QQ 群管理员的选拔。QQ 群管理员要有较高的政治理论素养、具备教育学、心理学等相关学科知识，熟悉宣传教育工作规律，且能较熟练地掌握和运用网络技术，才能成为 QQ 群的专职指导员和引路人。

第二，精心设计热点话题，在 QQ 群内展开讨论。大学生的兴趣、爱好、经历各不相同，大家关注、关心的话题存在很大差异，这就使得群内的交流相对分散，缺乏深度，起不到教育的效果。因此，要求 QQ 群管理员以及“意见领袖”要根据当前校内外热点话题，精心设计群内讨论主题，选择一些贴近现实、贴近大学生生活、当前大学生关心的问题作为 QQ 群的讨论主题。如“哥本哈根气候变化峰会”后，推出“大学生应该怎样践行低碳生活”；在毕业生实习之际，推出“怎样让我们的实习更有意义”等话题。通过精心设计话题，努力将学生的讨论和交流引导到有价值、有意义的话题中来，达到净化群内舆论环境，提高学生精神风貌，有效实现思想教育的目的和效果。

第三，正确引导群内舆论，遇敏感问题，以“疏”为主，“堵”“疏”并用。QQ 群管理员要善于从 QQ 群众发现具有良好的理论修养以及非凡影响力的人帮助进行 QQ 群的管理，充当“舆论评论员”的角色，正确引导群内的舆论走向。在 QQ 群内，时常会有些人传播散布一些未经证实的敏感事件，针对这一状况，当然可以立即让他们停止讨论这个话题，改换别的话题，这种做法可以迅速制止某些不良信息的传播，防止危机事件的发生。但从长远来看，禁止他们敏感的言论，容易使学生产生逆反心理，另一方面也会错失了解学生心理、思想状况的重要机会，不利于网络思想政治教育工作的开展。因此，我们应变堵截为疏导，以“疏”为主，“堵”“疏”并用。对于某些过激的言行，QQ 群管理员和“意见领袖”要动之以情，晓之以理，如问题是子虚乌有的，应及时给予澄清，帮助学生了解事实的真相。这样才能消除学生心中疑惑，提升 QQ 群管理员和“意见领袖”的可信度，以便在 QQ 群中更好、更有效地开展思想政治教育工作。加强大学生思想政治教育，培养大学生成为中国特色社会主义事业的建设者和接班人，是高校政治教育工作的重中之重。面对网络时代的到来，积极做好网络环境下高校思想政治教育工作。

（六）加强网络心理咨询平台建设

目前的在校大学生，是从青年过渡到成人的阶段，也是心理断乳的关键期。湖南大学统计学系的调查结果显示，约 37% 的大学生表示压力指数偏高，其中 5% 的大学生承认心理压力指数过高。据北京市高校的调查结果显示，16.51% 的大学生存在中度以上的心理问题，甚至有资料报道中国青少年人群中有心理问题的约 3000 万人。5 月 25 日大学生心理健康节的问世，表明社会对大学生心理健康的关注，也表明大学生崇尚心理健康的新潮流。作为高校思想政治教育工作者要抓住时机，因势利导地开展大学生心理健康教育，帮助大学生们处理好如何适应环境、如何加强自我的调控和管理、如何处理学习生活中遇到的种种问题等，努力提高学生的身心健康水平，促进学生的全面协调发展。

网络心理咨询是指在网络上主持网站的心理专家通过网络新媒体的手段与需要进行心理咨询者进行互动交流，向需要心理咨询的人介绍传播心理学知识，提供心理治疗的相关服务。互联网和信息技术的发展，为高校心理咨询工作提供了新的方式和条件，高校可以利用网络聊天工具进行网上心理咨询，通过即时聊天工具给大学生提供心理健康辅导。

网络心理咨询所具有的开放、便捷、高效、虚拟、匿名等特点，使其与传统的心理咨询相比，具有许多独到的优势，匿名的虚拟空间为求询者提供了一种心理安全的屏障，使来询者可以直抒胸臆，在网上开展心理咨询，更容易使来询者与咨询者之间建一种相互信任的人际关系，防止学生因为不好意思看心理咨询门诊而错过最佳心理疏导治疗时机。

1. 创建校园网心理咨询和跟踪平台

首先，我们应该努力建设好校园网上的心理咨询板块，在该板块上宣传一些关于心理健康以及心理治疗方面的常识，并努力使该板块成为广大学生获取心理健康知识的重要途径和渠道。其次，在网站上开展各种心理问题的讨论沙龙活动，设置并主力打造师生之间、同学之间的互动平台，充分调动广大学生参与的积极性，通过邀请一些心理学方面的专家参与到讨论交流中去，为同学们答疑解惑。第三、上传一些心理学方面的普及性文章，帮助学生掌握正确的心理学知识。另外，可以上传一些励志视频、伟人的传记、励志故事（例如感动中国十大人物事迹）等等，使同学们在获取知识的同时学会自我激励，完善自己的人格，培养健全的积极向上的心态。校园网心理网页要针对大学生成长过程中的心理问题，区别不同级段、不同专业、不同家庭环境、不同文化背景的学生的心理问题差异，提供有针对性和实效性的办法，确实帮助学生解决问题。

有资料显示，当学生有心理困惑时，有63.7%的学生选择QQ、MSN、聊天室、论坛等途径。因此，学校心理健康教育网站可以在互动性的主题专栏中多投入一些精力，在网络聊天室、网络论坛等的制作上要更多地突出人性化、人文化的内容，针对大学生日常生活学习中容易出现的问题展开集中的朋辈咨询和探讨，因为对于很多学生来说，身边的活生生的榜样要比空泛的说教效果好得多。

2003年年初，武汉科技大学成功建成网络心理咨询和跟踪平台，受过专业训练的老师在网上为在校生提供心理健康咨询服务，引导学生提高抵抗心理问题的免疫能力。据了解，该校网络心理咨询和跟踪平台的建设在国内尚属首例。该校网络心理咨询和跟踪系统由五部分组成：①学生心理普查系统，提供各种心理普查量表，新生入校后开展网络心理测试，凡是超过量表危险系数的学生将建立专门跟踪档案，由学校、学院、班级三级心理辅导系统在前期进行主动的心理咨询介入。②学生心理咨询网络预约系统，心理老师不必局限在心理咨询室进行面对面的辅导，可在有网络的任何地方实现远程的网络心理咨询，突破了学校心理咨询工作受时间和地点限制的瓶颈制约。③学生心理网络治疗室，主要构成人员是各学院的专职辅导员和心理咨询志愿者，通过已有经验总结来帮助在校学生度过单纯的心理障碍，减轻专业心理咨询老师的工作负担，壮大心理咨询队伍。④心理健康咨询信息园则是一个心理健康知识普及和教育的阵地，对学生开展系统的、连续的心理知识主题活动。⑤学生网络BBS给学生提供了心灵沟通和交流的地方，学校将通过定期的特殊的心理个案分析让学生充分发表个人的看法，提高自身的心理素质。同时通过这一平台随时了解学生的真实心理问题和思想动态，便于思想稳定工作的开展。

2. 加强网络心理咨询师资队伍的建设和培训

现在在一些高校中都配备的有专业的心理咨询师，但是数量却极其有限，由于近年来各大高校招生规模逐渐扩大，心理咨询师是的数量远远不能满足学生们的实际需求，由于来访学生量较大，很多的高校心理咨询室不能及时给予学生预约咨询，对于学生们的邮件咨询也不能及时进行回复，这就容易导致学生对于心理咨询工作的信任危机。所以，当前的首要任务就是充分动员和发挥各院系辅导员的力量，通过开展相关的业务培训，建造一支专兼结合的网络心理咨询师队伍，让工作在第一线的辅导员借助自己的工作便利，充分发挥自己的优势，参与到大学生心理健康教育工作中来。

3. 创建网络心理咨询档案

通过开展大学生心理健康普查工作，认真分析和记录大学生的心理测量结果，对于在测量中出现异常的学生要注意重点关注，通过专业教师、辅导员班主任、学生干部加强对于学生个体生活历程的了解，通过科学的途径了解学生的心理发展动态，建立学生的网络心理咨询档案。网络心理咨询档案的建立不仅有利于心理咨询师了解学生的个体状况，同时有利于跟踪调查和研究。当然，由于心理咨询档案的隐私性，高校要做好学生网络心理咨询档案的保密工作。

4. 网上与网下互动，虚拟和现实结合

第一，就要把网下传统心理咨询和网上心理咨询相联系。网上的心理咨询有及时、便捷、隐藏性强的优点，但传统的心理咨询也有许多自身的优势。比如传统的面谈咨询，在面对面交流的时候，来询者和咨询人员之间可以进行直接的观察，这有助于咨询者准确地了解来询者的心理健康状况；同时可通过咨询人员的表情、眼神、语音和语调等向来询者了解更准确的信息；甚至可以从一定程度上去发挥咨询人员的人格感染力和人格魅力，帮助来询者增强自信心，强化自控力。由此可见，网下咨询与网上咨询各有自己的优点，所以应当相互结合使用，优势互补。

第二，网上心理咨询与网下的实际工作相结合。网上功夫在于网下，虚拟空间的问题总归是现实世界的反映，心理上的问题都能在现实得生活中能找到它的原因。心理上的不适应与困惑感在现实中总会有些表现。只有实现网上和网下的紧密对接，把解决思想问题、心理问题与解决实际的问题结合起来，关心大学生的每日的生活、学习，特别关注贫困大学生的困难，尽量去帮助他们解决就业、考研等一系列实际的问题，营造一个愉快轻松的日常交际的环境，通过实在的工作，解决大学生在成长过程中遇到的烦恼，才能去帮助大学生培养成乐观积极的心理习惯。

坚持网络心理咨询的模式，将心理咨询的办法适当改变后运用到教育中，将进一步完善和丰富思想教育的方法，极大地提高思想教育的有效性，对于促进青年学生的健康成长具有十分重要的意义。

（七）加强新媒体思想政治教育载体管理制度建设

要想切实发挥新媒体思想政治教育平台的优势，必须要加强新媒体思想政治教育平台的管理制度建设。新媒体教育平台能否做到科学有效管理，一方面关系到该平台能否正常运转的问题；另一方面也关系到教育内容能否有效整合，扩大教育覆盖面以及教育效果的问题。在新媒体思想政治教育平台管理制度的建设过程中，要注意突出特色性、针对性以及前瞻性、创新性等特点，使新媒体思想政治教育平台管理制度能够体现出鲜明的教育性和引领性，和一般社会上的新媒体管理制度有所区别，另外，由于新媒体技术的发展日新月异，各种新媒体平台更新换代十分快速，所以在制定相关管理制度的过程中，要能够做出比较长远的评估和考虑，使制定出的制度具备一定的灵活性和适应性。

当前的新媒体思想政治教育平台的管理应该重点围绕网络管理职责分工、网络安全、网络舆论引导和信息监控、网络使用情况评价体系建构等几项问题展开，建立相关的规章制度措施，使各项要求和标准更加明确、细致，更加趋于规范化和法制化。第一，通过明确网络管理的职责，使管理人员各司其职，可以更好地提高网络管理的水平和效率。第二，网络安全制度和网络舆论引导、信息监控制度建设，一个是为了保证新媒体平台的安全与稳定，一个是为了保证科学掌握网络舆情，加强网络舆论的监控，坚持以正确的舆论引导和教育广大学生。第三，网络使用情况评价体系建构制度有利于及时准确地了解和掌握新媒体思想政治教育平台的使用情况和使用效果，为进行平台的改革更新提供强有力的参考和依据，提供思想政治教育的针对性和实效性。

（八）加强新媒体思想政治教育工作队伍建设

思想政治教育能否通过新媒体迅速、及时、有效地开展起来很大程度上取决于新媒体思想政治教育载体工作队伍建设情况。要保证新媒体思想政治教育功能的正常发挥，当务之急是培养一批优秀的教育管理人才。要培养出这样一批人才，我们认为要紧紧围绕如下三方面展开：

1. 要提高新媒体思想政治教育工作队伍的政治理论素养

作为高校思想政治教育教育者和管理者，首先必须要加强政治理论的学习，因为只有教育者本身具备了扎实的理论功底，才有可能及时准确地为大学生们答疑解惑，才有可能把理论和实践很好地结合起来，用理论去科学地指导实践，在网络平台上唱响思想政治教育的主旋律。另外，也只有通过加强党的理论学习，才能进一步坚定教育者的政治素养，这样才不至于在网络多元的环境中迷失自我，才能更好地引导和影响学生。高校可以通过培训班、讨论会、集体学习等形式对这支工作队伍进行政治理论教育和培养，督促他们在教育学生的过程中也要不断提高自身的政治理论水平。

2. 要提高新媒体思想政治教育工作队伍的网络素质

网络素质包含两方面的内容，一方面指的是网络知识和网络技术水平；另一方面指的是网络自律能力和网络道德水平。要利用新媒体从事思想政治教育，首先要求教育者本身要具备丰富的网络知识，能够熟练掌握计算机的实际操作和应用能力，对于各项软硬件有比较深入的研究和认识，能够成功解决一般的网络故障，监控和过滤网络上的垃圾信息。另外，教育者自身也要具备很强的网络自律能力和较高的网络道德水平，能够做到坚决抵制网络上不良信息的浸染和影响，对于网络上的海量信息能够进行很好的鉴别和归类，成功提取有益于学生学习成长的内容。由于新媒体技术发展速度较快，所以高校可以定期举办一些相关的培训，或者为教育者提供交流学习的机会或平台，形成一种长效机制，使教育者能够一直跟上新媒体发展的步伐。

3. 要努力促进新媒体思想政治教育工作队伍的专业化和职业化

新媒体思想政治教育工作队伍的建设是一项长期系统的工程，除了要把好“入口”关，真正选拔出一批思想政治过硬、新媒体技术水平较高、熟悉学生身心发展特点、有责任心和使命感的人才之外，还要建立和完善这支工作队伍的管理、培养以及激励保障机制，借以促进新媒体思想政治教育载体工作队伍朝着专业化和职业化的方向发展。

总之，思想政治教育是一个长期持续、逐步深化、日久方见功力的“长线”过程，也是一个需要学校、家庭、社会共同关注、共同努力的课题。作为高校的思想政治教育工作者，我们还应该及时认真地开展新媒体背景下的大学生思想政治教育研究工作，促使我们准确把握当代大学生的认知特点和知识接纳方式，为我们及时调整和创新思想政治教育的方式，发掘更新思想政治教育素材提供依据，进而开辟更多的行之有效的思想政治教育工作途径。随着经济全球化时代的到来，高校教育已经进入一个新的历史发展阶段，这为高校思想政治教育工作提供了前所未有的良好发展机遇，也带来了严峻的挑战，思想政治教育工作者必须时刻把握思想政治教育的发展动态，掌握高校思想政治教育工作的前瞻性和主动权，抓住机遇，适应时代要求，迎接挑战，深入研究时代信息化、经济全球化、政治多极化、文化多元化背景下，当代大学生的身心特点和教育接受规律，不断深化对高校思想教育载体的研究与开发，为大学生思想教育工作揭开新的篇章。

第十章　新媒体环境下高校思想政治教育实践路径

第一节　新媒体环境下大学生思想政治教育指导理念创新

新媒体环境下的大学生思想政治教育指导理念的创新包括三个方面。

一、坚持以社会主义核心价值体系为主导，优化新媒体传播环境

随着新媒体的影响不断扩大，随之而来的信息发布混乱难控、人际交往方式改变、西方文化对我国主流意识形态的冲击等为大学生思想政治教育带来了一系列的问题，而新媒体环境中个体相对自由并且缺乏监管，更容易使大学生接受多元的价值观，也使得大学生的价值选择非常迷茫和错乱。因此必须在新媒体的环境中，加强社会主义核心价值体系的主导，从而优化新媒体传播的环境，实现新媒体环境下思想政治教育的创新。

“立德树人”不仅是我国教育事业的根本任务，也是大学生思想政治教育的根本任务，这就要求我们必须把社会主义核心价值体系融入大学生思想政治教育全过程，在方向上以社会主义核心价值体系为主导，在内容上以社会主义核心价值体系为统领，坚持“一元”主导“多样”。高校要不断探索“融入”的途径和方法，充分利用好新媒体的优势，把社会主义核心价值体系以不同的形式转化为大学生思想观念和道德品质的灵魂和标杆，使大学生始终坚定崇高的信念和理想，从而在传播的源头上优化新媒体的传播环境。

二、实现新媒体虚拟空间与现实中大学生思想政治教育的有机结合

新媒体给高校带来的最强烈的冲击是在原有的真实世界外出现了新媒体虚拟空间。鉴于虚拟空间和真实世界之间存在的差异，我们可以得出新媒体虚拟空间无法完全替代真实世界的结论。首先，在现实世界中大学生思想政治教育切实可行的办法不一定能照搬照抄用于虚拟世界。大学生思想问题多数是错综复杂的，仅凭简单交流的方法往往发现不了问题症结所在，无法确保虚拟空间里的大学生思想政治教育的有效性。其次，新媒体的专业技术虽然先进但是终究不能完全代替现实的作用，比如新媒体不能模拟出现实中人类的全

部情感，计算机、网络的信息交流难免缺失人文关怀。这就要求高校思想政治教育工作者将两者有机结合，发挥两者各自的优势，相互补充，共同发展。

三、尊重学生个性发展，发挥教师主导作用，实现教育观念的合理转变

新媒体技术的发展速度之快要求高校思政教育工作者迅速及时转变教育观念，主动研究把握在新媒体环境下的教育规律，在保证团日活动、专题研讨、课堂教育、党校团校、社会实践、志愿服务等传统思想政治教育好的举措的同时，充分利用好新媒体的优势，对教育的内容和方法进行有效创新，从而满足不同形式、不同层次、不同群体条件下开展思想政治教育的需要，尊重学生的个性选择和发展。同时，要将传统“高高在上”的教育灌输转变为现在“亲近和蔼”的互动交流，切实明确新媒体环境下各自的身份角色，一是坚持教师的主导作用的发挥，通过研究把握新媒体环境下大学生思想政治教育的内在规律，帮助大学生学会认识和分析新媒体环境下各种复杂的社会现象，正确评价复杂多元的传播信息；二是树立学生的主体地位与自我教育自我成长的观念，使学生主动参与到学习中，成为自我教育的主人，自己塑造自己的品行与修养，老师在学生成长的过程中扮演引路人的角色，师生之间平等相处、和谐互动。

第二节　新媒体环境下大学生思想政治教育方式、方法创新

一、运用网络媒体创新大学生思想政治教育

随着社会的不断发展，互联网已成为当下最主要的新媒体。2018 年 1 月 31 日，中国互联网络信息中心（CNNIC）在京发布第 41 次《中国互联网络发展状况统计报告》（以下简称《报告》）。报告显示，截至 2017 年 12 月底，我国网民规模达到 7.72 亿，其中，手机网民规模 7.53 亿，互联网普及率达到 55.8%。网民上网设备中，手机使用率达 92.5%，首次超越传统 PC 整体 64.6% 的使用率，手机作为第一大上网终端的地位更加巩固。大学生在思想、道德、观念方面受网络媒体的影响较大，根据对浙江省 8 所高校大学生的调查发现，每天上网 2 小时以上的学生占有 86.6%，上网 4 个小时以上的占 44.4%，在大学生进行思想政治教育中运用网络媒体已成为必然选择。运用网络媒体创新大学生进行思想政治教育主要包括以下几种形式。

1. 加强高校校园网网络建设

高校校园网络建设应有系统性、综合性的思考，要体现一个核心、六个特点．一个核心为：互联性，六个特点为：思想性、主流性、教育性、服务性、互动性、特色性，六个特性呈六边形围绕在互联性周围，相互联系、相互促进。

目前高校思想政治教育网站基本都有一些共性问题，如内容单调乏味、不能与学生的实际发展需求联系等，导致网站对学生的吸引力不强，网站的点击率低，教育效果差。加强校园网络建设可从三方面着手，一是增设如网络电视、网络视频等栏目，通过视频报道、微电影宣传等最新颖、学生喜闻乐见的方式增强网站的吸引力，从而发挥其对大学生的教育作用。二是创建校园论坛，如水木清华、同舟共济、浓情中南等，让大学生针对社会热点问题、焦点问题自由发表言论，比如南京大学小百合论坛中的“今日十大热门话题”，论坛管理人员给予适当引导，管理不松不紧，张弛有度，使论坛成为教师间接了解学生思想动态的平台。三是充分利用好类似人人网、QQ 空间等社交平台，搭建师生交流沟通的桥梁，增进师生的感情，促进教育的效果。

2. 建设思想政治教育博客、微博，发挥其教育作用

根据有关对浙江 8 所高校的 1600 名大学生调查发现，开通博客的学生占 38. 7%，开通微博的占 57.6%，微博作为一种分享和交流的平台，因其时效性和随意性而被大学生广泛使用。开通并建设好相关的博客、微博对创新新媒体环境下大学生思想政治教育具有非常重要的意义。

为了发挥博客、微博对学生的教育作用，应做好三方面工作：一是高校的党委组织部、宣传部等部门要积极引导高校党政领导、班主任、“两课”教师、辅导员、大学生典型参与到思想政治教育博客、微博的建设中来，扩大博客、微博在师生中的影响力。二是注重包装挖掘，将与自己本校实际情况相结合的高质量原创博客、微博内容印制成册，运用新生的始业教育，学生的团校、党校和读书交流会中，增强教育效果。三是在互动交流中把握好答疑与设问的比例。根据答疑解惑的实际，提出相关引导学生积极参与讨论的问题。

二、充分挖掘运用手机媒体创新大学生思想政治教育

智能手机产品在持续刷新着人们的期待，不断带给用户惊喜，它的功能更加强大了，它与网络的配合更加完美，加上手机的便携与使用方便的特点使得大学生在生活中已经必不可少。思想政治教育工作者应充分利用好手机媒体的不同形式，以增强教育的实效。运用手机媒体创新大学生思想政治教育的方式主要有以下几种：

1. 运用手机微信平台开展思想政治教育

通过发送手机微信，教师与学生可以更方便平等的交流，改变了以往教育过程中学生处于被动接受的局面，促进了教育的实效性。手机微信是一种非常基础的手机媒体的运用形式，其传播的及时性、沟通的便利性、信息的私密性且费用实惠低廉等使其在学生中的应用非常广泛，高校思想政治教育工作者可以利用微信进行单独的沟通交流，也可以通过群发为学生提供学习、工作等切实相关的信息。

2. 运用手机微博开展大学生思想政治教育

手机微博自产生之日起就保持着强劲的发展态势，已逐渐成为手机媒体的重要运用之一。根据 CNNIC2014 年第 33 次中国互联网络发展情况统计报告网民篇：截至 2013 年 6 月，

我国手机微博用户数为1.89亿，而手机微博用户中大学生占了很多一部分。大学生在哪里，思想政治教育工作就应该跟到哪里，高校思想政治教育工作者可通过开设手机微博，主动与学生建立联系，形成相互“关注”，可以积极组织并参与学生的热点话题讨论，合理引导舆论导向，将学生的思想政治教育工作与手机微博的使用有机结合，让手机微博成为思想政治教育工作的重要新阵地。

3. 运用手机微信开展大学生思想政治教育

微信是腾讯公司推出的一个智能终端提供即时通讯服务的免费应用程序，它可以通过网络快速发送免费语音短信、视频、图片和文字。首先，高校宣传部、团委等部门可以利用开通官方微信公众平台，占领微信信息管理与发布制高点；其次，班主任、辅导员可以利用微信与大学生进行丰富多样的文字、图片、语音模式交流，提升教育效果；再次，思想政治教育工作者可以使用微信发表自己的文章、评论，分享有价值的精品文章，在学生之间传递正能量，学生看完后可以发表自己的评论，还可以转发至朋友圈，交互性强，学生乐于接受。

4. 运用手机视频开展大学生思想政治教育

高校思想政治教育工作者必须清醒地认识到手机视频在不久的将来还会有更大的发展，因此必须抢占先机，相关部门要率先掌握相关技术，通过拍摄微电影、微视频的形式开展思想政治教育。

第三节 新媒体环境下大学生思想政治教育途径创新

一、加强大学生新媒体素养教育

大学生新媒体素养教育即为提升大学生的媒介素养而实施的教育，是一种通过指导大学生正确理解和运用新媒体信息传播资源的教育。通过开展媒介素养教育，旨在培养大学生获取、分析、评价和使用新媒体传播信息的能力，从而适应新时代发展要求。结合我国的新媒体环境和大学生的发展特点，加强我国大学生新媒体素养教育可以从以下几方面着手：

1. 高校开展大学生新媒体素养教育课程

一是由专业老师开设新媒体素养的通识选修课，条件允许的情况下可开设必修课。目前，浙江大学、南京大学、上海交通大学、云南大学、安徽大学等高校面向全校开设了大学生的新媒体教育课程。二是邀请外界新媒体行业的专家、学者开展新媒体素养教育专题讲座和研讨会，让大学生切身感受新媒体素养的魅力。三是促进新媒体素养教育融入大学的课程体系。大部分高校都开设了通识教育课程，课程中有很多都涉及新媒体的内容，可以试着将新媒体教育的内容与这些已有的课程相结合来达到新媒体教育的目的。四是充分利用校园新媒体资源。让大学生成为校园网站、校报、网络电视、广播台、微博、微信公众平台等新媒体实践活动的主体，参与各种形式的新媒体传播活动，切身体会新媒体的实际操作。

2. 提升大学生培养新媒体素养的自我教育意识

一是要客观认识、正确把握新媒体使用的度，取其精华，弃其糟粕。二是要发挥主动性，敢于接受新鲜事物，善于学习，不断掌握新媒体使用技能。大学生必须主动适应新媒体时代，想方设法加强自我实践，在校期间不仅要学习新媒体素养理论知识，还要积极参与相关的实践活动。

3. 社会要为大学生新媒体素养教育创造良好的环境和条件

一是加大政府规范和保障媒介素养教育的力度。相对于西方国家而言，我国在媒介素养方面的教育尚处于起步阶段，由政府出面更能有效地组织与实施，政府需出台相关的法律法规，集中对新媒体的管理权，优化媒介发展的环境。二是加强媒介素养教育的社会组织建设。从西方国家已有的成功经验来看，媒介素养教育的开展主要是通过民间团体来实施开展的。现阶段，我国媒介素养教育的专门机构还没有建立起来，但根据我国的实际情况，我国媒介素养教育应由政府出面组织建设，由社会组织来负责具体实施会更加可行。三是从法律和技术两方面加强新媒体管理。我国在原有有关法律的基础上，先后制定了《互联网信息服务管理办法》等法规。应在这个基础上尽快完善各种新媒体管理法规，同时要加强校园网管理，对校园网管理需要建立和健全一套特殊的管理体制，政府部门也要不断增加投入，建立权威网站，利用防火墙堵截来自海内外的各种有害信息，从而净化新媒体环境。四是加强媒介传播和舆论引导的责任意识，营造一个“干净整洁”的媒介环境，发挥其对大学生的正面引导作用。

总之，大学生媒介素养教育应努力做到学校、社会和大学生自身三方联动，由学校提供条件，社会创造环境，大学生自身则应更好地利用媒介学习知识，建立对信息批判的反应模式，提高对负面信息的免疫力，学会有效利用传媒促进自身全面成才。

二、加强新媒体与传统媒体合作，促进思想政治教育功能的发挥

尽管新媒体已经取得了跨越式的发展，但是传统媒体的作用依然不容忽视，新媒体只有与传统媒体合作，才能更有效地发挥其对大学生思想、意识、行为的引导作用，进而更好地发挥其思想政治教育功能。

首先，利用好传统媒体与新媒体之间的优势互补。传统媒体与新媒体在传播特点和功能方面具有各自的优势，应该充分发挥各自的优势，从而更好地发挥媒体的思想政治教育功能。一方面，发挥传统媒体“把关人”的优势，起到对大学生道德导向作用。传播信息是媒体最基本的功能，但媒体对信息的传播不是社会信息的全面复制，而是有选择的。尤其是传统媒体通过“把关人”筛选，把体现社会主流意识形态的信息呈现给受众。另一方

面，发挥新媒体“参与”“互动”“开放”的优势，发挥媒体对社会伦理发展的促进作用。新媒体以其“参与”“互动”“开放”的优势，形成了对传统媒体的冲击和互补。通过公众的参与和监督，使媒体自身的伦理道德建设得到加强，从而有利于保持优良的媒体环境，进而起到对社会伦理的促进作用。

其次，注重在媒介融合中促进新媒体与传统媒体合作。媒介融合的概念产生在20世纪80年代的美国。“媒介融合就是将原先属于不同类型的媒介结合在一起，即两种或多种技术融合后形成某种新传播技术”。数字化技术为媒介融合搭建了平台，促进了传统媒体的数字化转型，也促进了传统媒体与网络、手机等新媒体的融合，为充分发挥传统媒体与新媒体各自的优势，更大程度上发挥媒体的导向和教育功能创造了条件。

第三，传媒活动的公众参与也是促进媒体健康发展的手段之一。随着社会的不断文明和进步，受众要求参与大众传播活动的愿望也日益强烈。在传统的大众传播活动中，传媒的话语权掌握在传媒自身和国家与政府手中，这种少数人参与传媒的形式使得新闻话语官僚化、集中化、精英化，广大公众无法参与到新闻活动中去。大众传媒对公众的逐步开放，尤其是新媒体的发展，为公众参与传媒提供了平台。公众参与大众传媒不能仅仅流于形式，要从制度上保证公众参与，要严明纪律，加强对传媒的伦理约束。要保证公众参与的平等，“博采众家之长”才能使传媒有更全面的发展。

第四，紧紧把握加强传媒思想政治教育功能的脉搏。一是正确引导传媒的娱乐化倾向。大众传媒作为社会资源一方面是高校教育与家庭教育的有效补充，另一方面其娱乐性、商业性的趋势和特点对大学生的负面影响应当引起我们的高度重视，我们应有效遏制媒介的过度娱乐化倾向，坚持正确导向，把社会效益放在首位；二是充分发挥传媒的主流道德文化信息传递功能。大众传媒的快速发展在某种程度上为大学生思想政治教育工作提供了一个新的信息平台，高校要利用好这个平台，传播主流道德文化信息，减少消极、错误的文化信息对主流的道德文化信息会产生的冲击；三是着力提升新闻媒体的公信力。公信力是新闻媒体最有价值的内在品质，是一种被公众信赖的内在力量，从大众传媒的思想政治教育功能来看，新闻媒体的公信力是最重要的传播资源。我们应增强媒体从业人员的责任意识、自律意识，不断完善新闻媒体的监督管理制度，充分发挥新闻媒体在大学生思想政治教育中的积极作用。

第四节　新媒体环境下大学生思想政治教育队伍建设创新

大学生思想政治教育队伍的强弱直接关系到思想政治教育实施效果，在新媒体的环境下，思想政治教育队伍的建设有了更高更新的要求。为了适应新媒体环境下大学生思想政治教育创新的需要，必须要以社会主义核心价值体系为指导，不断丰富思想政治教育队伍的构成，提高队伍的综合素质，才能适应新媒体环境下大学生思想政治教育创新发展的需要。

一、坚持以社会主义核心价值体系为指导

在新媒体环境下，我国社会主义文化受到西方意识形态、文化思潮的冲击和挑战，人们的价值取向多元化，思想活动的独立性、多变性、选择性和差异性较为突出，而这种情况在新媒体空间中表现更为突出，这些都影响着社会主义文化思想对人们的凝聚力和整合作用的发挥，因此，我们应坚持以社会主义核心价值体系为指导，在全社会培育和践行社会主义核心价值观，让富强、民主、文明、和谐；自由、平等、公正、法治；爱国、敬业、诚信、友善的价值理念凝聚人心。新媒体创设的虚拟世界与现实世界共存、价值观多元的环境对我国传统思想政治教育的一元主导思想和人们的价值观带来了冲击，要在这种复杂多元的环境中培养学生辨别是非的能力，需要思想政治教育工作者本身具备坚定的政治立场和深厚的政治理论修养。大学生思想政治教育队伍建设必须坚持以社会主义核心价值体系为指导，才能保证在新媒体环境下思想政治教育队伍能在复杂多变的环境中坚持正确的政治方向，能够对学生进行正确的引导，保证思想政治教育目的和效果的实现。

相较传统的思想政治教育工作，新媒体环境下的大学生思想政治教育队伍比以往的思想政治教育队伍面临着更多的挑战与考验，只有自身牢固树立社会主义核心价值观，才能在任何时候、任何情况下坚持正确的政治方向，坚定不移地走中国特色的社会主义道路；密切联系群众，从群众来，到群众中去，切实做到全心全意为人民服务，坚决维护人民群众的利益，一切从实际出发，与时俱进，解放思想，实事求是，开创工作新局面。这样的思想政治教育队伍才能真正担负起对学生进行引导和教育的重任，才能做好新媒体环境下的思想政治教育工作。

二、丰富思想政治教育队伍的构成

思想政治教育队伍是高校师资人才队伍中不可或缺的一部分，是实现思想政治教育工作目标的根本保证。随着新媒体时代的到来，思想政治教育队伍的组成也在不断扩大，包括了新媒体管理队伍、高校思想政治教育队伍以及新媒体舆论引导队伍。

1. 新媒体管理队伍是新媒体环境下思想政治教育的重要力量

目前，我国新媒体管理队伍主要包括宣传、广电、通信、公安、安全、教育、文化等政府部门的新媒体管理人员，社会专业网站的管理和技术人员，社会团体、学校的新媒体管理人员。随着新媒体技术的不断发展，这支队伍将不断地扩大。

2. 高校思想政治教育队伍是新媒体时代思想政治教育的生力军

为发挥他们在大学生思想政治教育的重要作用，要做好三点：一是培养一支思想政治理论素质和新媒体技术兼具的骨干力量；二是把握宣传教育工作规律，建立一支以学生工作辅导员为主体的专职队伍，具备使用新媒体独立地开展思想政治教育工作的能力；三是

依照分类，建立一支包括论坛版主等新媒体使用人员在内的学生党员队伍，充分调动学生党员在利用新媒体开展工作方面的能力，从而与前两支队伍配合，逐步建立起覆盖面积广、活动能力强的立体化新媒体管理格局。其中前两支队伍的培养是创新思想政治教育工作的当务之急。有效的途径是选拔具备一定信息技术基础的思想政治教育学科骨干和高校辅导员，进行专门培养，培养他们新媒体资源育人的理念，注重加强新媒体环境下思想政治教育的理论探索，熟练掌握信息技术知识和技能，从而确保思想政治教育的先进性和实效性。

3. 新媒体舆论引导队伍是新媒体环境下思想政治教育的新兴力量

新媒体环境下，对大学生进行正确的舆论引导显得尤为重要。在舆论引导队伍建设方面，主要是建立现代化的信息快速反应队伍，及时监控舆情和突发事件，培养一批意见领袖引导舆论。分析以往舆情事件的形成，一般都是先有热点、焦点，然后才有新媒体使用者的关注、评论、意见等，要做到初期的防护，中期的疏导和事后弥补的措施。在新媒体时代，舆论引导中很重要的力量就是“意见领袖”。“拉扎斯菲尔德‘二级传播’理论告诉我们，在传播过程中，常有少数人是消息和影响的重要来源，这部分人对有关事情有更多的了解，他们在一般网民中发表一些信息和表达看法，能影响普通人，这些人就是‘舆论领袖’”。因此高校在进行新媒体舆情引导和监控中，要把培养和争取“意见领袖”作为一项重要任务，建立与现有“意见领袖”的联系，争取为我所用，此外更为重要的是培育我们自己的“意见领袖”来引导新媒体舆论。在高校的 BBS 论坛中，网络编辑、网络管理员、BBS 版主、BBS 评论员和高校思想教育工作者都充当着“意见领袖”的角色。同时为更好地做好舆论引导工作，还需要建立专业的民意调查机构和专业调查队伍，确保在第一时间及时报告最新动态。

三、明确新媒体时代思想政治教育队伍的素质和能力要求

新媒体管理队伍、高校思想政治教育队伍和舆论引导队伍虽属于不同的社会行业，职能岗位也多种多样，但在对大学生的思想政治教育方面他们的作用往往是相辅相成的。绝大多数岗位对素质和能力要求有共性的一面。具体来说包括以下几个方面：

1. 思想政治教育队伍需要具备过硬的政治素质

作为新媒体环境下的思政工作者要具备坚定的政治立场和较高的政治敏锐性等政治素质。尤其需要坚持正确的政治立场，冷静观察、认真分析、明辨是非、纠正错误，从源头上将新媒体传播的信息引向正面，时刻保持清醒的政治头脑，在实施教育的过程中切实发挥指引大学生政治方向的作用。

2. 思想政治教育队伍需要具备较全面的知识素质和管理能力

知识结构包括基础知识和专业知识，无论是新媒体管理者、高校的思想政治教育工作者还是舆论引导队伍，必须具备合理的知识结构。以高校思想政治教育队伍为例，必须具备较高的政治素质、丰富的知识储备和较强的能力素质，还必须掌握新媒体相关专业技能；同时还必须具备较强的组织管理能力，譬如沟通能力、策划能力、业务能力和实施能力等，这样才能理解内部和外部环境的复杂程度，时刻关注新媒体空间和现实中的变化，通过合理的判断做出理性的决定，迅速对周围环境的变化做出正确的反应。

四、创新新媒体环境下思想政治教育队伍建设的途径

1. 创新新媒体管理队伍建设的途径

首先，宣传、教育等政府部门在新媒体管理队伍建设中应发挥积极的主导作用，通过制定制度、政策和提供资金支持等措施，促使新媒体企业和社会团体重视新媒体管理队伍建设，保障新媒体管理队伍建设的顺利开展。宣传、教育等政府部门可以通过制定《新媒体管理人员持证上岗制度》等办法，促使社会各部门和新媒体企业加强对新媒体从业人员的培训，从而提高新媒体从业人员的整体素质。通过制定奖惩政策，对于在新媒体管理队伍建设方面做出突出成绩的单位给予物质和精神奖励，以鼓励和调动各部门和单位加强新媒体管理队伍建设的积极性和主动性。

其次，发挥社会网站等新媒体企业和社会团体的主体作用，加大新媒体管理人才培养力度。为实现人才培养战略，搞好整体性新媒体人才资源开发，就必须改革和完善人才的引进、培养和选拔制度。在人才的引进上要强调岗位的高起点，面向实际岗位需求。要把引进人才的重点放在高层人才、紧缺人才和关键岗位人才上，尤其是要引进跨学科、多门类复合型人才。要制定和实施吸引高层人才的优惠政策，建立人才专用基金，以资助人才引进。要进一步更新观念，开放政策，拓宽进人渠道，打破地域、身份界限，努力创造优秀人才脱颖而出的环境。

2. 创新新媒体舆论引导队伍建设的途径

首先，要注重非常规性舆论引导队伍的培养。由于新媒体的受众身份、职业、经历各不相同，所关注的话题也差异极大，由此造成舆论的多元化和分散性。在某个舆论焦点出现后，也会出现一些除常规舆论引导队伍外的“舆论领袖”，比如一些专家、明星、学者等，这部分人对舆论事件的发展起到举足轻重的作用，但是这部分人不是选拔出来的，而是因为他们在某方面的特长和优势，或者擅长对突发事件作理性分析，或者经常爆料一些奇闻逸事，而在网民中有较大的影响力。对于这些舆论领袖，平时要善于团结他们，让他们参与一些正面的报道和讨论，有时可以请他们参与传统主流媒体举办的论坛等活动，培

养他们的社会责任感，在突发事件的发展过程中，给他们以正确的引导，让他们肩负起新媒体舆论引导的责任。

其次，做好常规性舆论引导队伍和非常规性舆论引导队伍的协调配合，共同做好新媒体环境下的舆论引导工作。加强新媒体舆情调研，做好网上评论工作，要建立反应迅速、主动出击、正面引导、高效流畅的新媒体舆情收集、发布和反馈机制，促进常规性舆论引导队伍和非常规性舆论引导队伍的密切配合，优化新媒体空间的舆论环境，发挥其对舆论引导的积极作用。

3. 创新新媒体环境下高校思想政治教育队伍建设的途径

首先，高标准选人，把好入口关。要建设一支素质优良、业务精湛的高校思想政治教育工作队伍必须把好“入口关”，建立科学有效的招聘制度。按照新媒体环境下思想政治教育队伍的素质要求，制定科学的选择标准，成立由人事处、组织部、学生处等部门参与的选拔小组，面向社会公开招聘，并采取笔试、面试、公开答辩等措施对选拔对象进行遴选，择优聘用，实施教师持证上岗制度，从而严把入口关。

其次，重视人才培养，提高信息化素养。教育部门和高校要制定培训规划，建立分层次、多样化的培训体系，做到先培训后上岗，坚持日常培训、专题培训和实操训练相结合。要着力提高思想政治教育工作者的新媒体技术水平和应用能力。要加强新媒体环境下思想政治教育科研队伍建设，经常性开展科研活动，创新适应新媒体发展的思想政治教育工作方法与途径，提升队伍科研水平。全力打造出一支政治理论水平高，同时新媒体技术过硬的高素质思想政治教育工作队伍。

第五节　新媒体环境下大学生思想政治教育校园环境优化

学校校园网、官方微信公众平台、官方微博等新媒体作为与学生接触最密切的新媒体之一，对学生的影响很大。高校应该如何加强校内网站、官方微信微博等校园新媒体的建设和管理，发挥其对学生教育的积极作用，值得大家研究与探讨。我们应重点做好以下几方面的工作。

一、健全完善校园新媒体管理制度

高校新媒体思想政治教育工作是一项复杂长远的系统工程，务必要按照上级的指示精神和新媒体发展的客观规律，精心设计、完善制度、有效管理，从而有力保证这一全新工作项目能够健康持续地发展进步。

首先，要加强制度管理。规章制度作为校园新媒体科学管理的一项顶层设计，应该考虑到实施过程中的方方面面，从而保证新媒体系统的正常运转。新媒体管理制度应包括：制定新媒体系统的安全维护制度和应急预警制度等。要坚持二级学院网站、微信、微博等实名注册原则，加强对二级学院新媒体信息员的培训，保证发布的信息有源可查，确保信息的安全性、可靠性。要建立新媒体事故处理紧急预案，实施 24 小时新媒体全程监控，做到有备无患。

其次，要加强管理人员培训。新媒体安全管理中，要制定管理人员培训制度，加强管理人员、使用人员的安全防护意识，有效地消除内部隐患。在新媒体的管理中，要加强对管理人员的业务培训，明确工作人员职责，无论是用户管理、权限管理还是信息发布、信息审核等，责任到人，保证系统的稳定运行，坚持不培训不上岗的原则。

二、综合运用技术、行政和法律手段，加强校园新媒体管理

在加强校园新媒体管理方面，要通过运用科技手段、行政举措和依靠相关法律等，营造“清新”的校园新媒体环境。

首先，运用科技的手段加强新媒体管理。目前，常用的新媒体安全技术主要有防火墙技术、数据加密技术、入侵检测技术、防病毒技术、安全区域划分技术等。由于新媒体存在虚拟性和隐蔽性，为防止不良信息传播造成危害，要对新媒体信息内容进行积极监控，要依法利用新媒体技术及时删除不良信息和违法信息，避免对大学生产生消极影响。加强校园内部信息新媒体系统建设，为学校内部管理及信息保密提供新媒体的技术支撑。

其次，运用行政举措和依靠相关法律加强校园新媒体管理。高校党委宣传部要根据我国新媒体管理的相关法律法规，结合学校自身的实际情况，制定本校的相关管理制度，切实抓好机关部门、二级学院网站、论坛、微博、微信公众平台等新媒体使用的登记备案工作，落实用户使用责任制。高校校园网 BBS 论坛和留言板要严格实行用户实名注册制度，校园网 BBS 要有专门的管理员负责，开通期间管理员不得离岗，实行轮流值班，及时发现和删除各类有害信息，对于在校园新媒体中传播有害信息的人员要依据国家法律和学校的管理制度追究其责任，给予一定惩罚。

三、培养校园新媒体安全管理人才

学校党委宣传部门设立校园新媒体管理工作专门岗位，专职负责学校主网站新闻信息发布和日常建设维护。学校新媒体技术管理部门和各部门都要配备必要的专业新媒体技术

管理人员，提高校园新媒体技术管理水平。要加强校园新媒体管理工作队伍培训，健全新媒体通讯员队伍和网上评论员队伍，健全《新媒体管理工作考评制度》，切实提升新媒体工作的水平。要充分发挥党政干部、团学干部、新媒体专家、教师和学生骨干在学校新媒体建设中的生力军作用，形成人人关心、人人参与、人人支持学校新媒体建设的良好氛围，促进学校新媒体建设的快速健康协调发展。

四、引导大学生文明上网

为了维护新媒体的安全，我们还应当注意培养大学生文明上网的行为习惯，因为只有他们的行为文明，才最有可能确保新媒体的安全。要在大学生中积极培育和践行社会主义核心价值观，引导学生明辨是非，教育学生客观看待网上传播的言论与信息，敢于与错误虚假的信息作斗争，自觉抵制色情、暴力等不良信息，遵守相关的法律法规，提升自我控制能力。

参考文献

[1] 季海菊 . 跨界思维 : 新媒体视阈下思想政治教育载体选择的一种理性向度 [J]. 南京邮电大学学报：社会科学版，2010(3).

[2] 曹凤才，田维飞 . 新媒体时代高校学生德育工作的思考 [J]. 中北大学学报 : 社会科学版，2008(6).

[3] 韩柏光 . 大众传媒对高校思想政治教育的影响与对策 [J]. 广东技术师范学院学报 ,2005(02).

[4] 范永胜，赵志升 . 新媒体的发展及其对问题解决教育的影响 [J]. 华北电力大学学报 : 社会科学版，2002(02).

[5] 张志君，张婧堂 . 多重视阈多种力量多维创新——转型期本土新媒体资源配置的几个问题 [J]. 现代传媒 ,2008(02).

[6] 郑元景 . 新媒体环境下高校思想政治教育实效性探析 [J]. 思想政治教育导刊 ,2011(11).

[7] 中共中央国务院关于进一步加强和改进大学生思想政治教育的意见 [N]. 北京日报，2004-10-15.

[8] 中宣部教育部关于进一步加强和改进高等学校思想政治理论课的意见 [N] 中华人民共和国教育部公报 ,2005(04).

[9] 荣耀军 . 现代性与媒介文化批评中的主体型像——从本雅明、麦克卢汉到鲍德里亚 [J]. 厦门大学学报哲学社会科学版，2008(03)

[10] 徐振祥 . 新媒体素养 : 大学生思想政治教育的重要内容 [J]. 高教研究与评估 ,2008(11).

[11] 北京市新闻工作者协会 . 中国媒体融合发展报告 (2015)[M]. 北京：社会科学文献出版社，2015 年版。

[12] 初广志，郎劲松，张殿元 . 转型期大众传播媒介的伦理道德研究 [M]. 首都师范大学出版社 ,2007.

[13] 李萍 , 谭毅 . 当代中国马克思主义大众化的历史与前瞻 [M]. 广州中山大学出版有限公司 ,2015.

[14] 张志芳 . 当代中国马克思主义大众化的新探索 : 邓小平实现马克思主义大众化的路径研究 , 中国社会出版社 ,2015.

[15] 周向军，傅永军 . 全球化与当代中国文化发展研究丛书 (第 6 册)[M]. 山东大学出

版社,2009.
[16] 陈锦宣.新媒体对当代中国马克思主义大众化传播的影响[J].重庆理工大学学报,2015(6).
[17] 董树彬.论当代中国马克思主义大众化的社会传播路径[J].学习与实践,2010(4).
[18] 邓艳葵.网络文化传播与当代中国马克思主义大众化的实现[J].云南行政学院学报,2010(1).
[19] 葛堂华.网络传播与大众传播的关系辨析[J].佳木斯大学社会科学学报,2008(2).
[20] 顾钰民.马克思主义中国化、时代化、大众化整体性研究的思考[J].上海师范大学学报,2011(6).
[21] 郭霄.新媒体:马克思主义大众化新发展的重要载体[J].湖北经济学院学报,2014(12).
[22] 胡洪彬.十七大以来当代中国马克思主义大众化研究的回顾与思考[J].探索,2009(2).
[23] 胡潇.马克思恩格斯关于意识形态的多视角解释[J].中国社会科学,2010(4).
[24] 黄建榕、冯小宁.新媒体技术与高校德育发展关系研究[J].华南师范大学学报:社会科学版,2010(3).
[25] 韩庆祥、陈远章.马克思主义中国化时代化大众化要论[J].马克思主义与现实,2013(10).
[26] 孔德永.当代我国主流意识形态认同建构的有效途径[J].马克思主义研究,2012(6).
[27] 李军林.从"五W"模式看马克思主义在中国早期传播的特点[J].湖南师范大学社会科学学报,2007(1).
[28] 吕志国.略论新媒体环境下马克思主义大众化的传播路径[J].继续教育研究,2011(9).
[29] 骆郁廷,史姗姗.论意识形态安全视域下的文化话语权[J].思想理论教育导刊,2014(4).
[30] 夏彼谕.西方的控制操级与中国的突围破局——基于全媒体时代意识形态话语权争夺的审视[J].世界政治与经济论坛,2014(3).
[31] 谭可可.论网络新媒体马克思主义大众化传播的H重维度[J].湖南社会科学,2013(6).
[32] 谭可可.'机制创新'推进网络新媒体马克思主义大众化传播[J].学术论坛,2015(3).
[33] 谭志敏、吴叶林.略论新媒体环境下高校马克思主义大众化的实现路径[J].学校党建与思想教育,2014(13).
[34] 徐艳玲.马克思主义传播学;为传统思想政治教育的困境破题求解[J].理论探讨,2013(1).
[35] 徐成芳,罗家锋.试论当前中国意识形态安全面临的主要问题[J].政治学研

究 ,2012(6).
[36] 王学俭，张哲 . 论新媒体背景下马克思主义的有效传播 [J]. 兰州大学学报 ,2012(1).
[37] 魏建国 . 新媒体时代马克思主义意识形态话语权的建构 [J]. 理论月刊 ,2014(2).
[38] 张治银 . 马克思主义大众化研究综述 [J]. 昆明理工大学学报 : 社会科学版 ,2009(2).
[39] 中共江苏省委宣传部课题组 . 刘德海，王建润 . 马克思主义大众化的科学内涵、历史经验及其当代实践路径 [J]. 南京大学学报 ,2011(4).
[40] 朱成利 . 新媒体语境下马克思主义大众化传播契机与对策 [J]. 辽宁师范大学学报 ,2015(5).
[41] 赵云泽 , 付冰清 . 当下中国网络话语权的社会阶层结构分析 [J]. 国际新闻界 ,2010(5).
[42] 梁慧超 . 浅谈高校思想政治教育的理念创新 [J]. 思想政治工作研究理论月刊 ,2005(11):57-59.
[43] 卜叶蕾 . 马克思主义大众化的思想政治工作路径研究 [D]. 中共中央党校 ,2014.
[44] 韩健鹏 . 当代西方意识形态新变化对中国意识形态安全的影响与对策 [D]. 吉林大学博士论文 ,2012.
[45] 梁小军 . 中央苏区马克思主义大众化及其当代启示 (1929.1 — 1934.10)[D]. 福建师范大学博士论文 ,2014.
[46] 张志安 . 编辑部场域中的新闻生产——《南方都市报》个案研究 (1995-2005)[D]. 复旦大学 ,2005.
[47] 胡锦涛高举中国特色社会主义伟大旗峡为夺取全面建设小康社会新胜利而奋斗——在中国共产党第十七次全国代表大会上的报告 [M]. 北京 : 人民出版社 ,2007-10-15.
[48] 郭元祥生活与教育——回归生活世界的基础教育论纲 [M]. 上海 : 华中师范大学出版社 ,2002.
[49] 王坤庆 . 精神与教育 : 一种教育哲学视角的当代教育反思与建构 [M]. 上海 : 上海教育出版社 ,2002.
[50] 郑永廷等 . 主导德育论 : 大学生思想政治教育一元主导与多样发展研究 [M]. 北京 : 人民出版社 ,2008.
[51] 袁本新等 . 人本德育论 : 大学生思想政治教育的人文关怀与人才资源开发研究 [M] 北京 : 人民出版社 ,2008.
[52] 刘卓红等 . 开放德育论 : 大学生思想政治教育继承借鉴与批判创新研究 [M]. 北京 : 人民出版社 ,2008
[53] 韩红 . 交往的合理化与现代性的重建——哈贝马斯交往行动理论的深层解读 [D]. 黑龙江 : 黑龙江大学 ,2004.
[54] 王紫馨 . 建构主义视角下的师生身份确认与角色转换 [J]. 西南交通大学学报 : 社会

科学版 ,2004(3)
[55] 刘慧 . 交往 : 师生关系的新概念——当代教育转型中师生关系的理论探讨 [J]. 山西大学师范学院学报 ,2001(4)
[56] 李德平 . 沟通与启迪——当代大学生思想政治教育热点问题的研究 [M]. 北京 : 原子能出版社 ,2007.
[57] 王滨 . 思想政治教育环境论——大社会视野下的思想政治教育 [M]. 上海 : 同济大学出版社 ,2011.
[58] 郑永廷、曾萍 . 当代大学生的成长需要与高校思想政治教育的价值实现 [J]. 思想理论教育导刊 ,2010(12).
[59] 刘冬梅、范宝龙 . 注重发挥高校新闻传播媒介在全面推进素质教育中的能动作用 [J]. 清华大学教育研究 ,2000(1).
[60] 生奇志、展成 . 大学生媒体素养调查及媒体素养教育策略 [J]. 东北大学学报 : 社会科学版，2009(1).
[61] 张爱华，振刚，宋哲峰 . 新媒体技术与环境对高校德育工作的影响与对策 [J]. 思想教育研究 ,2009(11).
[62]《中共中央关于深化文化体制改革推动社会主义文化大发展大繁荣若干重大问题的决定》[N]. 人民日报 ,2011-12-26.
[63] 张凤云 . 浅议在构建社会主义和谐社会中如何加强大学生思想政治教育 [J]. 思想政治教育研究 ,2007(2):13-16.
[64] 刘加勤 . 网络时代大学生媒介素养水平与思想政治教育有效性关系研究 [J]. 林区教学 .2011(5):42-44
[65] 数据来源 : 中国互联网信息中心 (CNNIC) 发布《第 30 次中国互联网络发展状况统计报告》2012-07-19[E].
[66] 张其娟、蔡爱玲 . 高校 BBS: 大学生思想政治教育的新载体 [J]. 西南农业大学学报，2009(7).
[67] 丁慧民 . 新媒体背景下大学生思想政治教育的导向力研究 [J]. 学校党建与思想教育，343.
[68] 范芸芸 . 为大学生思政教育围上一条温暖“围脖”——浅谈微博与大学生思想政治教育 [J]. 科技教育 ,2010(21).
[69] 胡哲锋 . 试论高校思想政治工作中的隐性教育载体 [J]. 黑龙江高教研究 ,2003(2):80.
[70] 雷丹丹 . 高校思想政治教育课程载体与网络载体比较研究 [D]. 重庆：西南政法大学 ,2010.
[71] 冯海伦，武步成 . 高校学生社团——思想政治教育工作的重要阵地 [J]. 山西高等学校社会科学学报 ,2009(5).
[72] 薛勇，李伟明，薛健飞 . 论高校社团文化在思想政治教育中的隐性效应与功能 [J].

吕梁教育学院 ,2010(2).
[73] 张再兴 , 张瑜 . 加强高校网络辅导员队伍建设 , 占领网络思想政治教育新阵地 [J]. 高校理论战线 ,2006(5):36-40.
[74] 于淼 . 积极应对手机媒体对高校思想政治工作的挑战 [J]. 山东省青年管理干部学院学报 ,2007,(3). 第 77 页 .
[75] 张永红 . 网络心理咨询 : 开展高校思想政治工作的优势与原则 [J]. 湖南师范大学教育科学学报 ,2005(2).
[76] 宋雪梅 , 李晓颖 , 堪宝华 . 网络时代的大学生思想政治教育 [J]. 河北理工大学学报 .2008,(4).
[77] 张俊华 . 当前高校思想政治教育工作面临的挑战与对策 [J]. 山东省青年管理干部学院学报 ,2007,(4):12.
[78] 王振友 , 赵星 , 石慧 . 新媒体视域下的大学生思想政治教育研究 [J]. 中国青年政治学院学报 ,2014(04):55-58.
[79] 朱剑松 . 新媒体环境下高校思想政治教育工作的创新 [J]. 西南交通大学学报 (社会科学版),2014(05):89-92.
[80] 陈彩祥 . 新媒体环境下高校思想政治教育创新研究——评《新媒体与高校思想政治教育研究》 [J]. 中国教育学刊 ,2014(10):112.
[81] 汤洁 . 新媒体环境下少数民族大学生思想政治教育的实效性研究 [J]. 黑龙江民族丛刊 ,2014(05):171-174
[82] 黄军利 . 浅析网络舆论对大学生思想政治教育工作的挑战与机遇 [J]. 思想教育研究 ,2014(11):73-76.
[83] 高国伟 , 张光华 . 微博环境下高校思想政治理论课教师媒介素养教育的探析 [J]. 理论月刊 ,2013(04):157-159.
[84] 顾憬 , 范苏 . 新媒体环境下高校学生信息素养的培育 [J]. 南通大学学报 (社会科学版),2013(02):135-140.
[85] 伍安春 , 陈彩健 . 新媒体环境下高校思想政治教育的信度危机及其应对思考 [J]. 探索 ,2013(05):140-143.
[86] 王琴华 , 罗成富 . 马克思主义理论教育规律探析——以掌握和运用马克思主义立场观点方法为核心 [J]. 求实 ,2009(09):77-79.
[87] 郭纯生 , 顾振华 , 徐雁华 , 郭琴 . “微时代” 下大学生思想政治教育的应对策略——以创新扩散理论为依据 [J]. 福州大学学报 (哲学社会科学版),2014(04):105-108.
[88] 许辉 , 郑方明 , 于兴业 . 新媒体时代高校思想政治教育途径创新的思考与实践 [J]. 黑龙江高教研究 .2014(12):135-136.
[89] 魏晓文 , 李晓虹 . 新媒体环境下高校思想政治教育传播效果研究 [J]. 大连理工大学

学报(社会科学版),2015(01):96-100.

[90] 许文杰,金天星,郑曼.论新媒体视域下大学生就业信息的不对称[J].河北大学学报(哲学社会科学版),2011(02):139-141.

[91] 任艳妮,叶金福.大众传媒环境下大学生认知方式和信息接受习惯研究——兼论网络思想政治教育创新[J].科学经济社会,2013(04):158-162.

[92] 丁力.组织传播语境中的育人新阵地——论学生媒体在高校思想政治教育中的独特作用[J].兰州学刊,2008(11):215-218-68.

[93] 郭天路.邓小平理论:科教兴国战略的理论基石[J].湖北师范学院学报:社会科学版,2001(02):23-24.

[94] 陈双喜.当前推进创新思想政治工作的思考[J].思想政治工作研究,2007,(9):45-47.

[95] 钱文彬.浅析新媒体与大学生思想政治教育[J].当代教育论坛:宏观教育研究,2008(06):26-29.

[96] 胡晓倩,张赛."互联网"与当代大学生的思想政治教育[J].黄山学院学报,2001(04):7-9.

[97] 李志,严屏.论思想政治教育中大学生良好态度的培养[J].四川师范学院学报:哲学社会科学版,1997(05)62-64.

[98] 曾雅丽.网络文化:高校思想政治教育的新挑战[J].中国农业大学学报:社会科学版,2001(04):54-57.

[99] 戴开柱.网络条件下大学生思想政治教育研究的新探索——评李本成新著《网络与高校思想政治教育》[J].湘潭师范学院学报:社会科学版,2007(04):33-34.

[100] 陈莹花.高校思想政治教育应当充分体现科学发展观的本质要求[J].国家教育行政学院学报,2007(3):94-96.